Geistiges Eigentum und Wettbewerbsrecht

Herausgegeben von

Peter Heermann, Diethelm Klippel,
Ansgar Ohly und Olaf Sosnitza

77

Die „Angemessenheit" im Urheberrecht

Prozedurale und materielle Wege zu ihrer Bestimmung

INTERGU-Tagung 2012

Herausgegeben von

Karl Riesenhuber

Mohr Siebeck

Karl Riesenhuber, geboren 1967; Inhaber des Lehrstuhls für Bürgerliches Recht, Deutsches und Europäisches Handels- und Wirtschaftsrecht an der Ruhr-Universität Bochum

ISBN 978-3-16-152218-5
ISSN 1860-7306 (Geistiges Eigentum und Wettbewerbsrecht)

Die Deutsche Nationalbibliothek verzeichnet diese Publikation in der Deutschen National-bibliographie; detaillierte bibliographische Daten sind im Internet über *http://dnb.dnb.de* abrufbar.

© 2013 Mohr Siebeck Tübingen. www.mohr.de

Das Buch wurde von Gulde-Druck in Tübingen aus der Garamond gesetzt, auf alterungs-beständiges Werkdruckpapier gedruckt und gebunden.

Geleitwort

Die Internationale Gesellschaft für Urheberrecht e.V. – INTERGU hat mit Herrn Professor Dr. Karl Riesenhuber und den Herren Rechtsanwälten Dr. Müller und Dr. Schulze einen neuen Vorstand. Dem neuen Vorstand gebührt Dank dafür, dass er die Tagung zum Thema „Die Angemessenheit im Urheberrecht" vorbereitet und am 22. und 23. März 2012 in München in bravouröser Weise durchgeführt hat.

In außerordentlich interessanten Vorträgen wurde das Thema aus ökonomischer und verhaltensökonomischer Sicht erörtert und im juristischen Bereich auf den verschiedensten Ebenen diskutiert. Ich hoffe sehr, dass die Erkenntnisse dieser Tage von denjenigen, die über die Frage der Angemessenheit entscheiden, aufgegriffen werden. Wer sind nun diese Entscheidungsträger? Zunächst diejenigen Wissenschaftler und Praktiker, die durch immer wieder neue Formulierungen das Problem der Bestimmung des Angemessenheitsbegriffs weiter vorantreiben. Aber auch diejenigen, die diese neuen Formulierungen der Angemessenheit lesen und dann als Richter entscheiden. Schließlich wünschte ich auch sehr, dass der Gesetzgeber, nämlich die Abgeordneten des Deutschen Bundestages, und diejenigen, die in den Ministerien Formulierungshilfe leisten, die geführte Diskussion zur Kenntnis nähmen und sich erneut und immer wieder darüber Gedanken machten, ob nicht doch in manchen Fällen unbestimmte Rechtsbegriffe durch bestimmte Regeln, die der Gesetzgeber selbst ausfüllt statt dies der Wissenschaft und der Rechtsprechung zu überlassen, ersetzt werden sollten.

Die Bestimmung der Angemessenheit im Urheberrecht ist nicht evident und so gilt es, sie immer wieder neu zu überdenken, neu zu formulieren, etwas (noch) Besseres daraus zu machen. Darum geht es mir nach dieser Tagung wie es Goethe gegangen ist, als er einmal ein Problem hatte und ihm dieses Problem erläutert wurde und er daraufhin sagte: Ich war bisher verwirrt, jetzt bin ich auch verwirrt, aber auf einem höheren Niveau.

In diesem Sinne wünsche ich der INTERGU weiterhin die Fähigkeit, schwierige Fragen aufzugreifen und sie im wissenschaftlichen Diskurs zu bewältigen.

Reinhold Kreile

Inhaltsverzeichnis

Autorenverzeichnis

Thomas Ackermann   Dr. iur., LL.M., o. Professor an der Ludwig-Maximilians-Universität München

Klaus Heine   Dr. rer. pol., Professor of Law and Economics an der Erasmus Universität Rotterdam

Ansgar Ohly   Dr. iur., LL.M., o. Professor an der Ludwig-Maximilians-Universität München

Thomas Pfeiffer   Dr. iur., o. Professor an der Ruprecht-Karls-Universität Heidelberg

Jörg Reinbothe   Dr. iur., M.C.L., Honorarprofessor an der Universität des Saarlandes, Abteilungsleiter in der Kommission der Europäischen Union, Brüssel

Karl Riesenhuber   Dr. iur., M.C.J., o. Professor an der Ruhr-Universität Bochum

Sandra Rösler   Wiss. Mitarbeiterin an der Ruhr-Universität Bochum

Renate Schaub   Dr. iur., LL.M., o. Professorin an der Ruhr-Universität Bochum

Eva Strippel   Wiss. Mitarbeiterin an der Ruhr-Universität Bochum

Heinrich A. Wolff   Dr. iur., o. Professor an der Europa-Universität Viadrina, Frankfurt (Oder)

Abkürzungsverzeichnis [*]

a.A.	anderer Ansicht
ABl.	Amtsblatt der Europäischen Union
Abs.	Absatz
AcP	Archiv für die civilistische Praxis (Jahrgang [Jahr], Seite)
a.E.	am Ende
AEUV	Vertrag über die Arbeitsweise der Europäischen Union
a.F.	alte Fassung
AfP	Zeitschrift für Medien- und Kommunikationsrecht (Jahr, Seite)
AGB	Allgemeine Geschäftsbedingungen
A & K	Analyse & Kritik (Jahrgang [Jahr], Seite)
Amer.Econ.Rev.	American Economic Review (Jahrgang [Jahr], Seite)
ArbnErfG	Gesetz über Arbeitnehmererfindungen
Art.	Artikel
Aufl.	Auflage
Bd.	Band
BE	Begründungserwägung(en)
BeckRS	Beck-Rechtsprechung
BGB	Bürgerliches Gesetzbuch
BGBl.	Bundesgesetzblatt
BGH	Bundesgerichtshof
BGHZ	Entscheidungen des Bundesgerichtshofs in Zivilsachen, Amtliche Sammlung (Band, Seite)
BT-Drs.	Bundestags-Drucksache
BVerfG	Bundesverfassungsgericht
BVerfGE	Entscheidungen des Bundesverfassungsgerichts – Amtliche Sammlung (Band, Seite)
bzgl.	bezüglich
bzw.	beziehungsweise
Cardozo L. Rev.	Cardozo Law Review (Jahrgang [Jahr], Seite)
CD	Compact Disc
CLR	California Law Review (Jahrgang [Jahr], Seite)
CMLRev.	Common Market Law Review (Jahrgang [Jahr], Seite)
CR	Computer und Recht (Jahr, Seite)
ders.	derselbe
d.h.	das heißt
dies.	dieselbe/n
Dr.	Doktor
DVD	Digital Versatile Disc

---

[*] Die zitierten Internet-Seiten wurden zuletzt am 1.12.2012 besucht.

EG	Europäische Gemeinschaft
Einl.	Einleitung
EIPR	European Intellectual Property Review (Jahrgang [Jahr], Seite)
ELR	European Law Reporter (Jahr, Seite)
endg.	endgültig
EU	Europäische Union
EuGH	Gerichtshof der Europäischen Union
e. V.	eingetragener Verein
f., ff.	folgende (Singular/Plural)
FAZ	Frankfurter Allgemeine Zeitung
Fn.	Fußnote(n)
FS (Name)	Festschrift für (Name)
GA	Generalanwalt/-anwältin
GATT	General Agreement on Tariffs and Trade, Allgemeines Zoll- und Handelsabkommen
gem.	gemäß
GEMA	Gesellschaft für musikalische Aufführungs- und mechanische Vervielfältigungsrechte
Geo.L.J.	Georgetown Law Journal (Jahrgang [Jahr], Seite)
Geo.Wash.L.Rev.	George Washington Law Review (Jahrgang [Jahr], Seite)
GG	Grundgesetz
ggf.	gegebenenfalls
GRCh	Charta der Grundrechte der Europäischen Union
GRUR	Gewerblicher Rechtsschutz und Urheberrecht (Jahr, Seite)
GRUR Int.	Gewerblicher Rechtsschutz und Urheberrecht Internationaler Teil (Jahr, Seite)
GRUR-Prax	Gewerblicher Rechtsschutz und Urheberrecht, Praxis im Immaterialgüter- und Wettbewerbsrecht (Jahr, Seite)
GRUR-RR	Gewerblicher Rechtsschutz und Urheberrecht, Rechtsprechungs-Report (Jahr, Seite)
GWB	Gesetz gegen Wettbewerbsbeschränkungen
Harv.L.Rev.	Harvard Law Review (Jahrgang [Jahr], Seite)
Hastings Comm. &Ent.L.	Hastings Communications and Entertainment Law Journal (Jahrgang [Jahr], Seite)
Hrsg.	Herausgeber/in
i.d.R.	in der Regel
i.Erg.	im Ergebnis
IIC	International Review of Intellectual Property and Competition Law (Jahr, Seite)
InfoRL	Richtlinie über das Urheberrecht in der Informationsgesellschaft
INTERGU	Internationale Gesellschaft für Urheberrecht e.V.
i.S.d.	im Sinne der/des
i.S.v.	im Sinne von
i.V.m.	in Verbindung mit
i.w.S.	im weiteren Sinne
JEP	Journal of Economic Perspectives (Jahrgang [Jahr], Seite)
JL & Econ	Journal of Law and Economics (Jahrgang [Jahr], Seite)
JLS	Journal of Legal Studies (Jahrgang [Jahr], Seite)

JZ	JuristenZeitung (Jahr, Seite)
Kap.	Kapitel
KOM	Europäische Kommission
LG	Landgericht
lit.	litera (Buchstabe)
Ls.	Leitsatz
LUG	Gesetz betreffend das Urherrecht an Werken der Literatur und der Tonkunst
MarkenG	Markengesetz
m.a.W.	mit anderen Worten
m. E.	meines Erachtens
Minn.L.Rev.	Minnesota Law Review (Jahrgang [Jahr], Seite)
MMR	Multimedia und Recht, Zeitschrift für Informations-, Telekommunikations- und Medienrecht (Jahr, Seite)
MR-Int	Europäische Rundschau zum Medienrecht, IP- & IT-Recht (Jahr, Seite)
m. w. N.	mit weiterem/n Nachweis(en)
NJW	Neue Juristische Wochenschrift (Jahr, Seite)
No.	number
Nr.	Nummer
o.	oben
OLG	Oberlandesgericht
PatG	Patentgesetz
Q.J.Econ.	Quarterly Journal of Economics (Jahrgang [Jahr], Seite)
RDRL	Richtlinie zur Durchsetzung der Rechte des geistigen Eigentums
Research L. & Econ.	Research in Law & Economics (Jahrgang [Jahr], Seite)
RJE	RAND Journal of Economics (Jahrgang [Jahr], Seite)
Rn.	Randnummer
Rspr.	Rechtsprechung
S.	Seite; Satz; Siehe (am Satzanfang)
s.	siehe
s. a.	siehe auch
sc.	nämlich
s. o.	siehe oben
sog.	sogenannte(r)(s)
TMR	The Trademark Reporter (Jahrgang [Jahr], Seite)
TRIPs	Agreement on Trade-Related Aspects of Intellectual Property Rights, Übereinkommen über handelsbezogene Aspekte der Rechte am geistigen Eigentum
Tz.	Textziffer(n)
u. a.	1. und andere; 2. unter anderem
UFITA	Archiv für Urheber-, Film-, Funk- und Theaterrecht (Jahrgang [Jahr], Seite; ab 2001 [Jahr, Seite])
UrhG	Urheberrechtsgesetz
UrhWG	Urheberrechtswahrnehmungsgesetz
USA	Vereinigte Staaten von Amerika
usf.	und so fort
usw.	und so weiter
UWG	Gesetz gegen den unlauteren Wettbewerb

v.	von/vom
Vand.L.Rev.	Vanderbilt Law Review (Jahrgang [Jahr], Seite)
VerlG	Verlagsgesetz
VG	Verwertungsgesellschaft
vglb.	vergleichbar
vgl., Vgl.	vergleiche, Vergleiche (am Satzanfang)
Virginia L.Rev.	Virginia Law Review (Jahrgang [Jahr], Seite)
vs.	versus (gegen; gegenüber gestellt)
WCT	WIPO Copyright Treaty, WIPO-Urheberrechtsvertrag
WIPO	World Intellectual Property Organization, Weltorganisation für geistiges Eigentum
Wm.& Mary L.Rev.	William and Mary Law Review (Jahrgang [Jahr], Seite)
WPPT	WIPO Performances and Phonograms Treaty, WIPO-Vertrag über Darbietungen und Tonträger
WRP	Wettbewerb in Recht und Praxis (Jahr, Seite)
WTO	World Trade Organization, Welthandelsorganisation
YJoLT	Yale Journal of Law and Technology (Jahrgang [Jahr], Seite)
z.B.	zum Beispiel
ZIP	Zeitschrift für Wirtschaftsrecht (Jahr, Seite)
ZPO	Zivilprozessordnung
ZUM	Zeitschrift für Urheber- und Medienrecht (Jahr, Seite)
ZUM-RD	Zeitschrift für Urheber- und Medienrecht Rechtsprechungsdienst (Jahr, Seite)

Karl Riesenhuber

§ 1 Die „Angemessenheit" im Urheberrecht – Prozedurale und materielle Wege zu ihrer Bestimmung

Der grundsätzlichen Kontrollfreiheit von Vertragsinhalten, zumal von Hauptleistung und Preis, dem Äquivalenzverhältnis,[1] steht im Urheberrecht eine Vielzahl von Tatbeständen gegenüber, nach denen die „Angemessenheit" des Leistungsaustausches überprüft wird. Damit stellt sich nicht nur die Frage, wie diese Kontrolltatbestände begründet sind. Es ist auch zu begründen, wie man die „Angemessenheit" näher bestimmen kann. Für ein liberales Privatrecht liegt die Kontrollfreiheit gerade des Preises nicht zuletzt darin begründet, dass der „gerechte Preis" nur vom Markt und (damit von) den Parteien zu bestimmen ist, nicht aber von Dritten. Der Staat ist kein Preiskommissar. Einer inhaltlichen Festlegung ziehen Gesetzgeber und Gerichte daher regelmäßig eine prozedurale Regelung vor. Die Angemessenheit wird nicht selbständig positiv bestimmt, sondern durch ein Verfahren oder die Bezugnahme auf eine prozedural legitimierte Größe.[2]

Unter diesen Gesichtspunkten ist eine Vielzahl von Regelungen des Urheberrechts (i. w. S.) von Interesse. Am Anfang steht das Urhebervertragsrecht. Nach § 32 Abs. 1 S. 3 UrhG kann der Urheber, wenn die vereinbarte Vergütung nicht angemessen ist, eine Vertragsänderung verlangen, die ihm die angemessene Vergütung gewährt. Angemessen ist eine Vergütung, „wenn sie im Zeitpunkt des Vertragsschlusses dem entspricht, was im Geschäftsverkehr nach Art und Umfang der eingeräumten Nutzungsmöglichkeit, insbesondere nach Dauer und Zeitpunkt der Nutzung, unter Berücksichtigung aller Umstände üblicher- und redlicherweise zu leisten ist", § 32 Abs. 2 S. 2 UrhG. Damit ist auf einen materiellen Maßstab Bezug genommen, der indes der Konkretisierung bedarf. Primär[3] ist die Angemessenheit indes an der Elle „gemeinsamer Vergütungsregeln" zu messen, wie § 32 Abs. 2 UrhG ausweist. Diese stellen nach Vorstellung des Ge-

---

[1] S. nur *Flume*, Allgemeiner Teil des Bürgerlichen Rechts – Band II: Das Rechtsgeschäft (4. Aufl. 1991).

[2] Vgl. den grundlegenden Beitrag von *Canaris*, Wandlungen des Schuldvertragsrechts – Tendenzen zu seiner Materialisierung, AcP 200 (2000), 273, 287 ff. *et passim*.

[3] Zur Hierarchie: Schricker/Loewenheim-*Haedicke*, Urheberrecht (4. Aufl. 2010), § 32 UrhG Rn. 25.

setzgebers Vereinigungen von Urhebern mit Vereinigungen von Werknutzern oder einzelnen Werknutzern auf, § 36 Abs. 1 S. 1 UrhG. „Die gemeinsamen Vergütungsregeln sollen die Umstände des jeweiligen Regelungsbereichs berücksichtigen, insbesondere die Struktur und Größe der Verwerter. In Tarifverträgen enthaltene Regelungen gehen gemeinsamen Vergütungsregeln vor", § 36 Abs. 1 S. 2 UrhG. Für die Zusammensetzung der Vereinigungen stellt das Gesetz nähere Qualifizierungen auf (§ 36 Abs. 2 UrhG), für die Verhandlungen ist ein Schlichtungsverfahren vorgesehen (§ 36 Abs. 3, § 36a UrhG). Zum Gesamtsystem der Sicherung einer angemessenen Vergütung zählt schließlich der Anspruch auf „weitere angemessene Beteiligung" nach § 32a UrhG.[4] Über eine bloße Geschäftsgrundlagenregelung hinausgehend, dient die Vorschrift ebenfalls der Sicherung einer materiellen Äquivalenz, wobei der Auslöser für den Anspruch ein „auffälliges Missverhältnis" ist.

Steht die Vergütung als Vertragsbedingung damit im Vordergrund, so können doch „Nebenbedingungen" ähnlich bedeutsam sein. Infolge des neuen Urhebervertragsrechts von 2002 deutet sich an, dass auch die AGB-Kontrolle (§§ 305ff. BGB) neue Konturen gewinnt. Ist auch das Urhebervertragsrecht nach wie vor nicht im Einzelnen und für alle einzelnen Vertragstypen näher ausgebildet, so bieten doch die Regelungen der §§ 31ff. UrhG, aber auch die Grundnorm des § 11 UrhG einen Rahmen, der Leitbildfunktion entfalten kann.[5]

Angemessenheit ist aber auch Maßstab der Inhaltskontrolle im kollektiven Urheberrecht. § 11 UrhWG schreibt als Ergänzung zum Kontrahierungszwang die Angemessenheit der Lizenzierungsbedingungen von Verwertungsgesellschaften vor. § 12 UrhWG ergänzt das um ein Angemessenheitsgebot für Gesamtverträge. Das Urheberrechtswahrnehmungsgesetz sieht ergänzend dazu ein Schiedsstellenverfahren vor, und auch für die Einigungsvorschläge der Schiedsstelle gilt ein Angemessenheitsgebot. Steht bei diesen Vorschriften die Angemessenheit als Schutz der Nutzer im Vordergrund, so schreibt § 54 Abs. 1 UrhG als Ausgleich für die „Privatkopie" (s. näher § 53 Abs. 1 bis 3 UrhG) im Interesse der Urheber ein Angemessenheitsgebot vor. Der Ausgleich für die Freistellung bestimmter Vervielfältigungen war bis 2008 vom Gesetzgeber selbst in einer Anlage zum UrhG im Einzelnen festgelegt worden. Mit dem Zweiten Gesetz zur Regelung des Urheberrechts in der Informationsgesellschaft[6] hat der Gesetzgeber die Bestimmung der „angemessenen Vergütung"

---

[4] Vgl. kürzlich BGH, WRP 2009, 1008 – Mambo No. 5.

[5] Dazu schon OLG Zweibrücken, ZUM 2001, 346 und jetzt OLG Hamburg, GRUR-RR 2011, 293, §§ 31 Abs. 5 und 11 S. 2 UrhG als Vorschriften mit Leitbildcharakter für die AGB-Kontrolle heranziehend; dagegen BGH, GRUR 1984, 45, 48 – Honorarbedingungen Sendevertrag und diese Rechtsprechung ausdrücklich bestätigend BGH, BeckRS 2012, 15227 Rn. 16 – Honorarbedingungen Freie Journalisten.

[6] Zweites Gesetz zur Regelung des Urheberrechts in der Informationsgesellschaft v. 26. 10. 2007, BGBl. I 2007, 2513.

maßgeblich der privatautonomen Vereinbarung der Betroffenen und damit einer prozeduralen Regelung überantwortet, indes nicht ohne dafür in § 54a UrhG einen Rahmen materieller Ansatzpunkte für die Vergütungshöhe vorzugeben.

Wo der Staat selbst eine materielle Festlegung der Angemessenheit vornimmt, trifft ihn eine besondere Begründungslast. Ihm schlägt die „systemische Unkenntnis" über den „gerechten Preis" entgegen. Tatsächlich konnte sich schon die Lehre vom *iustum pretium* und die daran anknüpfende *laesio enormis* nicht auf einen „objektiven" Preis berufen, sondern sie nahm auf den sich unter kompetitiven Bedingungen bildenden Marktpreis Bezug.[7] Ähnliches kennen wir von § 138 BGB, wenn dort die Sittenwidrigkeit als eine bestimmte Abweichung vom Marktpreis angenommen wird.[8] Und Ähnliches lässt sich jetzt auch in der Praxis des Bundesgerichtshofs beobachten, der sich vor allem mit Übersetzervergütungen zu beschäftigen hatte.[9] „Bei Taschenbüchern 0,4% des Nettoladenverkaufspreises ... ab dem 5.000sten Exemplar" lautet z.B. eine der vom BGH als „angemessen" festgelegten Vergütungsvereinbarungen, und man fragt sich, wie ein Gericht das feststellen kann. Tatsächlich hat sich der Gerichtshof dabei am Marktüblichen orientiert und von einer strukturell vergleichbaren Festlegung für Autoren „heruntergerechnet". Der BGH kommt dabei freilich nicht umhin, wirtschaftliche Einzelheiten der Preisbildung als redlich oder unredlich zu bewerten.

Wo der Staat – wie im Grundsatz – keinen materiellen Maßstab aufstellt, rückt das Verfahren in den Blick, mit dessen Hilfe die Vertragsbedingungen festgelegt werden.[10] Das Urheberrecht gibt dafür infolge der jüngeren Reformen einiges Anschauungsmaterial. So hat der Gesetzgeber die mit der Statuierung des materiellen Angemessenheitsgebots in § 32 Abs. 1 S. 3 UrhG verbundenen Schwierigkeiten keineswegs verkannt, sondern die Regelung gerade deswegen um den prozeduralen Mechanismus der „gemeinsamen Vergütungsregeln" ergänzt. Mit diesem Mechanismus ist er in einer aus dem Tarifrecht, aber auch aus dem kollektiven Urheberrecht (in seinen in unterschiedlichen Rechtsordnungen

---

[7] *Zimmermann*, The Law of Obligations – Roman Foundations of the Civilian Tradition (1990), S. 255–268.

[8] Dazu *Canaris*, AcP 200 (2000), 273, 294.

[9] BGHZ 182, 337 – Talking to Addison; BGH v. 20.1. 2011 – I ZR 19/09 – Destructive Emotions; BGH, ZUM 2011, 316 – Angemessene Übersetzervergütung I; BGH, ZUM-RD 2011, 208 – Angemessene Übersetzervergütung II; BGH, ZUM-RD 2011, 212 – Angemessene Übersetzervergütung III; BGH, ZUM-RD 2011, 403 – Angemessene Übersetzervergütung IV; BGH, ZUM-RD 2011, 408 – Angemessene Übersetzervergütung V; dazu *v. Becker*, Ein Fünftel für den Übersetzer – Folgen der neuen BGH-Urteile zur angemessenen Vergütung, GRUR-Prax 2011, 96; *Jacobs*, Die Karlsruher Übersetzertarife – Zugleich Anmerkung zu BGH „Destructive Emotions", GRUR 2011, 306 ff.

[10] Vgl. auch *Riesenhuber*, Schatten des Rechts, in: Grundmann/Haar/Merkt/Mülbert/Wellenhofer (Hrsg.), Festschrift für Hopt (2010), S. 1225 ff.

ganz unterschiedlichen Formen)[11] bekannten Weise dem, wie das Bundesverfassungsgericht sagt, „strukturellen Ungleichgewicht"[12] entgegengetreten, das nach seiner Einschätzung im Urhebervertragsrecht herrscht.[13] Indes zeigen sich jetzt, nach einigen Jahren, praktische Schwierigkeiten. Auffällig ist, dass es bislang überhaupt nur zwei Fälle „gemeinsamer Vergütungsregeln" gibt,[14] die „Gemeinsamen Vergütungsregeln für Autoren belletristischer Werke in deutscher Sprache"[15] und die „Gemeinsame Vergütungsregeln aufgestellt für freie hauptberufliche Journalistinnen und Journalisten an Tageszeitungen"[16]. Zudem werden in der Rechtsprechung streitige Fragen des Schlichtungsverfahrens deutlich.[17]

Auch die Verhandlungslösung im Bereich der privaten Vervielfältigung hat schon bald Verfahrensfragen aufgeworfen. Tatsächlich hatte der Rechtsausschuss bereits im Gesetzgebungsverfahren Bedenken geäußert, ob man sich auf den damit eingesetzten Mechanismus verlassen kann, und eine Überprüfung angemahnt.[18] Ein zentraler Aspekt ist, dass es für gesetzliche Vergütungsansprüche – anders als für die von den Verwertungsgesellschaften verlangten Lizenzvergütungen, § 11 Abs. 2 UrhWG – keine Hinterlegungspflicht gibt. Bereits frühzeitig wurde gerügt, dass darin ein zweckwidriger Verschleppungsanreiz für die Vergütungsschuldner liege.[19] Es wird erörtert, ob diesem Mangel im geplanten „3. Korb" abgeholfen werden kann.[20]

---

[11] S. nur zum US-amerikanischen Recht B. *Goldmann*, Die kollektive Wahrnehmung musikalischer Rechte in den USA und in Deutschland (2001).

[12] BVerfG, NJW 1994, 2749, 2750.

[13] Auf die Rechtsprechung des BVerfG ausdrücklich Bezug nehmend BT-Drs. 14/6433, S. 7, ferner S. 1, 8 („Urheber ... als ... regelmäßig schwächere Partei"), 9 („strukturelles Ungleichgewicht"), 11 und öfter. Ebenso *Dietz/Loewenheim/Nordemann/Schricker/Vogel*, Entwurf eines Gesetzes zur Stärkung der vertraglichen Stellung von Urhebern und ausübenden Künstlern (Stand: 22. Mai 2000), GRUR 2000, 765, 768; Schricker/Loewenheim-*Schricker/Loewenheim* (Fn. 3), Vor §§ 28 ff. UrhG Rn. 12. Kritisch im Hinblick auf die mangelnde Spezifität *Riesenhuber/Klöhn*, Das Urhebervertragsrecht im Lichte der Verhaltensökonomik, in: dies. (Hrsg.), Urhebervertragsrecht im Lichte der Verhaltensökonomik (2010), S. 7 ff.

[14] Vgl. auch LG Stuttgart, ZUM 2008, 163, 168 zum Vergütungstarifvertrag (VTV) Design.

[15] Zugänglich unter http://vs.verdi.de/urheberrecht/angemessene_verguetungen/veguetungsregeln_belletristik.

[16] Zugänglich unter http://dju.verdi.de/tarif/tarifvertraege.

[17] BGH, GRUR 2011, 808 – Aussetzung eines Schlichtungsverfahrens.

[18] Vgl. Beschlussempfehlung des Rechtsausschusses, BT-Drs. 16/5939, S. 3 (Überprüfungsaufforderung an das Bundesministerium der Justiz).

[19] S. *Müller*, Verbesserung des gesetzlichen Instrumentariums zur Durchsetzung von Vergütungsansprüchen für private Vervielfältigung, ZUM 2008, 377 ff.

[20] Stellungnahme der GRUR durch den Fachausschuss für Urheber- und Verlagsrecht zum Fragenkatalog des Bundesministeriums der Justiz vom 13. 2. 2009, GRUR 2009, 1035 f. Stellungnahme der GRUR durch den Fachausschuss für Urheber- und Verlagsrecht zur Änderung der Urheberrechtsschiedsstellenverordnung v. 17. 7. 2009, GRUR 2009, 926, 927.

Den Rahmen für die Erörterung der (einfach-) gesetzlichen Regelungen im nationalen Urheberrecht bilden verfassungs- und europarechtliche sowie ökonomische Erwägungen. „Zu den konstituierenden Merkmalen des Urheberrechts als Eigentum im Sinne der Verfassung gehören" nach der Rechtsprechung des BVerfG „die grundsätzliche Zuordnung des vermögenswerten Ergebnisses der schöpferischen Leistung an den Urheber im Wege privatrechtlicher Normierung sowie seine Freiheit, in eigener Verantwortung darüber verfügen zu können."[21] Das ist, wie das BVerfG kürzlich wieder in seinem Beschluss im Fall „Drucker und Plotter" hervorgehoben hat, auch für die Ausgestaltung und Auslegung der urheberrechtlichen Schrankenbestimmungen von Bedeutung.[22] Im selben Beschluss hebt das Verfassungsgericht (unter dem Gesichtspunkt des gesetzlichen Richters (Art. 101 Abs. 1 S. 2 GG) auch die Bedeutung der europarechtlichen Grundlagen hervor. Insoweit ist vor allem die Richtlinie über das Urheberrecht in der Informationsgesellschaft (InfoRL)[23] zu beachten, deren Art. 5 Abs. 2 verschiedene Schranken nur unter der Bedingung zulässt, dass der Urheber einen „gerechten Ausgleich" erhält.[24] Der EuGH hat den Begriff autonom ausgelegt.[25] „[D]ie zwischen den Beteiligten herbeizuführende Ausgewogenheit (der ‚angemessene Ausgleich') bedeutet, dass der gerechte Ausgleich notwendigerweise auf der Grundlage des Schadens zu berechnen ist, der den Urhebern geschützter Werke infolge der Einführung der Ausnahme für Privatkopien entstanden ist."[26] Damit ist ein konkreter Ansatzpunkt gegeben, aus dem auch Folgerungen für den Einzelfall abgeleitet werden können, der aber näherer Bestimmung im Hinblick auf Einzelfragen bedarf.

Wie dieser „Verfassungsrahmen" ausgefüllt werden kann, ist nicht zuletzt aufgrund ökonomischer Erwägungen zu erörtern. Auch aus ökonomischer Sicht stellt sich die Frage, wie eine staatliche Inhalts- und, vor allem, Preiskon-

---

[21] BVerfG, GRUR 2010, 999, 1001 – Drucker und Plotter. Zur bereichsspezifischen Bestimmung der „Inhalts- und Schrankenbestimmungen" H. A. *Wolff*, Aktienrechtliche Sonderrechte zugunsten des Finanzmarktstabilisierungsfonds, in: Nachdenken über Eigentum – Festschrift für v. Brünneck (2010), S. 260 ff.

[22] BVerfG, GRUR 2010, 999 – Drucker und Plotter. Ferner BVerfGE 31, 229 – Kirchen- und Schulgebrauch. S. a. BVerfG, NJW 1992, 1303 – Leerkassettenabgabe; BVerfG, GRUR 1997, 123 – Kopierladen I.

[23] Richtlinie 2001/29/EG des Europäischen Parlaments und des Rates vom 22. 5. 2001 zur Harmonisierung bestimmter Aspekte des Urheberrechts und der verwandten Schutzrechte in der Informationsgesellschaft, ABl. 2001 L 167/10.

[24] Dazu bereits G. *Schulze*, Die Schranken des Urheberrechts, in: Riesenhuber (Hrsg.), Systembildung im Europäischen Urheberrecht (2007), S. 181 ff.; v. *Lewinski*, in: Walter/ders. (Hrsg.), European Copyright Law (2010), Rn. 11.5.1 ff., 11.5.24 f.

[25] EuGH v. 21. 10. 2010 – Rs. C-467/08 *Padawan*, Slg. 2010, I-10055 Rn. 29 ff. Zur autonomen Auslegung näher *Riesenhuber*, in: ders. (Hrsg.), Europäische Methodenlehre (2. Aufl. 2010), § 11 Rn. 4 ff.

[26] EuGH v. 21. 10. 2010 – Rs. C-467/08 *Padawan*, Slg. 2010, I-10055 Rn. 38 ff. und LS 2. S. a. GA *Trstenjak*, Schlussanträge v. 11. 5. 2010 – Rs. C-467/08 *Padawan*, Slg. 2010, I-10055 Rn. 73 ff. (maßgeblich auf den Gedanken der Ausgewogenheit abstellend).

trolle begründet werden kann. Und auch aus ökonomischer Sicht fragt sich, wie sie ausgefüllt werden kann. Darüber hinaus ist besonders die „Fairnessforschung" von Interesse, die neue Anhaltspunkte für die inhaltliche Begründung und die sachliche Rechtfertigung der Angemessenheitskontrolle liefern kann.[27]

Prozedurale Voraussetzungen und materielle (Vertrags-) Gerechtigkeit im Urheberrecht – das sind damit die Themen der INTERGU-Tagung 2012.

---

[27] S. etwa *Engel*, Behavioural Law and Economics im Urhebervertragsrecht – Ein Werkstattbericht, in: Riesenhuber/Klöhn (Hrsg.), Das Urhebervertragsrecht im Lichte der Verhaltensökonomik (2010), S. 17 ff.; allgemein *Magen*, Fairness, Eigennutz und die Rolle des Rechts. Eine Analyse auf Grundlage der Verhaltensökonomik, in: Engel/Englerth/Lüdemann/Spiecker gen. Döhmann (Hrsg.), Recht und Verhalten (2007), S. 261–360; *ders.*, Gerechtigkeit als Proprium des Rechts – Eine deskriptive Theorie auf empirischer Grundlage (unveröffentlichte Bonner Habilitationsschrift 2009).

1. Teil

Grundlagen

Thomas Ackermann

§ 2 Die Angemessenheit im allgemeinen Privat- und Wirtschaftsrecht*

I. Residualfunktionen des allgemeinen Privat- und Wirtschaftsrechts für Verteilungsfragen in der kultur- und kreativwirtschaftlichen Wertschöpfungskette

Wer Fragen der Angemessenheit im Urheberrecht in Beziehung zum allgemeinen Privat- und Wirtschaftsrecht setzt, läuft Gefahr, Schlachten der Vergangenheit zu schlagen: Im Vorfeld der 2002 in Kraft getretenen Reform des Urhebervertragsrechts war allen Beteiligten bewusst, dass das Urheberrecht mit den damals eingeführten Regelungen über die angemessene Vergütung des Urhebers einen Ansatz wählte, der bei der Kontrolle der Äquivalenz von Leistung und Gegenleistung in wesentlichen Aspekten „juristisches Neuland"[1] betrat. Es wäre deshalb müßig, allgemeine Grenzen der Vertragsfreiheit nur mit dem Ziel nachzuzeichnen, die Besonderheiten des nicht mehr ganz neuen Urhebervertragsrechts hervortreten zu lassen. Aber die Vergewisserung über die Reichweite und Funktionsweise allgemeiner Mechanismen der Angemessenheitskontrolle erschöpft sich nicht in der Rückschau auf den Sonderweg, den das Urhebervertragsrecht eingeschlagen hat, sondern hilft auch bei der Bewältigung urheberrechtlicher Gegenwartsprobleme.

Das wird deutlich, wenn man sich die Reichweite der Thematik vergegenwärtigt: Angemessenheitsfragen sind Fragen nach der Gerechtigkeit oder Fairness von Güterverteilungen. Die hier interessierenden Angemessenheitsfragen können jeden Aspekt der Verteilung des Ertrags betreffen, der in der kultur- und kreativwirtschaftlichen Wertschöpfungskette erwirtschaftet wird. Das Urheberrecht prägt zweifellos die Ertragsverteilung in diesem wirtschaftlichen Sektor, aber es stellt hierfür kein umfassendes, alle Fragen abschließend beantwortendes Regime bereit. Das allgemeine Privat- und Wirtschaftsrecht behält daher Residualfunktionen bei der Angemessenheitsbewertung, die sich in drei As-

---

* Für die Veröffentlichung wurde der Tagungsbeitrag um das erforderliche Minimum an Nachweisen ergänzt. Den Diskussionsteilnehmern sei für Fragen und Anregungen gedankt.

[1] So mit Blick auf § 36 UrhG die Begründung des Entwurfs eines Gesetzes zur Stärkung der vertraglichen Stellung von Urhebern und ausübenden Künstlern v. 26. 6. 2001, BT-Drs. 14/6433, S. 12.

pekten zusammenfassen lassen, die man als Reserve-, Kontroll- und Ergänzungsfunktion charakterisieren kann.

1. Reservefunktion: Der fair share-Streit zwischen Google und den Presseverlagen als Beispiel

Die urheberrechtliche *lex lata* schweigt zur Ertragsverteilung in der kultur- und
kreativwirtschaftlichen Wertschöpfungskette, wenn es bereits an der Zuweisung eines Urheber- oder Leistungsschutzrechts fehlt, auf dessen Grundlage ein
Ertragsanteil verlangt werden könnte. Hierfür steht beispielhaft der sogenannte
fair share-Streit zwischen Presseverlagen und dem führenden Internet-Suchma-
schinenbetreiber Google, in dem es um eine angemessene Beteiligung der Verlage an den Gewinnen geht, die Google insbesondere in dem Service „Google
News" durch Werbeeinnahmen aus Anzeigen neben Suchergebnissen erzielt,
für die urheberrechtlich nicht geschützte Auszüge aus Presseartikeln (*snippets*)
verwendet werden. Die derzeitige Regierungskoalition plant, den Verlagen ein
neues Leistungsschutzrecht zu gewähren, das es ihnen erlaubt, für diese Nutzung von Anbietern gewerblicher Internet-Dienste ein Entgelt zu verlangen, an
dem auch die Urheber angemessen beteiligt werden sollen.[2] Daneben hat der
Streit aber auch einen kartellrechtlichen Schauplatz: Neben einer mittlerweile
zurückgezogenen Beschwerde deutscher Verleger beim Bundeskartellamt versuchen spanische Verleger auf EU-Ebene, dieses Ergebnis auf kartellrechtlichem
Wege durch eine Beschwerde bei der EU-Kommission zu erreichen, mit der
Google ein Verstoß gegen das an marktbeherrschende Unternehmen gerichtete
Verbot missbräuchlichen Verhaltens in Art. 102 AEUV vorgeworfen wird.[3] Unabhängig von den womöglich nicht allzu hohen Erfolgsaussichten dieser Vorgehensweise zeigt sich in dieser Auseinandersetzung, dass das Fehlen eines Urhe-
ber- oder verwandten Rechts kein rechtliches Vakuum entstehen lässt, was Angemessenheitsfragen betrifft. Vielmehr ist das Fairnessproblem nach allgemeinen
Maßgaben des Privat- und des Wirtschaftsrechts zu lösen, das hier in Ermangelung einer urheberrechtlichen Regelung eine Reservefunktion wahrnimmt. Bevor man eine „Gerechtigkeitslücke" konstatiert, die durch Schaffung eines
Leistungsschutzrechts zu schließen ist, sollte man sich darüber klar werden,
welche Folgerungen sich aus diesen Maßgaben ergeben: Möglicherweise befriedigen die allgemeinen Regeln das Bedürfnis nach einer als gerecht empfundenen

---

[2] Hierzu lag im Zeitpunkt des Abschlusses dieses Beitrags ein Gesetzentwurf der Bundesregierung vor, BT-Drs. 17/11470 v. 14.11.2012.

[3] Vgl. hierzu *Lohse*, Fair Share: Warum Verlage gegen Google schlechte Karten haben, im
Internet zugänglich unter http://irights.info/index.php?q=node/2161&Kategorie=Home-
page.

Partizipation am Ertrag, ohne dass eine neue gesetzliche Rechtsposition kreiert werden müsste. Selbst wenn die allgemeinen Regeln keine Umverteilung des Ertrags erzwingen sollten, mögen sie gute Gründe dafür bieten, vorgefasste Meinungen über die Korrekturbedürftigkeit einer im Markt erzielten Verteilung zu revidieren und auf ein gesetzgeberisches Eingreifen zu verzichten.

2. Ergänzungsfunktion: Die AGB-Kontrolle als Beispiel

Wo die Angemessenheit der kulturwirtschaftlichen Ertragsverteilung vom Urheberrecht thematisiert wird, mag die Regelung durch allgemeines Privat- und Wirtschaftsrecht zu ergänzen sein. So gilt die urhebervertragliche Angemessenheitskontrolle in den §§ 32, 32a UrhG dem Preis, nicht den Vertragsbestimmungen jenseits der Festlegung der vertraglichen Hauptleistungen. Gerade hierauf bezieht sich die AGB-Inhaltskontrolle nach den §§ 307 ff. BGB. Insoweit ergänzt allgemeines Privatrecht die besonderen Regelungen des Urhebervertragsrechts.[4]

3. Kontrollfunktion: Die kollektivrechtliche Angemessenheitsbestimmung als Beispiel

Schließlich bleiben Aussagen des allgemeinen Privat- und Wirtschaftsrechts insoweit für die Angemessenheit im Urheberrecht von Interesse, als sich urheberrechtliche Regelungen daran messen lassen müssen. Darin liegt die Kontrollfunktion des allgemeinen Privat- und Wirtschaftsrechts. Teilweise erschöpft sich die Kontrollfunktion darin, die Grundlage rechtspolitischer Kritik zu bilden. Teilweise lassen sich aber auch vorrangige Prämissen angeben, denen urheberrechtliche Angemessenheitskonzepte rechtlich genügen müssen. Ein Beispiel, auf das ich zurückkommen werde, ist die EU-Kartellrechtskonformität gemeinsamer Vergütungsregeln nach den §§ 32 Abs. 2 S. 1, 36 UrhG.

---

[4] Hierzu näher *Pfeiffer*, in diesem Band, § 6.

II. Grundlagen der Angemessenheitskontrolle im allgemeinen Privat- und Wirtschaftsrecht

1. These: Privat- und wirtschaftsrechtliche Angemessenheit als Ausdruck einer unter idealen Marktverhältnissen erzeugten Güterverteilung

Ausgangspunkt der folgenden Auseinandersetzung mit den Grundlagen der privat- und wirtschaftsrechtlichen Angemessenheitskontrolle ist eine These über den Maßstab der Angemessenheit im Privat- und Wirtschaftsrecht: Angemessenheitsfragen sind, wie gesagt, Fragen einer gerechten oder fairen Verteilung. Traditionell unterscheidet man insoweit zwischen der Verteilung in einer Zweipersonenbeziehung, die den Anknüpfungspunkt der aristotelischen *iustitia commutativa* oder Austauschgerechtigkeit bildet, und der Verteilung aus übergeordneter, gesamtgesellschaftlicher Perspektive, die mit der aristotelischen *iustitia distributiva* oder Verteilungsgerechtigkeit verbunden wird. Regelungen der Angemessenheit im *Privatrecht* gelten üblicherweise als Ausprägungen der Austauschgerechtigkeit – kaum verwunderlich, wenn man bedenkt, dass Zweipersonenbeziehungen den Bezugspunkt privatrechtlicher Regelungen bilden. Nimmt man dagegen das *Wirtschaftsrecht* als den Korpus der Rechtsnormen in den Blick, die Märkte ordnen und sich dafür auch (aber nicht nur) privatrechtlicher Instrumente bedienen, erscheint Angemessenheit als Thema distributiver Gerechtigkeit. Nichts anderes als ein bestimmtes, nämlich utilitaristisches Verständnis von distributiver Gerechtigkeit äußert sich etwa in dem Postulat allokativer Effizienz, wenn man ihm eine normative Orientierung für die Gestaltung des Wirtschaftsrechts entnimmt: Angemessen und gerecht ist es danach, wenn Güter so verteilt sind, dass sie den größten Gesamtnutzen stiften.

Der scheinbare Widerspruch löst sich auf, wenn man die Austauschgerechtigkeit als einen von der Verteilungsgerechtigkeit abgeleiteten Maßstab versteht. Die privatrechtliche Angemessenheit im Sinne der Austauschgerechtigkeit zwischen zwei Personen verhält sich gegenüber Vorstellungen über die Gerechtigkeit der Güterverteilung im distributiven Sinne nicht neutral. Ob eine Güterverteilung zwischen zwei Parteien als angemessen bewertet wird, hängt vielmehr stets von der Vorstellung distributiver Gerechtigkeit ab, aus deren Perspektive man auf die Beziehung zwischen den Parteien blickt. So kann man zur Bestimmung der Angemessenheit eines Leistungsaustauschs nur dann Marktpreise heranziehen, wenn man die von Märkten erzeugte Güterverteilung grundsätzlich als angemessen im Sinne distributiver Gerechtigkeit empfindet. Nicht *ob*, sondern *welche* distributiven Vorstellungen im Privatrecht wirksam werden, scheint mir deshalb die richtige Frage zu sein.

Meine These ist, dass den allgemeinen Mechanismen der Angemessenheits-kontrolle im Privat- und Wirtschaftsrecht die durch den Markt erzeugte Güter-verteilung als Referenz zugrunde liegt. Bei der Angemessenheitswertung wer-den aber – und das ist der springende Punkt – Märkte nicht so genommen, wie sie tatsächlich sind. Tatsächliches Marktgeschehen als solches ist überhaupt kei-ne normative Größe. Maßstab ist vielmehr die *Güterverteilung, die sich unter idealen Marktverhältnissen einstellt*, also dann, wenn Marktteilnehmer selbst-bestimmt, d.h. wohlinformiert und unter ungestörter Verfolgung ihrer geord-neten Präferenzen, und bei funktionierendem Wettbewerb Leistungen austau-schen.

Hieraus ergeben sich zwei theoretisch mögliche Anknüpfungspunkte für die Angemessenheitskontrolle, die uns im Folgenden beschäftigen werden: Zum einen kann die Kontrolle den *Bedingungen* gelten, unter denen tatsächliche Ver-teilungen zustande kommen. Hier geht es darum, sich entweder den Bedin-gungen eines idealen Marktes anzunähern oder, wenn die Diskrepanz zwischen Ideal und Wirklichkeit unüberbrückbar weit auseinanderklafft, der unter ge-störten Bedingungen zustande gekommenen Verteilung die rechtliche Aner-kennung zu versagen. Das ist, wenn man so will, eine prozedurale Herange-hensweise an die Angemessenheit. Zum anderen kann die Kontrolle den tat-sächlichen Verteilungs*ergebnissen* gelten. Hier ist der Maßstab ein materielles Kriterium, nämlich das hypothetische Ergebnis, das sich unter idealen Markt-bedingungen einstellen würde. Beide Anknüpfungspunkte sind für das Privat- und Wirtschaftsrecht relevant, jedoch, wie wir sehen werden, von ganz unter-schiedlichem Rang und unterschiedlicher Tragweite.

2. Ausgangspunkt: Die Zuordnung von Ertragschancen durch Zuweisung subjektiver Rechte

Mechanismen der Angemessenheitskontrolle beziehen sich auf Vermögensver-schiebungen (vom Bewucherten zum Wucherer, von der Marktgegenseite zum Monopolisten usw.) und damit auf *Änderungen* einer gegebenen Verteilung. Wer am Ende welchen Anteil an dem von allen erwirtschafteten Gesamtwohl-fahrtsergebnis hat, hängt aber ganz wesentlich von der Ausgangssituation ab, die durch die Zuweisung subjektiver Rechte geschaffen wird. Diese Ausgangs-lage wird auf der einen Seite durch das Paradigma des Eigentums und auf der anderen Seite durch das Paradigma der Wettbewerbsfreiheit geprägt.

a) Das Paradigma des Eigentums

Das privatrechtliche Eigentum ist gekennzeichnet durch die dem Rechtsinhaber gewährte Exklusivität, die sich nicht nur auf den tatsächlichen Umgang mit dem

Eigentumsgegenstand, sondern auch auf dessen wirtschaftliche Verwertung bezieht. Der durch die Verwertung des Eigentums erzielbare Ertrag steht daher grundsätzlich dem Eigentümer zu. Die Rechtszuweisung bezieht sich allerdings nur auf die Ertrags*chance*, die der Gegenstand bietet, nicht auf einen bestimmten Gegenwert, der dem Inhaber rechtlich zusteht, wenn er sich zur Verwertung entschließt. Wer sich, wie Hans im Glück, Eigentümer eines Goldklumpens nennen darf, erhält mit seinem Eigentum nicht zugleich das Recht, vor einem wirtschaftlich schlechten Tausch bewahrt zu werden. Generell enthält die privatrechtliche Eigentumskonzeption kein Recht auf Partizipation an gesamtgesellschaftlicher Wohlfahrt, sondern nur die Chance darauf. Angemessenheitsfragen werden daher durch die Zuweisung des Eigentums nicht präjudiziert.

Die Gestaltung des Urheberrechts steht hierzu in einem merklichen Kontrast. Seit der Novellierung im Jahr 2002 ist die Sicherung einer angemessenen Vergütung für die Nutzung des Werkes in § 11 S. 2 UrhG als Funktion des Urheberrechts gesetzlich festgeschrieben. Schon lange zuvor galt nach ständiger Rechtsprechung[5] der Grundsatz, dass der Urheber tunlichst an dem wirtschaftlichen Nutzen zu beteiligen ist, der aus seinem Werk gezogen wird. In der Konsequenz dieser aus der Sicht des allgemeinen Privatrechts ungewöhnlichen „Verdinglichung" des Schutzes vor unangemessener Benachteiligung hätte im Grunde die Gewährung eines gesetzlichen Anspruchs auf angemessene Vergütung gelegen, wie ihn der Professoren-[6] und der Regierungsentwurf[7] des Urhebervertragsgesetzes in der Tat vorgesehen hatten. Bekanntlich hat der Gesetzgeber es dann in den §§ 32, 32a UrhG bei der Kontrolle und ggf. Korrektur vertraglicher Vergütungsansprüche belassen. Der Gedanke, dass die Zuweisung der vermögenswerten Ergebnisse der Verwertung des geistigen Eigentums an den Urheber Teil seiner durch Art. 14 GG geschützten Rechtsposition ist, prägt aber ungeachtet dieses konzeptionellen Bruchs die Angemessenheitsprüfung.[8]

b) Das Paradigma der Wettbewerbsfreiheit

Damit ragt das Urheberrecht in einen Bereich hinein, der im allgemeinen Privatrecht grundsätzlich der Wettbewerbsfreiheit vorbehalten ist. Die Verwirklichung der wirtschaftlichen Chancen, die sich für den einzelnen aus der Verwertung der ihm zugewiesenen Rechte ergeben, ist prinzipiell dem Zusammenspiel von Angebot und Nachfrage auf Märkten überlassen. Dass der Einzelne dabei

---

[5] S. etwa BGHZ 11, 135, 143 – Lautsprecherübertragung; BGH, GRUR 1974, 786, 787 – Kassettenfilm; BGHZ 129, 66, 72 – Mauer-Bilder.

[6] *Dietz/Loewenheim/Nordemann/Schricker/Vogel*, Entwurf eines Gesetzes zur Stärkung der vertraglichen Stellung von Urhebern und ausübenden Künstlern (Stand: 22. Mai 2000), GRUR 2000, 765 ff.

[7] BT-Drs. 14/6433, 14/7564.

[8] Vgl. etwa Schricker/Loewenheim-*Schricker/Haedicke*, Urheberrecht (4. Aufl. 2010), § 32 UrhG Rn. 33.

auch das Risiko eines Scheiterns trägt, ist notwendiger Bestandteil des Wettbe-
werbsprinzips: Wettbewerbsfreiheit ist nun einmal die Freiheit der Marktteilnehmer, sich untereinander jede Nachfrage- bzw. Angebotseinheit streitig zu
machen. Und selbst wer im Kampf um die Gunst der Marktgegenseite erfolgreich ist, hat auf einem Markt, auf dem Wettbewerb herrscht, keinen Anspruch
darauf, einen ihm fair erscheinenden Gewinn zu erhalten, und kann nicht gegen
einen dahinter zurückbleibenden Gleichgewichtspreis vor Gericht ziehen.

Die Exklusivität, die das Eigentum gewährt, steht zum Wettbewerb in einem
unübersehbaren Spannungsverhältnis. Zu der zeitlosen Frage, wie dieses Spannungsverhältnis aufzulösen ist, sei hier nur das Notwendigste gesagt: Die ex-
klusive Zuweisung von Handlungsbefugnissen, die das Eigentum kennzeich-
net, ist erforderlich, um „äußere Gegenstände meiner Willkür", wie *Kant* sie bei
seiner Begründung des Eigentums aus dem Postulat der praktischen Vernunft
nannte,[9] dem Rechtsverkehr und damit dem Wettbewerb überhaupt zugänglich
zu machen. Die kantische Eigentumsbegründung weist zur ökonomischen eine
verblüffende Parallele auf: Träte an die Stelle des Eigentums Rivalität, würde
der Gegenstand, wie das klassische Beispiel der Allmende lehrt, entwertet.
Wettbewerb als ein sozial erwünschter, nämlich zu allokativer und produktiver
Effizienz führender Prozess kann erst dort einsetzen, wo wechselseitig ausschließliche Handlungswünsche den destruktiven Effekt bloßer Rivalität nicht
haben. Damit ist für das allgemeine Privatrecht eine relativ einfache, wenn auch
nicht immer gewahrte Orientierung für die Abgrenzung der Sphären des Eigentums und des Wettbewerbs gegeben.

In der Welt der Immaterialgüterrechte liegen die Dinge bekanntlich kompli-
zierter. Ob und in welchem Umfang etwa die Nutzung von Geisteswerken ihrem Urheber exklusiv zugewiesen werden oder dem Wettbewerb überlassen
bleiben sollte, ist angesichts nicht rivalisierender Nutzungen anders als bei der
Sachnutzung nur schwer zu beantworten. Zumindest was die wirtschaftliche
Seite des Urheberrechts betrifft, geht es um den richtigen Zuschnitt der Anreize
für ein sozial optimales Produktionsniveau.[10] Vor diesem Hintergrund liegt es
bei Immaterialgüterrechten näher als beim Sacheigentum, die Erzielung eines
angemessenen Ertrags (und nicht nur den Schutz einer Ertragschance) in den
Schutzumfang des Rechts einzubeziehen, um so die erforderlichen Anreize sicherzustellen. Aber zwingend ist das nicht: Beschränkt man sich auf den Schutz
der Ertragschance und erweist es sich, dass die Wahrnehmung dieser Chance

---

[9] *Kant*, Metaphysik der Sitten, Rechtslehre, A 59 = Werke Bd. 7 (1956), S. 355; dazu näher
Ackermann, Der Schutz des negativen Interesses (2007), S. 95 ff.
[10] Dazu beispielsweise *Bechtold*, Zur rechtsökonomischen Analyse im Immaterialgüterrecht GRUR Int. 2008, 484, 485 f.; zur übergeordneten Frage nach einer Synthese individua-
listischer und utilitaristischer Rechtfertigungen *Leistner/Hansen*, Die Begründung des Urheberrechts im digitalen Zeitalter – Versuch einer Zusammenführung von individualistischen
und utilitaristischen Rechtfertigungsbemühungen, GRUR 2008, 479 ff.

am Markt einen geringeren Ertrag bringt, als man für angemessen hält, so mag man sich zum einen bei der Einschätzung dessen, was angemessen (im Sinne einer Anreizoptimierung) ist, geirrt haben. Zum anderen mag es sein, dass für eine suboptimale Vergütung des Urhebers ein Marktversagen verantwortlich ist, das sich wettbewerbsschonender beheben lässt als durch die Vorgabe einer angemessenen Vergütung. Auch im Urheberrecht sind daher Verwertungsrechte und Rechte auf eine angemessene Vergütung kein siamesisches Zwillingspaar, sondern ohne weiteres analytisch zu trennen. Die *Begründung* von Immaterialgüterrechten mag von der des Sacheigentums und verwandter Rechte im allgemeinen Privatrecht kategorial verschieden sein; die Beurteilung von Angemessenheitsfragen ist es meiner Meinung nach nicht.

3. Die Unterscheidung zwischen unfreiwilligen Einbußen und freiwilligen Transfers

Angemessenheitswertungen knüpfen an rechtliche Veränderungen in der Güterzuordnung an, die durch Eigentumsrechte geschaffen werden. Hier ist zunächst eine grundsätzliche Unterscheidung zwischen unfreiwilligen Einbußen und freiwilligen Transfers zu treffen. Freiwillige Gütertransfers bewegen sich innerhalb des Marktparadigmas: Hier begegnen sich Rechtssubjekte in einer privatautonomen Übereinkunft. Unfreiwillige Einbußen verlassen das Marktparadigma: Hier wird der Einzelne rechtlich zur Aufopferung eines ihm gehörenden Gegenstandes gezwungen oder er büßt ihn aufgrund tatsächlicher Einwirkung ein, ohne dass eine marktförmige Transaktion stattfindet. Das hat Folgen für die Herangehensweise, mit der die Angemessenheit bestimmt wird.

4. Angemessenheit bei unfreiwilligen Einbußen: Die Rekonstruktion eines hypothetischen Austauschs als Richtgröße für die Entschädigung

Zunächst sei zur Kategorie unfreiwilliger Einbußen Stellung bezogen. Besonders instruktiv für das Verständnis von Angemessenheit sind hier weniger rechtswidrige als rechtmäßige Eingriffe in die Rechtssphäre des Einzelnen, auf die sich die folgenden Ausführungen konzentrieren.[11] Das klassische Beispiel

---

[11] Bei rechtswidrigen Eingriffen ist eine daraus folgende Schadensersatzpflicht ihrem Umfang nach auf volle Kompensation gerichtet und daher nicht auf die Rekonstruktion eines hypothetischen Preises *festgelegt*, zu dem der Schädiger dem Geschädigten den durch die Schädigung eingebüßten Gegenstand im Rahmen einer freiwilligen Transaktion abgekauft hätte. Dass andererseits eine auf diese Methode gestützte Berechnung des Schadensersatzes nicht ausgeschlossen ist, zeigt die dreifache Schadensberechnung.

hierfür entstammt dem privatrechtlichen Immissionsschutz: Nach § 906 Abs. 2 S. 2 BGB kann der duldungspflichtige Grundstückseigentümer von dem Benutzer des Grundstücks, von dem die Immission ausgeht, einen angemessenen Ausgleich in Geld verlangen, wenn die Immission die ortsübliche Nutzung oder der Ertrag des Grundstücks über das zumutbare Maß hinaus beeinträchtigt. Unter „angemessenem Ausgleich" wird ein Ausgleich nach Enteignungsgrundsätzen verstanden. Hierzu gehört insbesondere die Differenz zwischen dem Verkehrswert, den das Grundstück infolge der Beeinträchtigung hat, und dem fiktiven Verkehrswert bei noch zumutbarer Beeinträchtigung. In einer lesenswerten Dissertation[12] ist die *ratio* dieser Praxis m. E. zutreffend herausgearbeitet worden: Es geht um die Rekonstruktion eines hypothetischen Austauschs unter Marktbedingungen, dessen Preis der Entschädigung zugrunde gelegt wird.

Entsprechendes gilt etwa auch für die Angemessenheit von Abfindungen, die im Gesellschaftsrecht im Falle des gesetzlich zulässigen Ausschlusses von Minderheitsgesellschaftern (etwa im Rahmen eines *squeeze-out*) zu leisten sind. Hierzu hat das BVerfG in seiner *DAT/Altana*-Entscheidung aus dem Jahr 1999[13] bei einer börsennotierten Aktiengesellschaft den Börsenkurs als regelmäßige Untergrenze der Abfindung identifiziert, und zwar mit Rücksicht auf die Verkehrsfähigkeit der Aktie.[14] Der Börsenkurs ist m.a.W. der Wert, den der Aktionär normalerweise in einer marktförmigen Transaktion hätte realisieren können, wenn er nicht aus der Gesellschaft hinausgedrängt worden wäre. Referenz ist also auch hier eine hypothetische Markttransaktion. Diese Vorgehensweise ist zumindest im Ansatz (wenn auch nicht immer in der Durchführung) unmittelbar einsichtig: Wo es nicht zu einer Einigung zwischen den Parteien kommt, fehlt einer prozeduralen, d.h. an die Bedingungen der Einigung anknüpfenden Sicherung der Angemessenheit der Ansatzpunkt. Es bedarf deshalb stets materieller Festlegungen der Angemessenheit, wenn ein Rechtsinhaber aufgrund gesetzlicher Schranken Einbußen an seinem Recht hinnehmen muss.

Vor diesem Hintergrund sind Ansprüche auf eine angemessene Vergütung für gesetzliche Lizenzen an geistigem Eigentum aus privatrechtssystematischer Sicht keine Besonderheit. Dass ein Urheber, der im Rahmen des § 53 Abs. 1–3 UrhG Vervielfältigungen seines Werks hinnehmen muss, nach § 54 Abs. 1 UrhG eine angemessene Vergütung verlangen kann, ist ebenso wie das Spektrum der auf diese Vergütungsregelung verweisenden Rechte sonstiger Leistungsschutzberechtigter[15] ein dem Privatrechtler auch sonst vertrauter Mechanismus, wie

---

[12] *Maultzsch*, Zivilrechtliche Aufopferungsansprüche und faktische Duldungszwänge (2006).

[13] BVerfGE 100, 289.

[14] Vgl. zur näheren Einordnung rechtsvergleichend *Wunner*, Wert und Preis im Zivilrecht (2008), S. 351 ff., und zu den Grenzen der Übertragbarkeit dieser Maßgaben mit Blick auf das Übernahmerecht *Habersack*, Auf der Suche nach dem gerechten Preis – Überlegungen zu § 31 WpÜG, ZIP 2003, 1123, 1127.

[15] Vgl. § 70 Abs. 1 UrhG für Verfasser wissenschaftlicher Ausgaben, § 71 Abs. 1 UrhG für

die Beispiele des privatrechtlichen Immissionsschutzes und der gesellschafts-
rechtlichen Abfindungspflichten belegen. Knüpft man an das hier vorgetragene
Verständnis angemessener Entschädigung im allgemeinen Privatrecht an, liegt
die konsequente Fortführung dieses Ansatzes für gesetzliche Lizenzen in der
Bestimmung der angemessenen Vergütung nach Maßgabe einer hypothetischen
Lizenzgebühr.[16]

Diese Einsicht sei mit einer Anmerkung zu neueren Äußerungen des Bundesverfassungsgerichts und des EuGH zur Angemessenheit verbunden: In seinem
Beschluss *Drucker und Plotter* vom 30. 8. 2010[17] erinnerte das BVerfG im Zusammenhang mit der Vergütungspflicht der Hersteller und Importeure von
Vervielfältigungsgeräten nach § 54a UrhG a. F. daran, dass „zu den konstituierenden Merkmalen des Urheberrechts als Eigentum im Sinne der Verfassung
[...] die grundsätzliche Zuordnung des vermögenswerten Ergebnisses der
schöpferischen Leistung an den Urheber im Wege privatrechtlicher Normierung sowie seine Freiheit [gehören], in eigener Verantwortung darüber verfügen zu können"[18]. Eine solche Vorstellung von der Zuordnung des vermögenswerten Ergebnisses an den Urheber liegt auch dem Urteil des EuGH im Fall
Padawan vom 21. 10. 2010 zugrunde, in dem der EuGH den „gerechten Ausgleich", den Art. 5 Abs. 2 RL 2001/29 über das Urheberrecht und verwandte
Schutzrechte in der Informationsgesellschaft für die Statuierung einer Ausnahme vom Vervielfältigungsrecht für Privatkopien verlangt, auf der Grundlage des
Schadens bestimmte, der den Urhebern durch die Einführung der Ausnahme
für Privatkopien entstanden ist.[19] Weil „Ausgleich" und „Vergütung" in diesen
Fällen als Kompensation einer gesetzlich angeordneten Rechtseinbuße gewährt
werden, sind die Aussagen beider Gerichte (wie auch immer man insbesondere
den „Ausgleich" versteht) jedenfalls nicht auf die Angemessenheit eines privatautonomen Leistungsaustauschs zu beziehen: Wer, mit den Worten des
BVerfG, „in eigener Verantwortung" über sein Recht verfügt hat und dabei –
untechnisch gesprochen – einen „Schaden" erlitten hat, weil es ihm nicht gelungen ist, sich einen hinreichend großen Anteil an dem mit seinem Werk erwirtschafteten Ertrag zu sichern, ist nicht in gleicher Weise schutzbedürftig wie
derjenige, dem die Ertragsmöglichkeit ohne sein Zutun genommen wurde.

Herausgeber nachgelassener Werke, § 72 Abs. 1 UrhG für Lichtbildner, § 83 UrhG für ausübende Künstler und Veranstalter, § 85 Abs. 4 UrhG für Tonträgerhersteller, § 94 Abs. 4 UrhG
für Filmhersteller, § 95 i. V. m. § 94 Abs. 4 UrhG für Hersteller von Laufbildern.

[16] Näher zur hier nicht präzisierten Bestimmung der Vergütungshöhe Schricker/Loewen-
heim-*Loewenheim* (Fn. 8), § 54a UrhG Rn. 4 ff.

[17] 1 BvR 1631/08.

[18] 1 BvR 1631/08 Rn. 60.

[19] EuGH v. 21. 10. 2010 – Rs. C-467/08 *Padawan*, Slg. 2010, I-10055.

5. Angemessenheit bei freiwilligen Transfers

a) Die rechtliche Anerkennung der von den Parteien bestimmten Aufteilung der Kooperationsrente („subjektive Äquivalenz")

Die Angemessenheitsbewertung des privatautonomen Leistungsaustauschs, der durch die Freiwilligkeit des Gütertransfers gekennzeichnet ist, hat einen fundamental anderen Ausgangspunkt als die Bewertung rechtlich erzwungenen Einbußen: Parteien, die zueinander in eine Austauschbeziehung treten, traut unsere Rechtsordnung zu, die Aufteilung des Wohlfahrtsgewinns, der durch ihre Beziehung generiert wird (die sog. Kooperationsrente), selbst vorzunehmen. Das von ihnen vereinbarte Austauschverhältnis wird daher rechtlich anerkannt. Wer von „subjektiver Äquivalenz" oder auch, *Schmidt-Rimplers* berühmtes Diktum aufgreifend, von der „Richtigkeitsgewähr des Vertrages" spricht, muss sich allerdings vor Missverständnissen hüten: Zum einen hängt die rechtliche Anerkennung des Austauschverhältnisses nicht davon ab, dass die Parteien Leistung und Gegenleistung als gleichwertig empfinden. Ein Austausch kommt überhaupt nur zustande, wenn beide Parteien die jeweils eigene Leistung niedriger bewerten als die ihnen zufließende Gegenleistung. Zum anderen ist es keine Voraussetzung der Anerkennung, dass die Kooperationsrente zwischen den Parteien hälftig oder sonst „gerecht" aufgeteilt wird. *Schmidt-Rimpler* knüpfte die „Richtigkeitsgewähr des Vertrages" zwar an die Erwartung, dass sich die gegensätzlichen Interessen der Parteien in der Vertragsanbahnung „abschleifen" und man so zu einem fairen Ausgleich gelangt.[20] Aber dass eine solche Annäherung tatsächlich stattgefunden hat, ist keine Bedingung für die rechtliche Wirksamkeit des Vereinbarten. Die rechtliche Anerkennung ist vielmehr an prozedurale Voraussetzungen geknüpft, nämlich daran, dass die Vereinbarung von den Parteien selbstbestimmt und im Kontext funktionierenden Wettbewerbs geschlossen wurde.

b) Selbstbestimmung als Voraussetzung

Was die Selbstbestimmung betrifft, sei an dieser Stelle nur die wichtigste Einsicht aus der nun schon mehrere Jahrzehnte andauernden Diskussion über die Materialisierung der Privatautonomie festgehalten: Mit der Abwesenheit von evident verwerflichen Übergriffen wie Täuschung, Drohung oder Zwang ist eine wirklich selbstbestimmte Entscheidung des Einzelnen noch nicht gewährleistet. Selbstbestimmung als die rationale Verfolgung selbst gesetzter Präferenzen ist vielmehr ein anspruchsvolles, voraussetzungsreiches Konzept.[21] Die

---

[20] *Schmidt-Rimpler*, Grundfragen einer Erneuerung des Vertragsrechts, AcP 147 (1941), 130, 149 ff.
[21] Diese Einsicht hat sich in der viel erörterten „Materialisierung" der Privatautonomie niedergeschlagen.

letzte Phase der damit einhergehenden Anreicherung unseres Verständnisses von Selbstbestimmung ist die Rezeption verhaltenswissenschaftlicher Einsichten der *behavioral economics*, wie sie auf einer vergangenen INTERGU-Tagung auch als mögliche Erklärung der urhebervertragsrechtlichen Angemessenheitskontrolle diskutiert worden sind.[22]

c) Wettbewerb als Voraussetzung

Dass neben der Selbstbestimmung auch funktionierender Wettbewerb eine Voraussetzung für angemessene Austauschbeziehungen ist, ist eine vor allem ordoliberalen Denken zu verdankende Erkenntnis. Aus der Sicht des Einzelnen sorgt Wettbewerb für Ausweichmöglichkeiten, die sich aus dem Angebot oder der Nachfrage der Marktgegenseite ergeben. Wettbewerb wirkt auf diese Weise als ein Entmachtungsinstrument, das prinzipiell verhindert, dass eine Seite die Kooperationsrente allein für sich beansprucht. Zudem sorgt er für eine gesamtgesellschaftliche Güterverteilung, die den Erfordernissen allokativer Effizienz entspricht. Aus dieser übergeordneten Perspektive ist jeder vertragliche Austausch ein Mosaikstein, der zur Optimierung der Güterverteilung im Sinne allokativer Effizienz beiträgt.

d) Die Problematik der Rekonstruktion eines hypothetischen Austauschs

Unser Privat- und Wirtschaftsrecht zielt in erster Linie darauf, die Austauschgerechtigkeit von Verträgen prozedural, nämlich durch den Schutz der Selbstbestimmung und des Wettbewerbs als deren Bedingungen zu sichern. Materielle Aussagen über die Angemessenheit eines Leistungsaustauschs sind, wie wir sogleich mit Blick auf das Kartellrecht und das Bürgerliche Recht sehen werden, die Ausnahme. Hier sei zunächst nur die allgemeine Begründung dafür präzisiert, warum wir uns bei Austauschverträgen nur höchst ungern auf die Suche nach dem gerechten Preis machen. Üblicherweise wird hierfür angeführt, dass es unmöglich sei, einen objektiven Wert für eine Leistung anzugeben. Das ist sicher richtig, aber ergänzungsbedürftig: Immerhin könnte man daran denken, die Konditionen eines (durchschnittlichen) hypothetischen Austauschs in einem intakten Marktkontext zu rekonstruieren, wie es beim Ausgleich unfreiwilliger Einbußen geschieht. Dieser Maßstab wird teilweise durchaus zur Bewertung der Angemessenheit auch freiwilliger Transfers herangezogen. Aber anders als beim Ausgleich unfreiwilliger Einbußen birgt diese Herangehensweise beim marktförmigen Austausch erhebliche Risiken: Weil das hoheitliche *second-guessing* des Preises, der sich bei intakter Selbstbestimmung und unter

---

[22] Vgl. dazu insbesondere die Beiträge von *Riesenhuber/Klöhn, Engel, Leistner, Wandtke* und *Spindler*, in: Riesenhuber/Klöhn (Hrsg.), Das Urhebervertragsrecht im Lichte der Verhaltensökonomik (2010).

idealen Wettbewerbsbedingungen eingestellt hätte, praktisch nie treffsicher sein kann, sind ineffiziente Marktergebnisse mit der Folge suboptimaler Bedürfnisbefriedigung vorprogrammiert. Das gilt erst recht, wenn man einen fairen Preis bewusst abweichend vom hypothetischen Wettbewerbspreis bestimmt, um eine Vermögensumverteilung „gegen den Markt" zu erreichen: Wer Preise festsetzt, um den Armen zu geben und den Reichen zu nehmen, stört empfindlich die Funktionsfähigkeit des Marktes, dem diese Intervention gilt.[23] Das heißt wohlgemerkt nicht, dass solche Redistributionsziele generell zu missbilligen sind, sondern nur, dass sie sich mit privat- und wirtschaftsrechtlichen Markteingriffen nicht ohne gesamtgesellschaftliche Kosten erreichen lassen.

Meiner ersten allgemeinen These, dass privat- und wirtschaftsrechtliche Angemessenheit Ausdruck einer unter idealen Marktverhältnissen erzeugten Güterverteilung ist, gesellt sich damit eine zweite hinzu: Die Sicherung der so bestimmten Angemessenheit erfolgt bei freiwilligen Austauschbeziehungen vorrangig prozedural (oder auch mittelbar) durch den Schutz der Selbstbestimmung und des Wettbewerbs. Materielle Festlegungen sind aufgrund der von ihnen ausgehenden Gefahren für die Effizienz von Märkten die Ausnahme.

III. Die kartellrechtliche Gewährleistung der Angemessenheit

1. Aufrechterhaltung von Wettbewerb als Voraussetzung fairer Austauschbeziehungen

a) Grundlagen

Diese allgemeinen Thesen seien zunächst anhand des Kartellrechts vertieft. Von den beiden Bedingungen fairer Austauschbeziehungen übernimmt das Kartellrecht die Sicherung der Bedingung funktionierenden Wettbewerbs. Deutsches und europäisches Kartellrecht bedienen sich dafür des Verbots wettbewerbsbeschränkender Vereinbarungen und sonstiger Koordinierungen, des Verbots missbräuchlichen Verhaltens marktbeherrschender Unternehmen (dem sich im deutschen Recht besondere, an marktstarke Unternehmen gerichtete Tatbestände hinzugesellen) und der Fusionskontrolle. Der Beitrag dieser Regelungen zur Angemessenheit von Austauschverhältnissen besteht im Wesentlichen darin, dass mit ihrer Hilfe Marktmacht im eigentlichen Sinne, also die Fähigkeit, Monopolrenten durch einen über den Grenzkosten liegenden Preis zu erzielen, bekämpft wird.

Richtigerweise geht es aber (abgesehen von dem Sonderfall der kartellrechtlichen Regelung von Abhängigkeitsbeziehungen zwischen kleinen und mittleren

---

[23] Vgl. statt vieler *Ackermann*, Excessive Pricing and the Goals of Competition Law, in: Zimmer (Hrsg.), The Goals of Competition Law (2012), S. 349.

Unternehmen von marktstarken Unternehmen im Sinne von § 20 Abs. 2 GWB) nicht um den Schutz des Schwächeren vor der Übermacht der anderen Partei in einer vertraglichen Beziehung. Hiermit wäre es unvereinbar, das Eingreifen der kartellrechtlichen Verbotstatbestände an marktbezogene Kriterien wie Marktbeherrschung und Spürbarkeit zu knüpfen. Das wird teilweise anders gesehen: *Drexl* sieht in den Art. 101 und 102 AEUV auch Instrumente zur Sicherung der Vertragsparität.[24] Neben der Fallgruppe des Ausbeutungsmissbrauchs, auf die sogleich einzugehen ist, führt er hierfür eine Aussage des EuGH im Fall *Courage* zur Schadensersatzberechtigung bei Vorliegen einer kartellverbotswidrigen vertikalen Ausschließlichkeitsbindung an: Das nationale Gericht habe, so der EuGH, zu prüfen, ob die angeblich geschädigte Partei „der anderen Partei eindeutig unterlegen war, so dass ihre Freiheit, die Vertragsbeziehungen auszuhandeln, und ihre Fähigkeit, insbesondere durch den rechtzeitigen Einsatz aller ihr zur Verfügung stehenden Rechtsschutzmöglichkeiten den Schadenseintritt zu verhindern oder den Schadensumfang zu begrenzen, ernsthaft beschränkt oder nicht vorhanden gewesen ist".[25]

Meines Erachtens muss diese Aussage im Kontext des Kartellschadensersatzes gesehen werden: Im englischen Ausgangsfall war zu bedenken, ob die Partei einer wettbewerbsbeschränkenden Vereinbarung aufgrund ihrer Mitwirkung am Kartellverstoß nicht generell von der Aktivlegitimation auszuschließen sei. Hiergegen wandte sich der EuGH mit seiner Erwägung: An einer Mitverantwortung fehlt es, wenn die Partei letztlich keinen Einfluss auf den kartellrechtswidrigen Vertragsinhalt nehmen konnte. Das heißt aber nicht, dass die Vertragsparität eigenständiges Schutzanliegen des Kartellrechts ist. Wenn das der Fall wäre, dürfte das Eingreifen des Kartellverbots nicht an die Überschreitung marktbezogener Schwellen geknüpft werden, wie sie insbesondere im Spürbarkeitserfordernis[26] und in den Anforderungen an eine bewirkte Wettbewerbsbeschränkung (Stichwort: „Bündeltheorie")[27] zum Ausdruck kommen. Dass sich eine Vertragspartei womöglich ungünstigen Bindungen unterwarf, weil ihr die Kraft fehlte, auf den Vertragsinhalt Einfluss zu nehmen, ist weder notwendige noch hinreichende Bedingung für die Anwendung des Kartellverbots.

---

[24] *Drexl*, Der Anspruch der Werkschöpfer und ausübender Künstler auf angemessene Vergütung in der europäischen Wettbewerbsordnung, in: Festschrift für Schricker (2005), S. 651, 658 ff.

[25] EuGH v. 22. 9. 2001 – Rs. C-453/99 *Courage*, Slg. 2001, I-6297 Rn. 33.

[26] Dazu *Ackermann/Roth*, in: Frankfurter Kommentar zum Kartellrecht, Grundfragen Art. 81 Abs. 1 EGV Rn. 245 ff. (Loseblatt, Stand: 2009)

[27] Vgl. dazu EuGH v. 28. 2. 1991 – Rs. C-234/89 *Delimitis*, Slg. 1991, I-935.

b) Implikationen im Zusammenhang mit dem Urheberrecht

Die Gewährleistung unbehinderten Wettbewerbs steht in einem unverkennbaren Spannungsverhältnis zu Kollektivmechanismen, die angemessene Preise durch die Kartellierung einer oder auch beider Marktseiten sichern wollen. Dem Kartellrechtler sticht deshalb die kollektivvertragliche Angemessenheitsbestimmung nach den §§ 32 Abs. 2 S. 1, 36 UrhG geradezu ins Auge. Es verwundert daher nicht, dass die Diskussion um die Kartellrechtskonformität den Mechanismus der gemeinsamen Vergütungsregeln von Beginn an begleitet hat.[28] In Frage steht die Vereinbarkeit der Regelung mit dem Kartellverbot in Art. 101 AEUV.

Mit Blick auf den Verbotstatbestand des Art. 101 Abs. 1 AEUV lässt sich kaum bestreiten, dass gemeinsame Vergütungsregeln, an denen auf der einen Seite Vereinigungen von Urhebern und auf der anderen Seite Vereinigungen von Werknutzern oder einzelne Werknutzer beteiligt sind, grundsätzlich den Tatbestand einer wettbewerbsbeschränkenden Koordinierung nach Art. 101 Abs. 1 AEUV erfüllen: Jedenfalls liegt eine Beschränkung des Preiswettbewerbs auf Seiten der Urheber vor, die als Unternehmen einzuordnen und deren Vereinigungen Unternehmensvereinigungen sind, deren Beschlüsse wiederum hinsichtlich der Vergütung spürbare Wettbewerbsbeschränkungen bezwecken. Dass diese auch geeignet sind, den zwischenstaatlichen Handel spürbar zu beeinträchtigen, ergibt sich aus der kollisionsrechtlichen Anknüpfung an Nutzungshandlungen in Deutschland (§ 32b UrhG), die zur Folge hat, dass auch wirtschaftliches Handeln von Unternehmen aus dem EU-Ausland in Deutschland betroffen ist. Der Freistellungstatbestand des Art. 101 Abs. 3 AEUV bietet wohl keinen Ausweg: Weil gemeinsame Vergütungsregeln tendenziell zu einer Verteuerung führen, generiert die wettbewerbsbeschränkende Koordinierung schwerlich Vorteile für die Marktgegenseite der Urheber, so dass das Erfordernis der Verbrauchervorteile nicht erfüllt ist.

Dass der deutsche Gesetzgeber gemeinsame Vergütungsregeln in § 36 UrhG autorisiert und in § 32 Abs. 2 S. 1 UrhG mit normativer Bedeutung versehen hat, entzieht diesen Mechanismus nicht dem EU-Kartellrecht, sondern kann seinerseits gegen die vom EuGH in ständiger Rechtsprechung bejahte Pflicht der Mitgliedstaaten aus Art. 101 AEUV i.V. mit Art 4 Abs. 3 EUV verstoßen, keine Maßnahmen, auch in Form von Gesetzen oder Verordnungen, zu treffen oder beizubehalten, welche die praktische Wirksamkeit der für die Unternehmen geltenden Wettbewerbsregeln aufheben könnten. Insbesondere liegt eine Verletzung dieser Pflicht vor, wenn ein Mitgliedstaat gegen Artikel 101 AEUV verstoßende Kartellabsprachen vorschreibt oder begünstigt oder die Auswirkungen solcher Absprachen verstärkt oder wenn er seiner eigenen Regelung dadurch ihren staatlichen Charakter nimmt, dass er die Verantwortung für in

---

[28] Vgl. etwa die ausführliche Diskussion bei *Drexl*, FS Schricker (2005), S. 662 ff.

die Wirtschaft eingreifende Entscheidungen privaten Wirtschaftsteilnehmern überträgt.[29]

Damit bleibt nur die Möglichkeit einer außergesetzlichen Rechtfertigung. Erstens erkennt die EuGH-Rechtsprechung eine ungeschriebene Ausnahme vom Kartellverbot für Tarifverträge an.[30] Weil indes Urheber nicht schon aufgrund möglicher Unterlegenheit gegenüber den Verwertern und ohnehin nicht aufgrund ihrer bloßen Urhebereigenschaft den Status eines Arbeitnehmers innehaben, kommt die Tarifvertragsausnahme für gemeinsame Vergütungsregeln nicht in Betracht. Zweitens hat die europäische Rechtsprechung eine *European style rule of reason* entwickelt, der zufolge außerwettbewerbliche Gründe des Allgemeininteresses (etwa die Integrität der Rechtspflege oder Belange des Sports)[31] im Rahmen einer Abwägung unter Verhältnismäßigkeitsgesichtspunkten geeignet sein können, Koordinierungen trotz Wettbewerbsbeschränkung dem Verbotstatbestand zu entziehen.[32] Zu den außerwettbewerblichen Rechtfertigungsgründen kann man die Anregung der Kulturproduktion durch Urheberrecht zählen, wenn man die Annahme akzeptiert, dass Märkte allein nicht imstande sind, ein gesamtgesellschaftlich erwünschtes Produktionsniveau (in quantitativer und/oder qualitativer Hinsicht) zu gewährleisten. Aber fraglich ist, ob diese Erwägung eine so weitgehende Einschränkung des Preiswettbewerbs trägt. Immerhin gibt die EuGH-Rechtsprechung zur Überprüfung der Praxis europäischer Verwertungsgesellschaften am Maßstab des Art. 102 AEUV[33] den Verteidigern kollektiver Vergütungsregeln einen Funken Hoffnung: Wenn bei Verwertungsgesellschaften die Berechnung der Vergütung anhand eines an den Einnahmen der Nutzer orientierten Modells als übliche Verwertung eines Urheberrechts anerkannt wird,[34] mag eine Kartellierung, die auf die kollektive Durchsetzung des Beteiligungsgrundsatzes gerichtet ist und so einer (aus gesamtgesellschaftlicher Sicht) hinreichend großen Zahl von Urhebern ein Auskommen sichern soll, ebenfalls gerechtfertigt sein. Gleichwohl bleibt aus kartellrechtlicher Perspektive Skepsis gegenüber Kollektivlösungen des Angemessenheitsproblems geboten.

---

[29] St. Rspr., etwa EuGH v. 9. 9. 2003 – Rs. C-198/01 *CIF*, Slg. 2003, I-8055 Rn. 46; EuGH v. 17. 2. 2005 – Rs. C-250/03 *Mauri*, Slg. 2005, I-1267 Rn. 30.

[30] Grundlegend EuGH v. 21. 9. 1999 – Rs. C-67/96 *Albany*, Slg. 1999, I-5751; dazu *Ackermann*, in: Rieble/Junker/Giesen (Hrsg.), Kartellrecht und Arbeitsmarkt (2010), S. 17 ff.

[31] Grundlegend EuGH v. 19. 2. 2002 – Rs. C-309/99 *Wouters*, Slg. 2002, I-1577 (Integrität der Rechtspflege); EuGH v. 18. 7. 2006 – Rs. C-519/04 P *Meca-Medina*, Slg. 2006, I-6991 (Belange des Sports).

[32] Näher zur kartellrechtsdogmatischen Einordnung *Roth*, Zur Berücksichtigung nichtwettbewerblicher Ziele im europäischen Kartellrecht – eine Skizze, in: Festschrift für Mestmäcker (2006), S. 411 ff.

[33] Dazu unten Fn. 41 mit zugehörigem Text.

[34] Vgl. EuGH v. 11. 12. 2008 – Rs. C-52/07 *Kanal 5*, Slg. 2008, I-9275 Rn. 31 ff.

2. Korrektur unangemessener Marktergebnisse in Fällen des Ausbeutungsmissbrauchs

a) Grundlagen

Die Feststellung, dass Kartellrecht der Sicherung des Wettbewerbs dient und nicht unmittelbar der Korrektur unangemessener Marktergebnisse in Gestalt zu hoher oder zu niedriger Preise erleidet eine in jüngerer Zeit viel diskutierte Einschränkung: Nach deutschem (§ 19 Abs. 4 Nr. 2 GWB) und EU-Kartellrecht (Art. 102 lit. a AEUV) gilt es als missbräuchliches Verhalten eines marktbeherrschenden Unternehmens, wenn es die Marktgegenseite durch unangemessene Preise ausbeutet. Hier bietet das Kartellrecht in der Tat materielle Vorgaben zur Angemessenheit. Diese auszufüllen ist eine Aufgabe, die in der kartellrechtlichen Praxis und Wissenschaft erhebliches Unbehagen hervorruft. Nach Ansicht vieler handelt es sich beim Verbot des Ausbeutungsmissbrauchs um einen illegitimen Spross des Kartellrechts, weil hier nicht Wettbewerb geschützt, sondern Marktergebnisse korrigiert und damit das Geschäft von Regulierern betrieben werde.[35] Anders als in den USA, dessen Antitrustrecht sich nicht gegen die Ausbeutung der Marktgegenseite durch marktbeherrschende Unternehmen wendet,[36] ist das Verbot aber *de lege lata* in Deutschland und in der EU fest etabliert, wenn es auch – trotz seines populistischen Potentials – nur sehr selten erfolgreich angewendet wird.

Eine der wichtigsten Ursachen für die relativ geringe Bedeutung des Ausbeutungsmissbrauchs ist das Grundproblem privat- und wirtschaftsrechtlicher Angemessenheitskontrolle: Wie kann man den hypothetischen Wettbewerbspreis als Referenzwert der Angemessenheitskontrolle so verlässlich bestimmen, dass den rechtsstaatlichen Anforderungen an ein (hier nicht nur privat-, sondern auch öffentlich- und vor allem ordnungswidrigkeitenrechtlich durchgesetztes) Verbot unangemessener Preise Genüge getan wird? Die Versuche der kartellrechtlichen Praxis, diese Frage zu beantworten, sind auch für andere Rechtsgebiete instruktiv, da sie zeigen, wie schwer es ist, der Angemessenheitskontrolle ein rationales Fundament zu geben. In der EuGH-Rechtsprechung nimmt die Kosten-Gewinn-Methode einen prominenten Platz ein, die darauf abzielt, den Referenzpreis für den Ausbeutungsmissbrauch durch die Bestimmung der Kosten zuzüglich einer angemessenen Gewinnmarge zu ermitteln.[37] Die Probleme dieser Methode liegen auf der Hand: Die Kosten der Herstellung eines Produkts lassen sich kaum zuverlässig ermitteln und (wenn man es nicht gerade mit einem Ein-Produkt-Unternehmen zu tun hat) zuordnen. Im Dunkeln liegt da-

---

[35] Näher zum Pro und Contra *Ackermann* (Fn. 23), S. 349 ff.

[36] Vgl. etwa Verizon Communications Inc. v. Law Offices of Curtis V. Trinko, LLP, 540 U. S. 398, 407 (2004).

[37] Grundlegend EuGH v. 14.2.78 – Rs. 27/76 *United Brands*, Slg. 1978, 207 Rn. 251 f.

rüber hinaus, wie hoch die Gewinnmarge ist, die in einem (noch) angemessenen Preis enthalten sein darf. Schließlich droht eine auf der Kosten-Gewinn-Methode basierende Angemessenheitskontrolle den betroffenen Unternehmen jeglichen Anreiz für Kosteneinsparungen zu nehmen, weil geringere Kosten stets zu einer Absenkung des zulässigen Höchstpreises führen und damit keine höheren Gewinnspannen erlauben.[38] Nicht zuletzt wegen dieser Schwierigkeiten neigt man vor allem (aber nicht nur) in Deutschland zur Vergleichsmarktmethode.[39] Maßstab der (Un-)Angemessenheit ist danach der Vergleich der vom Marktbeherrscher verlangten Preisen mit Wettbewerbspreisen auf (räumlich, sachlich oder zeitlich) anderen, vergleichbaren Märkten. Diese Herangehensweise vermeidet scheinbar die Nachteile der Kosten-Gewinn-Methode. Aber in Wahrheit kehren die vermeintlich gelösten Probleme auf der Rechtfertigungsebene wieder: Die betroffenen marktbeherrschenden Unternehmen werden naturgemäß gegen die Vergleichsmarktbetrachtung einwenden, dass ihr Markt mit dem zum Vergleich herangezogenen Referenzmarkt in Wahrheit nicht vergleichbar sei. Auf diese Weise kehren Erwägungen über Kosten und angemessene Gewinnspannen in die Auseinandersetzung zurück, die man mit der Vergleichsmarktbetrachtung eigentlich vermeiden wollte.

Hinzu kommt eine weitere Schwierigkeit kartellrechtlicher Preiskontrolle, die es ebenfalls für die gesamte Breite des Privat- und Wirtschaftsrechts zu bedenken gilt: Die Überwachung von Preisen auf ihre Angemessenheit durch Gerichte und Kartellbehörden greift grundsätzlich nur punktuell ein. Punktuelle Verbote überhöhter Preise sind jedoch wenig wirksam; verhindert werden muss auch, dass eine durch hoheitliches Eingreifen erzwungene Preissenkung nicht wenig später durch ungerechtfertigte Erhöhungen wieder ausgeglichen oder durch Veränderungen anderer Bedingungen (Einsparungen beim Service; Verschlechterung der Produktqualität etc.) kompensiert wird. Daher wohnt jedem Preiskontrollmechanismus eine Tendenz zur permanenten und umfassenden Überwachung inne, die man bei der Regulierung natürlicher Monopole (etwa im Bereich der Telekommunikations- und Stromnetze) kennt, die aber dem Kartellrecht wie auch dem allgemeinen Privatrecht fremd ist und auch bleiben sollte, weil sie funktionierende Märkte empfindlich stören, wenn nicht zerstören würde.

Insgesamt kann und sollte man sich daher von der Angemessenheitskontrolle im Rahmen des kartellrechtlichen Ausbeutungsmissbrauchs keine Ausstrahlung auf das sonstige Privat- und Wirtschaftsrecht erhoffen. Das Kartellrecht übernimmt hier die (undankbare) Aufgabe einer Ausfüllung von Regulierungslücken.[40] Das legitimiert es, wenn Kartellbehörden und -gerichte (ausnahms-

---

[38] Vgl. *Ackermann* (Fn. 23), 360.
[39] Diese Methode ist bereits durch § 19 Abs. 4 Nr. 2 GWB normativ (wenn auch nicht exklusiv) vorgegeben.
[40] Näher *Ackermann* (Fn. 23), S. 358 f.

weise) in die Rolle eines *Ad-hoc*-Regulierers schlüpfen. Ein Vorbild für das allgemeine Privat- und Wirtschaftsrecht liegt darin nicht, wohl aber eine Warnung vor den Gefahren, die drohen, wenn man sich auf den Weg der Preiskontrolle begibt.

b) Implikationen im Zusammenhang mit dem Urheberrecht

Die Konstellation des Ausbeutungsmissbrauchs ist in der kartellrechtlichen Praxis bisher im Wesentlichen nicht auf der Nutzerseite, sondern auf der Urheberseite relevant geworden. Hier stehen seit jeher die Verwertungsgesellschaften im Fokus des Kartellrechts, die auf ihren jeweiligen nationalen Märkten faktisch über Monopolstellungen verfügen. Hierzu hat sich der EuGH in den Fällen *Tournier*, *Lucazeau* und *Kanal 5* geäußert.[41] Diese Entscheidungen führten allerdings nicht zu sonderlich scharfen Restriktionen für die Verwertungsgesellschaften: Als legitim anerkannt wird der Schutz der Interessen der Urheber, Komponisten und Musikverleger. Ein Vergütungsmodell auf der Basis der Einnahmen der Nutzer wird grundsätzlich nicht als Ausbeutungsmissbrauch bewertet, da es am wirtschaftlichen Wert der Leistung orientiert sei. Eine Grenze zieht die Rechtsprechung allein bei diskriminierender Gestaltung des Vergütungsmodells, was freilich keine Ausbeutungsproblematik ist.

Noch nicht in den Fokus kartellrechtlicher Entscheidungen gelangt ist der Ausbeutungsmissbrauch durch Nutzer. Diese Richtung des Ausbeutungsmissbrauchs dürfte allerdings nun im eingangs erwähnten *fair share*-Streit zwischen Google und den Verlagen relevant sein. In Ermangelung näherer Kenntnisse der Einzelheiten dieses Falls sei hierzu zumindest Grundsätzliches gesagt: Auch wenn dem Kartellrechtler regelmäßig die Ausbeutung durch zu hohe Preisforderungen marktbeherrschender Anbieter vor Augen steht, erfassen deutsches und EU-Kartellrecht auch den Ausbeutungsmissbrauch durch einen marktbeherrschenden Nachfrager, der für die von ihm nachgefragten Güter einen zu geringen (oder gar keinen) Preis zahlt. Allerdings ist es nicht Sache des Kartellrechts, eigentums- oder immaterialgüterrechtliche Rechtszuweisungen zu schaffen, welche die Voraussetzung dafür sind, dass überhaupt eine marktförmige Transaktion stattfinden kann, in der Waren oder Leistungen gegen Entgelt ausgetauscht werden. Es ist gerade auch im konkreten Fall nicht zu übersehen, dass das Interesse, sich die Verwendung von *snippets* bezahlen zu lassen, schwer mit dem Grundanliegen des Kartellrechts zu vereinbaren ist, Wettbewerb, und das heißt: auch Imitationswettbewerb zu schützen, soweit er nicht durch Immaterialgüterrechte ausgeschlossen ist.

---

[41] EuGH v. 13. 7. 1989 – Rs. 395/87 *Tournier*, Slg. 1989, 2511; EuGH v. 13. 7. 1989 – verb. Rs. 110/88, 241/88 und 242/88 *Lucazeau*, Slg. 1989, 2811; EuGH v. 11. 12. 2008 – Rs. C-52/07 *Kanal 5*, Slg. 2008, I-9275.

Über die Reichweite der kartellrechtlichen *lex lata* hinaus sei noch eine rechtspolitische Bemerkung zur „Ausbeutung" der verlegerischen Leistung durch Suchmaschinenbetreiber gestattet: Bevor man sich gesetzgeberisch an eine Korrektur macht, sollte man bedenken, dass das Angebot von Google ja offenbar einem Konsumentenbedürfnis entspricht und niemand (auch nicht die Verleger) daran gehindert ist, Vergleichbares zu versuchen. Auf der anderen Seite ist zweifelhaft, ob und in welchem Umfang sich das Fehlen eines Leistungsschutzrechts dämpfend auf die verlegerische Produktivität auswirkt. Daher ist die Frage, ob die Anreizeffekte, die von einem neuen Leistungsschutzrecht ausgehen könnten, so groß sind, dass sie die Nachteile des Ausschlusses des Imitationswettbewerbs überwiegen und so zu einem positiven Gesamtwohlfahrtssaldo führen.

IV. Die privatrechtliche Gewährleistung der Angemessenheit

1. Schutz vor defizitärer Selbstbestimmung als Voraussetzung fairer Austauschbeziehungen

Neben funktionierendem Wettbewerb ist die intakte Selbstbestimmung des Einzelnen Bedingung für das Zustandekommen angemessener Austauschrelationen. Ich darf zunächst noch einmal an meine allgemeine These erinnern, dass Angemessenheitssicherung im Privat- und Wirtschaftsrechts primär über die Sicherung der Voraussetzungen fairer Austauschbeziehungen betrieben wird und nur subsidiär durch die inhaltliche Festschreibung dessen, was als fair anzusehen ist. Angemessenheit wird daher primär durch die Gesamtheit der bürgerlich-rechtlichen Regelungen hergestellt, die dafür sorgen, dass nur in materieller Selbstbestimmung eingegangene Verpflichtungen rechtlichen Bestand haben – von der Anfechtung über die vorvertragliche Informationshaftung bis hin zu den Widerrufsrechten der Verbraucher. Angemessenheitssicherung in diesem prozeduralen Sinne wird darüber hinaus auch durch die Regelungen des Lauterkeitsrechts wahrgenommen.

2. Äquivalenzkontrolle

Die Frage ist aber, ob und in welchem Umfang auch materielle, unmittelbar der Fairness des Verteilungsergebnisses geltende Angemessenheitsmaßstäbe für die Bewertung vertraglicher Austauschbeziehungen eine Rolle spielen. Kandidaten hierfür sind die Instrumente der Äquivalenzkontrolle in den §§ 138, 315 und 313 BGB.

a) Funktion und Reichweite des § 138 BGB

Im Rahmen des § 138 BGB sorgen das Wucherverbot in § 138 Abs. 2 BGB und das von der Rechtsprechung zu § 138 Abs. 1 BGB entwickelte Verbot wucherähnlicher Geschäfte dafür, dass grob unangemessenen Austauschverhältnissen die rechtliche Anerkennung versagt werden kann. Bei näherem Hinsehen erweist sich indes, dass § 138 BGB in diesen Ausprägungen das Paradigma der prozeduralen Angemessenheitssicherung nicht verlässt.

Bei der Wucherregelung des § 138 Abs. 2 BGB ist bereits durch den Wortlaut vorgegeben, dass nicht das auffällige Missverhältnis zwischen Leistung und Gegenleistung allein, sondern nur dessen Zusammentreffen mit der Ausbeutung von Defiziten der Selbstbestimmung einer Partei (Zwangslage, Unerfahrenheit, Mangel an Urteilsvermögen, erhebliche Willensschwäche) durch die andere Partei die Nichtigkeitssanktion auslöst. Die materielle Unangemessenheit ist hier ein Symptom; der eigentliche Defekt liegt im Fehlen intakter Selbstbestimmung. Nur hat der Gesetzgeber des BGB in diesen Konstellationen – anders als bei Defekten, die in jedem Fall zur Unwirksamkeit rechtsgeschäftlicher Bindungen führen (wie etwa in den Fällen der §§ 104, 105 BGB) – dem Umstand Rechnung getragen, dass die von § 138 Abs. 2 BGB erfassten Schwächen der von ihnen geplagten Partei nicht bei jedem Geschäft zum Nachteil gereichen, und deshalb darauf abgestellt, ob es auch tatsächlich zu einer Übervorteilung durch die andere Partei gekommen ist.

Bei wucherähnlichen Geschäften, die nach ständiger Praxis unter § 138 Abs. 1 BGB fallen, verhält es sich ebenso: Ein auffälliges Missverhältnis allein rechtfertigt nicht die Annahme eines wucherähnlichen Geschäfts. Es bedarf vielmehr zusätzlich einer verwerflicher Gesinnung der überlegenen Partei, die sich entweder darin manifestiert, dass sie die Schwäche der anderer Partei bewusst ausgenutzt oder sich leichtfertig der Erkenntnis dieser Schwäche verschlossen hat.[42] Die eigenständige Bedeutung dieses Erfordernisses wird womöglich nur dadurch etwas verschleiert, dass die Rechtsprechung eine tatsächliche Vermutung für ein Handeln aus verwerflicher Gesinnung bejaht, wenn der Wert der Leistung den der Gegenleistung um mehr als 100% übersteigt bzw. wenn bei Krediten der Zins 100% über dem marktüblichem Effektivzins oder absolut 12 Prozentpunkte darüber liegt.[43] Auch wenn man sich an die Lehre von der *laesio enormis* erinnert fühlt,[44] liegt darin keine Festschreibung des Spielraums für angemessene Preise, sondern nur die Formulierung des Erfahrungssatzes, dass sich aus besonders krassen Abweichungen von tatsächlichen (nicht: idealen) Marktpreisen regelmäßig darauf zurückschließen lässt, dass die begünstigte

---

[42] Dazu m. w. N. Palandt-*Ellenberger*, BGB (71. Aufl. 2012), § 138 BGB Rn. 25.

[43] Dazu m. w. N. Palandt-*Ellenberger* (Fn. 42), § 138 BGB Rn. 27.

[44] Dazu *Mayer-Maly*, Renaissance der laesio enormis, in: Festschrift für Larenz (1983), S. 395 ff.

Partei die Schwäche der anderen schlechterdings nicht übersehen konnte und deshalb keinen Schutz verdient, wenn die benachteiligte Partei aufgrund dieser Schwäche (und nicht allein wegen des für sie nachteiligen Geschäfts) aus der rechtsgeschäftlichen Bindung entlassen wird.

Schließlich hat auch die durch die Rechtsprechung des Bundesverfassungsgerichts[45] veranlasste Anwendung des § 138 BGB auf Bürgschaften, die aus emotionaler Verbundenheit zum Hauptschuldner gewährt wurden und den Bürgen krass überfordern,[46] keinen Paradigmenwechsel von der prozeduralen zur materiellen Angemessenheitssicherung im Rahmen des § 138 BGB zur Folge. Die vom Bundesverfassungsgericht an das Zivilrecht adressierte Schutzpflicht, zugunsten der schwächeren Partei korrigierend einzugreifen, wenn „eine typisierbare Fallgestaltung [vorliegt], die eine strukturelle Unterlegenheit des einen Vertragsteils erkennen lässt, und [wenn] die Folgen des Vertrages für den unterlegenen Vertragsteil ungewöhnlich belastend [sind]",[47] ist nichts anderes als eine „Pflicht, […] darauf zu achten, dass Verträge nicht als Mittel der Fremdbestimmung dienen".[48] Die verfassungsrechtliche gebotene Paritätskontrolle bezieht sich daher nur auf Machtungleichgewichte, welche die unterlegene Partei an der Selbstbestimmung hindern, nicht aber auf die Gewährleistung eines materiellen Gleichgewichts der beiderseitigen vertraglichen Pflichten.

b) Funktion und Reichweite des § 315 BGB

Eine echte gerichtliche Äquivalenzkontrolle im Sinne einer Sicherung materieller Angemessenheit erlaubt dagegen § 315 Abs. 3 BGB. Anknüpfungspunkt der Kontrolle ist das Vorliegen eines einseitigen Leistungsbestimmungsrechts einer Partei. § 315 Abs. 1 BGB statuiert hierfür die Auslegungsregel, dass die einseitige Bestimmung im Zweifel nach billigem Ermessen zu treffen ist. § 315 Abs. 3 BGB sieht sodann vor, dass eine Leistungsbestimmung, die nach billigem Ermessen erfolgen soll, nur verbindlich ist, wenn sie der Billigkeit entspricht (§ 315 Abs. 3 S. 1 BGB), und dass, wenn das nicht der Fall ist oder die Bestimmung verzögert wird, eine Bestimmung durch Urteil an die Stelle der Bestimmung durch die Partei tritt (§ 315 Abs. 3 S. 2 BGB).

Über vertraglich eingeräumte Leistungsbestimmungsrechte hinaus wurde der Anwendungsbereich der Billigkeitskontrolle von der Rechtsprechung auf Leistungen der Daseinsvorsorge erstreckt, die von Versorgern mit einer Mono-

---

[45] BVerfGE 89, 214, 232; BVerfG, NJW 1994, 2749, 2750; NJW 1996, 2021; zuvor schon zum Handelsvertreterrecht (§ 90a Abs. 2 S. 2 HGB) BVerfGE 81, 242, 255; vgl. auch die Erstreckung auf das Ehevertragsrecht durch BVerfG, NJW 2001, 957, 958.

[46] Vgl. BGH, NJW 2000, 1182; NJW 2001, 815; NJW 2002, 744; NJW 2009, 2671.

[47] BVerfGE 89, 214, 232.

[48] BVerfGE 89, 214, 234. Näher zur Einordnung und zu den Konsequenzen dieser Rspr. *Ackermann*, in: Menzel/Müller-Terpitz (Hrsg.), Verfassungsrechtsprechung (2. Aufl. 2011), S. 538 ff.

polstellung erbracht werden oder hinsichtlich derer ein Anschluss- oder Benutzungszwang besteht.[49] Damit bot sich die Möglichkeit, Preisanpassungen in Strom- und Gaslieferungsverträgen, die nicht auf Vertrag beruhen (und daher nicht der AGB-Kontrolle unterliegen), sondern auf Rechtsnormen,[50] am Maßstab der Billigkeit zu überprüfen.

Ebenfalls relevant ist § 315 Abs. 3 BGB für die Bestimmung der Angemessenheit einer Lizenzgebühr im Immaterialgüterrecht, wenn die Lizenzierung kartellrechtlich erzwungen wird. Bekanntlich kann in der Verweigerung der Lizenzierung eines Immaterialgüterrechts, das für Teilnehmer eines nachgelagerten Marktes eine *essential facility* ist, der kartellrechtlich verbotene Missbrauch einer marktbeherrschenden Stellung des Rechtsinhabers liegen.[51] Die Umsetzung des daraus folgenden Kontrahierungszwangs steht vor der Schwierigkeit der Bestimmung einer angemessenen Gebühr für die (selbstverständlich nicht gratis zu gewährende) Zwangslizenz. Der BGH hat hierfür im *Orange Book Standard*-Urteil[52] folgenden Lösungsweg gefunden: Der Nutzer muss dem Rechtsinhaber ein unbedingtes Angebot für den Abschluss eines Lizenzvertrags unterbreiten. Um dem Risiko zu entgehen, dass die von ihm angebotene Lizenzgebühr entweder unangemessen niedrig ist, so dass sein Angebot abgelehnt werden kann, oder aber höher, als die Angemessenheit verlangt, so dass er Geld verschwendet, darf der Nutzer, statt einen bestimmten Betrag in sein Angebot aufzunehmen, dem Rechtsinhaber das Recht einräumen, die Gebühr nach billigem Ermessen zu bestimmen. Diese Bestimmung unterliegt dann der gerichtlichen Überprüfung nach § 315 Abs. 3 BGB. Hier sind die Gerichte an der Leistungsbestimmung beteiligt, weil die schlichte Anordnung der Nichtigkeit unangemessener Bestimmungen den Parteiinteressen nicht dienlich wäre.

In all diesen Fällen ist die Gretchenfrage die Bestimmung der Billigkeit nach § 315 Abs. 3 BGB. Jedenfalls klar dürfte sein, dass der hier anzuwendende Prüfungsmaßstab nicht identisch ist mit den Standards des § 138 BGB. Vielmehr besteht eine viel deutlichere Entsprechung zum Ausbeutungsmissbrauch im Kartellrecht: Eine Partei ist hinsichtlich der Leistungsbestimmung der Macht der anderen Partei ausgesetzt, die entweder (nämlich im Bereich der direkten Anwendung des § 315 BGB) auf dem zwischen den Parteien geschlossenen Vertrag oder (im Bereich der analogen Anwendung) auf einer Monopolstellung beruht. Gerade in letzteren Fällen ist die Überschneidung mit dem kartellrechtlichen Ausbeutungsmissbrauch so evident, dass man bezweifeln kann, ob die Erstreckung dieses bürgerlich-rechtlichen Instruments der Angemessenheitskontrolle im Wege der Analogie auf Monopolfälle überhaupt eine Daseinsbe-

---

[49] St. Rspr., etwa BGH, NJW 2005, 2919, 2920; NJW 2007, 1672.

[50] Hierbei handelt es sich um die Strom- und GasgrundversorgungsVO.

[51] Grundlegend EuGH v. 6. 4. 1995 – verb. Rs. C-241/91 P und C-242/91 P *RTE*, Slg. 1995, I-743.

[52] BGH, GRUR 2009, 694.

rechtigung hat; eine Regelungslücke auszumachen fällt jedenfalls in Anbetracht der auch privatrechtlich wirkenden Verbote des Ausbeutungsmissbrauchs in § 19 GWB und Art. 102 AEUV schwer.[53] Doch sei dies dahingestellt. Für unsere Zwecke von Interesse ist die Einsicht, dass man bei der Bestimmung der Billigkeit im Sinne des § 315 BGB vor den gleichen Fragen steht wie bei der Bestimmung der Missbräuchlichkeit bzw. Unangemessenheit im Sinne von § 19 Abs. 4 Nr. 2 GWB und Art. 102 lit. a AEUV. Grundsätzlich sollten daher der kartellrechtliche Referenzwert (der hypothetische Preis bei funktionierendem Wettbewerb) und die kartellrechtlichen Methoden zu seiner Ermittlung (die Vergleichsmarktmethode und die Kosten-Gewinn-Methode) auch hier den Weg zur Lösung weisen, auch wenn die Praxis zu § 315 BGB die sich insoweit bietenden Möglichkeiten, vom Kartellrecht zu lernen, bisher wohl noch nicht ausgeschöpft hat. Genauso wie beim kartellrechtlichen Ausbeutungsmissbrauch gilt hier aber auch: Wir haben es mit einer materiellen Angemessenheitskontrolle und ggf. -korrektur privatautonom begründeter Austauschrelationen zu tun, die der Gesetzgeber den Gerichten nur deshalb anvertraut, weil es eine adäquate prozedurale Angemessenheitssicherung nicht gibt und es nicht interessengerecht wäre, die Parteien mit der Anordnung der Nichtigkeit im Stich zu lassen. Die materielle Kontrolle ist und bleibt damit eine Ausnahmeerscheinung.

c) Funktion und Reichweite des § 313 BGB

Diese Einsicht bestätigt der Blick auf die Regelung des Wegfalls der Geschäftsgrundlage in § 313 BGB. Angemessenheitsfragen im Sinne einer Äquivalenzkontrolle stellen sich hier im Bereich der objektiven Geschäftsgrundlage. Dass die Geschäftsgrundlagenregelung indes nicht *gegen*, sondern *mit* dem (fortgedachten) Willen der Parteien in das ursprünglich vereinbarte Gefüge von Leistung und Gegenleistung eingreift, ergibt sich unmittelbar aus § 313 Abs. 1 BGB. Danach sind Vertragsanpassung, Rücktritt oder (bei Dauerschuldverhältnissen) Kündigung bei schwerwiegenden Veränderungen von zur Vertragsgrundlage gehörenden Umständen nur eröffnet, wenn die Parteien den Vertrag nicht oder mit anderem Inhalt geschlossen hätten, wenn sie diese Veränderung vorausgesehen hätten und wenn ein Festhalten am unveränderten Vertrag unter Berücksichtigung insbesondere der vertraglichen oder gesetzlichen Risikoverteilung unzumutbar ist. Daraus ergibt sich, dass die richterliche Intervention auf der Grundlage von § 313 BGB anders als bei § 315 BGB und beim kartellrechtlichen Ausbeutungsmissbrauch keine Bewertung anhand eines vertragsexternen Maßstabs distributiver Gerechtigkeit erfordert, sondern nur eine Vertragsergänzung nach dem hypothetischen Parteiwillen darstellt.[54] Hier wird,

---

[53] Kritisch etwa *Wielsch*, Die Kontrolle von Energiepreisen zwischen BGB und GWB, JZ 2008, 68, 70 ff.

[54] Das Verhältnis zur ergänzenden Vertragsauslegung wird allerdings nicht durchweg so

um den verbreiteten, wenn auch missverständlichen Begriff[55] noch einmal zu gebrauchen, subjektive Äquivalenz akzeptiert, nicht korrigiert.

d) Implikationen im Zusammenhang mit dem Urheberrecht

Der Anwendungsspielraum der hier erörterten bürgerlich-rechtlichen Regeln im Urhebervertragsrecht ist eng begrenzt: Durch die Festschreibung einer angemessenen Vergütung in § 32 UrhG und die Vertragsanpassung bei auffälligem Missverhältnis nach § 32a UrhG werden die allgemeinen bürgerlich-rechtlichen Kontrollmechanismen der §§ 138, 313 BGB weitgehend verdrängt. § 32 UrhG ist *lex specialis* zu § 138 BGB; an die Stelle der Nichtigkeit tritt hier die Modifikation des Preises. § 32a UrhG ist als Sonderregelung der objektiven Geschäftsgrundlage einzuordnen, bei der es auf das Erfordernis fehlender Vorhersehbarkeit nicht ankommt. Für eine Ergänzungsfunktion des Bürgerlichen Rechts bleibt in diesem Bereich im Grunde nur ein etwaiges Schutzbedürfnis des Nutzers: So verbietet § 32 Abs. 3 UrhG nur Abweichungen zum Nachteil des Urhebers. Abweichungen zum Nachteil seines Vertragspartners sind damit nur anhand der allgemeinen Regeln zu kontrollieren. Was des Weiteren den Einsatz von § 315 BGB zur Kontrolle der Vergütung für eine kartellrechtlich gebotene Zwangslizenzierung betrifft, so dürfte im Bereich des Urheberrechts § 32 UrhG als spezieller Maßstab näherliegen (was freilich zu dem seltsamen Ergebnis führt, dass sich ein Urheber mit marktbeherrschender Stellung, der kartellrechtlich zur Lizenzierung verpflichtet ist, im Ergebnis auf eine Vorschrift berufen kann, die von der Unterlegenheit des Urhebers ausgeht).

Wichtiger als der verbleibende Anwendungsbereich ist die rechtspolitische Kontrollfunktion des bürgerlich-rechtlichen Instrumentariums: Auch wo die allgemeinen Regeln keine Anwendung finden, bilden sie den Hintergrund für die rechtspolitische Bewertung des urhebervertragsrechtlichen Sonderregimes. Der Befund ist seit langem klar: Das Urhebervertragsrecht in seiner seit 2002 bestehenden Gestalt bricht mit den Grundweichenstellungen des allgemeinen Privat- und Wirtschaftsrechts. Es versucht nicht, ein Marktversagen zu identifizieren und zu korrigieren, das Ursache der wahrgenommenen Imparität ist, sondern setzt bei den Symptomen an, indem es eine hoheitliche, primär an Kollektivregelungen der Branche delegierte und subsidiär Gerichten übertragene Preisregulierung an die Stelle privatautonomer Bestimmung setzt. Die hierzu erforderliche Bestimmung eines angemessenen Preises anhand vertragsexterner Kriterien ist eine Aufgabe, die das Bürgerliche Recht dem Richter nur ausnahmsweise, nämlich im Rahmen des § 315 Abs. 3 BGB in einer Konstellation anvertraut, in der die richterliche Nachbesserung einer einseitigen Leistungsbe-

---

beurteilt, a.A. etwa *Köhler*, Die Lehre von der Geschäftsgrundlage als Lehre von der Risikobefreiung, in: Festgabe 50 Jahre BGH, Bd. 1 (2000), S. 295, 304 f.

[55] Dazu oben Abschnitt II. 5. a).

stimmung der Nichtigkeit vorzuziehen ist. Im Urhebervertragsrecht rückt diese Aufgabe von der Peripherie ins Zentrum.

3. AGB-Inhaltskontrolle

Um den Überblick über die Instrumente privatrechtlicher Angemessenheitskontrolle abzurunden, sei abschließend zumindest kurz die AGB-Kontrolle erwähnt, die in ihren urheberrechtlichen Implikationen Thema eines anderen Beitrags ist.[56] *Sedes materiae* ist insoweit die Inhaltskontrolle, deren allgemeiner Maßstab nach § 307 Abs. 1 BGB das Vorliegen einer unangemessenen Benachteiligung des Vertragspartners des Verwenders entgegen den Geboten von Treu und Glauben ist. Dass diese Angemessenheitprüfung nicht darauf zielt, eine nach objektiven Kriterien zu ermittelnde faire Verteilung der Kooperationsrente zu gewährleisten, ist schon daran erkennbar, dass Leistung und Gegenleistung als solche nach § 307 Abs. 3 BGB kontrollfrei bleiben. Die Begründung dafür, dass das AGB-Recht den Vertragsgestaltungsspielraum des Verwenders über die allgemeinen Grenzen der Inhaltsfreiheit (namentlich § 138 BGB) hinaus begrenzt, liegt vielmehr in einer Informationsasymmetrie zwischen dem Verwender und seinem Vertragspartner:[57] Während es für den Verwender sinnvoll ist, Kosten und Mühe in die Formulierung einer ihm möglichst günstigen Klausel zu investieren, die er in einer Vielzahl von Verträgen wiederverwenden kann, wäre es für einen Vertragspartner unrentabel und damit irrational, den gleichen Aufwand für die Lektüre und das Verstehen einer Klausel zu treiben, mit der er womöglich nur einmal konfrontiert ist. Diese Informationsasymmetrie droht in die Abwärtsspirale des viel beschworenen *lemons*-Problems[58] zu münden, bei der sich am Ende nur Klauseln von schlechtest möglicher Qualität (aus Sicht des Partners des Verwenders) am Markt durchsetzen, weil bessere Klauseln mangels Kenntnis und Verständnis von den Partnern des Verwenders nicht honoriert werden, obwohl an sich ein Bedarf nach ihnen besteht. Die Festschreibung eines über den allgemeinen Standards liegenden Mindestqualitätsniveaus für AGB durch die Inhaltskontrolle ist ein Versuch, dieses Problem zu lösen.[59] Letztlich geht es daher bei der Inhaltskontrolle um die Bewältigung eines informationellen Defekts der Selbstbestimmung, der die Ursache eines Marktversagens ist. Eine Korrektur der Verteilung der Kooperations-

---

[56] S. *Pfeiffer*, in diesem Band, § 6.

[57] Grundlegend zur nachfolgend erläuterten ökonomischen Problematik der AGB *Katz*, Your Terms or Mine: The Duty to Read the Fine Print in Contracts, RJE 21 (1990), 518.

[58] Die Bezeichnung geht zurück auf *Akerlof*, The Market for ‚Lemons‘: Quality Uncertainty and the Market Mechanism, Q.J.Econ. 84 (1970), 488.

[59] Vgl. zu Problemen und Alternativen *Ackermann*, Public Supply of Optional Standardized Consumer Contracts: A Rationale for the Common European Sales Law?, erscheint in CMLRev. 2013.

rente zwischen dem Verwender und seinem Vertragspartner ist damit indes nicht verbunden, denn der Verwender ist nicht daran gehindert, sich das Angebot von Klauseln erhöhter Qualität durch einen höheren Preis von seinem Partner bezahlen zu lassen. Die AGB-Kontrolle bleibt damit dem Paradigma einer prozeduralen Angemessenheitssicherung verpflichtet, ohne materielle Vorgaben für die Verteilung des durch den Vertrag erwirtschafteten Wohlfahrtsergebnisses zu machen.

V. Zusammenfassung

1. Angemessenheitsfragen sind Fragen einer gerechten oder fairen Güterverteilung. Ob eine Güterverteilung zwischen zwei Parteien als angemessen im Sinne der aristotelischen Austauschgerechtigkeit (*iustitia commutativa*) zu beurteilen ist, hängt von der Vorstellung gesamtgesellschaftlicher Verteilungsgerechtigkeit (*iustitia distributiva*) ab, aus deren Perspektive die Verteilung zwischen den Parteien beurteilt wird.

2. Im allgemeinen Privat- und Wirtschaftsrecht ist der Maßstab der Angemessenheitsbewertung die Güterverteilung, die sich unter idealen Marktverhältnissen einstellt. Ideale Marktverhältnisse bestehen, wenn Marktteilnehmer selbstbestimmt, d.h. wohlinformiert und unter ungestörter Verfolgung ihrer Präferenzen, und bei funktionierendem Wettbewerb Leistungen austauschen. Angemessenheit kann vor diesem Hintergrund prozedural (durch die Gewährleistung von Wettbewerb und Selbstbestimmung) oder materiell (durch die Kontrolle von tatsächlichen Verteilungsergebnissen auf ihre Übereinstimmung mit den unter idealen Marktbedingungen erzielten, hypothetischen Ergebnissen) gesichert werden.

3. Die Zuweisung subjektiver Rechte, insbesondere des privatrechtlichen Eigentums, gewährleistet nur Ertragschancen, deren Realisierung dem Wettbewerb überlassen bleibt, ohne dass ein Anteil an dem in der Wertschöpfungskette erwirtschafteten Ertrag festgeschrieben wird. Hiermit kontrastiert der urheberrechtliche Beteiligungsgrundsatz.

4. Bei Veränderungen in der Güterzuordnung, die einer Angemessenheitswertung zugänglich sind, ist zwischen unfreiwilligen Einbußen und freiwilligen Transfers zu unterscheiden. Bei unfreiwilligen Einbußen ist die Angemessenheit eines Ausgleichs, wie sich vor allem bei der Kompensation rechtmäßiger Eingriffe im Rahmen zivilrechtlicher Aufopferungsansprüche zeigt, ohne weiteres an einem materiellen Referenzwert zu messen, der sich aus der Rekonstruktion eines hypothetischen Austauschs unter idealen Marktbedingungen ergibt. Im Gegensatz dazu steht bei der Gewährleistung der Angemessenheit freiwilliger Austauschbeziehungen eine prozedurale Herangehensweise ganz im Vordergrund, die der Sicherung von Wettbewerb und Selbstbestimmung

gilt. Materielle Festlegungen der Angemessenheit freiwilliger Transaktionen sind dagegen die Ausnahme, weil sie das Funktionieren von Märkten gefährden.

5. Die Aufrechterhaltung von Wettbewerb als Voraussetzung fairer Austauschbeziehungen ist Hauptaufgabe des Kartellrechts. Grundsätzlich geht es dabei nicht um den Schutz der schwächeren vor der Übermacht der stärkeren Vertragspartei, sondern um die Bekämpfung von Marktmacht. Kollektivmechanismen, die angemessene Preise durch die Kartellierung einer oder auch beider Marktseiten erreichen sollen, stehen zu diesem Anliegen in einem schwer auflöslichen Spannungsverhältnis. Das gilt auch für die kollektivvertragliche Angemessenheitsbestimmung nach den §§ 32 Abs. 2 S. 1, 36 UrhG.

6. Eine Korrektur unangemessener Preise oder sonstiger Konditionen im Sinne einer materiellen Angemessenheitskontrolle nehmen das deutsche und das EU-Kartellrecht nur in den (seltenen) Fällen des Ausbeutungsmissbrauchs vor. Hier übernimmt das Kartellrecht die Ausfüllung von Regulierungslücken. Es bleiben jedoch nicht vollkommen bewältigte Methodenprobleme bei der Ermittlung hypothetischer Wettbewerbspreise als Referenzwerte für die Angemessenheit sowie erhebliche Schwierigkeiten bei der Implementierung des Verbots des Ausbeutungsmissbrauchs. Was das Verhalten von Verwertungsgesellschaften betrifft, haben sich die Auswirkungen des Verbots bisher in engen Grenzen gehalten. Eine Ausbeutung von Urhebern durch Marktbeherrscher auf der Nutzerseite ist zwar denkbar; im Falle des *fair share*-Streits zwischen Verlegern und Google liefe ein kartellrechtliches Eingreifen jedoch auf das Verbot von Imitationswettbewerb heraus, den zu unterbinden allein Sache des Gesetzgebers ist, der bei der Schaffung eines diesbezüglichen Leistungsschutzrechts allerdings die wettbewerbliche Seite bedenken sollte.

7. Die Wahrung intakter Selbstbestimmung als Voraussetzung fairer Austauschbeziehungen ist Hauptanliegen der bürgerlich-rechtlichen Instrumente zur Gewährleistung von Angemessenheit. Soweit bürgerlich-rechtliche Interventionen an die Ausbeutung von Schwächen oder Ungleichgewichtslagen (§ 138 BGB), Äquivalenzstörungen (§ 313 BGB) und die Unangemessenheit von AGB (§ 307 BGB) anknüpfen, wird das Paradigma einer prozeduralen Angemessenheitssicherung nicht verlassen und ein objektiv „richtiges" Verhältnis zwischen Leistung und Gegenleistung (etwa im Sinne eines *iustum pretium*) nicht vorgegeben. Die hiervon zugunsten einer materiellen Angemessenheitsbestimmung fundamental abweichenden Vorschriften des Urhebervertragsrechts (§§ 32, 32a UrhG) lassen für den allgemeinen prozeduralen Angemessenheitsschutz nur noch wenig Raum.

8. Die Billigkeitskontrolle nach § 315 Abs. 3 BGB ist ein kaum verallgemeinerungsfähiger Sonderfall materieller Angemessenheitssicherung, die das Bürgerliche Recht den Gerichten im Interesse der Parteien abverlangt. Die Schwierigkeiten der Regelung entsprechen den Problemen des kartellrechtlichen Ausbeutungsmissbrauchs, ebenso die (begrenzten) Möglichkeiten zu ihrer Lösung.

Eva Strippel

Die Angemessenheit im allgemeinen Privat- und Wirtschaftsrecht

Diskussionsbericht zu § 2

Dr. Nikolaus Reber (Rechtsanwalt, München) gab zu bedenken, dass in Prozessen von Nutzerseite regelmäßig vorgetragen werde, keine Gewinne gemacht zu haben. Die Kostenstruktur, die dann aufgezeigt werde, könne in der Praxis kaum überprüft werden und führte im Ergebnis nie zu einer Beteiligung des Urhebers. Dies würde aber zu einer Entwertung des Grundsatzes einer angemessenen Beteiligung des Urhebers an der Nutzung seines Werkes führen, da im Ergebnis doch nur für die Arbeitsleistung und nicht für die Rechteeinräumung gezahlt würde. Deswegen sei der Ansatz des BGH richtig, grundsätzlich von den Bruttoerträgen auszugehen. Es stelle sich aber die Frage, bei welcher Verwertungskaskade angesetzt werden solle. *Ackermann* merkte zustimmend an, die Kosten-Gewinn-Methode spiele im Rahmen des § 32 UrhG keine Rolle. Allerdings sei sie letztlich die einzige allgemein-privatrechtliche Methode, die zur Verfügung stehe. Insbesondere sei die Vergleichsmarktmethode, bei der ein anderer Markt als Referenzmaßstab für das heranzuziehen wäre, was ein Urheber unter intakten Marktverhältnissen bekommt, mangels Vergleichsmarkts nicht durchführbar.

Im Hinblick auf die außergesetzliche Rechtfertigung gemeinsamer Vergütungsregeln[1] gab *Reber* zu bedenken, dass die Anregung von Kulturproduktion zentraler Gedanke des Urheberrechts sei. Es sei nicht angemessen, eine solche Rechtfertigung mit dem Argument der unzulässigen Kartellbildung auszuschließen. Zwar liege hier nicht der Fall vor, dass eine Branche die Preisregelung für sich in Anspruch nehme, stimmte *Ackermann* zu. Dies müsse gegebenenfalls der Staat machen, ansonsten liege ein Kartell vor. Aber auch im Fall gemeinsamer Vergütungsregeln sei die Sache nur insofern anders, als auf beiden Seiten Kartelle stünden. Dann bestehe eine Macht-Gegenmacht-Situation, die unter kartellrechtlichen Gesichtspunkten ebenso prekär sei. Wenn eine Marktseite vermachtet ist, dann sei die Remedur normalerweise nicht, auch noch die andere Seite zu vermachten, da damit zwar Vermögensverschiebungen zu La-

---

[1] *Ackermann*, in diesem Band, § 2 III. 1. b).

sten der anderen Seite rückgängig gemacht werden könnten, aber nicht die negativen Auswirkungen auf das Wohlfahrtsergebnis vermieden würden. An den Entscheidungen des EuGH über die Verwertungsgesellschaft – die zum Missbrauchsverbot ergangen seien und gerade keine Kartellverbotsentscheidungen darstellten – sehe man, dass die Rechtsprechung für Urheberbelange Verständnis aufbringe und eine Orientierung am Ertrag für angemessen halte. Insoweit bestünde also Potential für eine Sonderrolle des Urheberrechts. *Riesenhuber* gab zu bedenken, dass Urheber zwar formal keine Arbeitnehmer seien, sodass die Tarifrechtfertigung der *Albany*-Entscheidung[2] nicht einschlägig sei. Aber möglicherweise bestünde ein vergleichbares Schutzbedürfnis, das durch eine kollektive Regelung befriedigt werden könnte. *Ackermann* widersprach dem mit dem Hinweis, dass der EuGH die *Albany*-Ausnahme auf Freiberufler nicht angewandt habe, also eng verstehe. Dies sei aus methodischer Sicht nachvollziehbar und richtig, da die *Albany*-Ausnahme ihre Rechtfertigung in der Sonderrolle der Sozialpolitik und mittlerweile auch in der europäischen Grundrechtecharta finde, welche die Tarifautonomie festlegt. Die Urheber, die nicht Arbeitnehmer sind, profitierten somit nicht von der Ausnahme. Dann bliebe nur eine Rechtfertigung über die *European style rule of reason*, die zumindest konstruierbar ist, wie der Beitrag von *Drexl*[3] zeige.

Prof. Dr. Jürgen Becker (Rechtsanwalt, München) führte aus, dass der Richter bei der Bestimmung der Angemessenheit von unfreiwilligen Einbußen im Rahmen des § 906 BGB und im Gesellschaftsrecht durch das Abstellen auf Börsenkurse eine Richtschnur vorgegeben bekommen habe. Dieser gesetzliche Rahmen fehle bei § 54 UrhG, sodass sich die Frage aufdränge, wonach sich der Richter in diesen Fällen richten müsse. *Ackermann* zog zunächst einen Vergleich zum *squeeze-out* im Gesellschaftsrecht und zur Enteignungsentschädigung bei Aufopferungsansprüchen. Immer sei es so, dass der Staat einen Beteiligten dazu zwingt, ein bestehendes Recht aufzuopfern. Dafür werde man dann entschädigt. Die Höhe der Entschädigung richte sich zunächst nach dem realen Marktpreis, beispielsweise nach dem Börsenkurs[4]. Dabei gehe man davon aus, dass Börsen grundsätzlich Märkte sind, die funktionieren, die sehr transparent sind und sehr viele Mitspieler haben. Wo es einen solchen realen Marktpreis nicht gibt, müsse ein hypothetischer Marktpreis als Referenzpreis gebildet werden. Dies sei der Weg zur Lizenzanalogie. Bei unrechtmäßigen Einbußen sei das Schadensersatzpotential aber nicht auf die Lizenzanalogie beschränkt. Auch über eine Gewinnabschöpfung könne man nachdenken.

---

[2] EuGH v. 21. 9. 1999 – Rs. C-67/96 *Albany*, Slg. 1999, I-5751.

[3] *Drexl*, Der Anspruch der Werkschöpfer und ausübender Künstler auf angemessene Vergütung in der europäischen Wettbewerbsordnung, in: Festschrift für Schricker (2005), S. 651 ff.

[4] Vgl. BVerfGE 100, 289 – DAT/Altana.

Dr. Gernot Schulze (Rechtsanwalt, München) gab zu bedenken, den Alimentationsgedanken der *post-mortem*-Schutzfrist von 70 Jahren stärker bei der Angemessenheit zu berücksichtigen. Im Dienst- und Werkvertragsrecht bestimmten §§ 612, 632 BGB, dass im Zweifel eine Vergütung als stillschweigend vereinbart gilt und wenn keine Vergütung bestimmt ist, die übliche Vergütung als vereinbart anzusehen ist. Ebenso seien Mindestlöhne in der arbeitsrechtlichen Diskussion von Bedeutung, da man dem Ausbeutungsverhältnis eine Schranke setzen wolle. Unter diesen Gesichtspunkten liege es nahe, auch im Urhebervertragsrecht über eine Mindestgrenze nachzudenken. Zunächst stellte *Ackermann* klar, dass §§ 612, 632 BGB sich insofern von der Angemessenheitskontrolle gem. § 32 UrhG unterschieden, als sie als dispositive Normen durch privatrechtliche Vereinbarung jederzeit verdrängt würden und eine Kontrolle der Vergütungshöhe dann nur noch dem § 138 BGB unterliege. § 32 UrhG sei zwingendes Recht. Dieser kategorische Unterschied bestehe bei der Mindestlohndebatte im Arbeitsrecht nicht, jedoch gehe es im Urheberrecht nicht um Sicherung eines Arbeitseinkommens, sondern um Partizipation am Verwertungserfolg. Aus dem Gedanken der Partizipation ließe sich neben einer Erfolgsbeteiligung auch eine Beteiligung am finanziellen Risiko herleiten. Bisher scheine es allerdings Vertragsgestaltungen mit einem solchen negativen Beteiligungsgrundsatz nicht zu geben. Letztlich stimmte *Ackermann* der Überlegung zu, dass im Urheberrecht Besonderheiten gelten, insbesondere die Schutzdauer. Es sei richtig, dass Urheber zum Teil unter Rationalitätsdefiziten litten, die sie Vergütungen zustimmen ließen, die ein informierter Marktteilnehmer nicht vereinbart hätte. Dies sei unter anderem dem Problem geschuldet, dass bei Vertragsschluss eine enorme Weitsicht und der Überblick über zahlreiche Risiken von Nöten seien. Ob dieses Defizit allerdings durch Eingriff des Gesetzgebers bzw. durch die eingreifende Hand des Gerichts behoben werden müsse, oder ob nicht ein anderes Marktdesign die Probleme besser beheben würde, könne er nicht eindeutig beantworten.[5]

---

[5] Vgl. dazu auch die Beiträge in *Riesenhuber/Klöhn* (Hrsg.), Urhebervertragsrecht im Lichte der Verhaltensökonomik (2010).

Klaus Heine

§ 3 Die Angemessenheit des Leistungsaustauschs – eine ökonomische Perspektive

I. Einführende Gedanken zur ökonomischen Analyse des Urheberrechtsschutzes

Der vorliegende Beitrag soll mit einem Beispiel beginnen, das trotz seiner Schlichtheit die ökonomische, das heißt die wirtschaftstheoretische *und* -politische, Perspektive auf den Gegenstand der Angemessenheit des Leistungsaustauschs im Urheberrecht eröffnet. Das Beispiel macht schlaglichtartig eine ganze Reihe von Problemen sichtbar, die die ökonomische Analyse bei der Behandlung dieses Themas aufwirft.

Man stelle sich vor, dass ein Autor das 446. vegetarische Kochbuch geschrieben hat.[1] Zusammen mit seinem Verleger wagt der Autor den Markteintritt. Dieser Markteintritt, verbunden mit den dazugehörigen Investitionen des Autors und des Verlegers, geht vermutlich zu Lasten der bereits etablierten Kochbuch-Autoren, von denen ein Teil der Renten zu dem neuen Autor umgelenkt werden. Freilich mag das neue Kochbuch neue vegetarische Rezepte und Kochvarianten bieten, die den Nutzen der Leser (Konsumenten) erhöhen und das neue Buch mag auch Käufer finden, die sonst kein vegetarisches Kochbuch erworben hätten. Aber umso mehr vegetarische Kochbücher bereits existieren, desto kleiner dürfte der Zusatznutzen für die Konsumenten ausfallen. Daher ist es wahrscheinlich, dass die aus Sicht des neuen Autors rationale Entscheidung den Markt für vegetarische Kochbücher zu bereichern, aus gesellschaftlicher (wohlfahrtsökonomischer) Sicht nicht wünschenswert ist. Das ist genau dann der Fall, wenn der Zusatznutzen der Konsumenten kleiner ist als die Kosten, die der Autor und der Verleger aufgewendet haben. Es wäre deshalb vielleicht besser gewesen, wenn der Autor kein neues Buch geschrieben hätte, sondern ein weiteres vegetarisches Restaurant eröffnet hätte. Allerdings könnte auf dem Markt für vegetarische Restaurants die Problematik der „Übersetzung des Marktes" (*overentry*) genauso bestehen. Das heißt, der Zusatznutzen eines neuen Restaurants ist durch die Kosten nicht gerechtfertigt. In diesem Fall könnte man dem verhinderten Autor und Restaurantbetreiber ein anderes Gewerbe

---

[1] Das Beispiel ist angelehnt an *Abramowicz*, An Industrial Organization Approach to Copyright Law, Wm.& Mary L.Rev. 46 (2004), 33, 39 ff.

empfehlen, vielleicht die Zucht von Gemüse, wobei wiederum zu prüfen wäre, ob der Markteintritt einen gesellschaftlichen Nettonutzen hat.

Wäre es vor dem Hintergrund der *overentry*-Problematik deswegen sinnvoll, dass eine staatliche Behörde den Marktzutritt von Restaurants und Gemüsebauern kontrolliert? Wäre es deswegen ebenso sinnvoll, dass eine staatliche Behörde eine Inhaltskontrolle von Büchern vornimmt, um zu bestimmen, ob der Zusatznutzen für Konsumenten größer ist als die Kosten des neuen Werkes? Bereits intuitiv kann man große Zweifel hegen, ob eine solche Behörde die technischen Fähigkeiten hätte und auch die regulative Kompetenz haben sollte, um über den Markteintritt von Autoren zu bestimmen.

Natürlich kann man das obige Beispiel noch etwas verfeinern. So könnte man auf die Idee kommen, den Markteintritt von Autoren nicht direkt von einer Inhaltskontrolle des Werkes abhängig zu machen, sondern die Preise von Büchern und die Autorenhonorare so zu regulieren, dass ein positiver Netto-Wohlfahrtseffekt zu erwarten ist. Aber auch hier stellt sich sofort die Frage, wie eine Behörde die hierzu notwendigen Daten erheben und in einem Modell vergleichen sollte. Diese Frage ist umso mehr von Bedeutung, wenn man davon ausgeht, dass der Staat im Allgemeinen und der Richter im Besonderen kein Preiskommissar sein sollte und diese Funktion auch nicht gut erfüllen kann.[2] Es ist gerade die Idee und Funktion der Marktwirtschaft den Rechnungszusammenhang aller wirtschaftlichen Aktivitäten herbeizuführen und den Marktteilnehmern zu signalisieren, welche Aktivitäten wohlfahrtssteigernd sind. Dies ist der harte Kern der Wohlfahrtsökonomik,[3] aber auch Ergebnis der sogenannten Wirtschaftsrechnungsdebatte, in der gezeigt wurde, dass eine Zentralisierung von Information als Voraussetzung zur zentralen Steuerung einer Wirtschaft nicht möglich ist.[4]

Vor diesem Hintergrund kann man nun fragen, welche Funktion das Urheberrecht eigentlich hat und wie es vor dem Hintergrund einer ökonomischen Analyse einzuschätzen ist. Daraus lassen sich dann auch wirtschafts- und rechtspolitische Handlungsempfehlungen ableiten.

Das Urheberrecht steuert die Verbreitung existierender Werke und nimmt Einfluss auf die Entstehungswahrscheinlichkeit neuer Werke. Von beiden Zielgrößen wird die Gesamtwohlfahrt bestimmt.[5] Beispielsweise ermöglicht eine

---

[2] *Kötz*, Die Rückwirkung von Unterlassungsurteilen gemäß §§ 13 ff. AGB-Gesetz, BB 1982, 644; *Canaris*, Zinsberechnungs- und Tilgungsverrechnungsklauseln beim Annuitätendarlehen – Zugleich ein Beitrag zur Abgrenzung von § 8 und § 9 AGB-Gesetz, NJW 1987, 609, 613.

[3] *Arrow/Debreu*, Existence of an Equilibrium for a Competitive Economy, Econometrica 22 (1954), 265.

[4] *Hayek*, The Use of Knowledge in Society, Amer.Econ.Rev. 35 (1945), 519; *Eucken*, Grundsätze der Wirtschaftspolitik (1952).

[5] *Besen/Raskind*, An Introduction to the Law and Economics of Intellectual Property, JEP 5 (1991), 3, 6.

großzügige *fair use* Regelung Konsumenten einen leichteren und kostengünstigeren Zugang zu bestehenden Werken.[6] Dadurch erhöht sich der Nutzen der Konsumenten, während der Anreiz zur Schöpfung neuer Werke reduziert wird, was wiederum den Konsumentennutzen schmälert und die Renten der Produzenten neuer Werke sinken lässt. Eine Schwächung des Urheberrechtsschutzes kann somit aus gesamtgesellschaftlicher Sicht vorteilhaft sein, solange der zusätzliche Nutzen der Konsumenten größer ist als die dabei zusätzlich entstehenden Kosten und Nutzeneinbußen. Das Umgekehrte gilt aber auch, wenn nämlich bei einer Stärkung des Urheberrechtsschutzes mehr Nutzen aus der Schöpfung neuer als aus der Verbreitung alter Werke gezogen wird.[7] Insofern ist es schwer, ein allgemeines urheberrechtliches Design zu entwerfen, das ein globales Optimum der Produktion, Verbreitung und des Konsums von Werken erzeugt. Im Prinzip bräuchte man hierfür für jedes Werk eine empirisch gestützte Einzelfallanalyse, die letztlich über den angemessenen Urheberrechtsschutz Auskunft gibt. Dass ein solches einzelfallbezogenes Urheberrecht in der Praxis funktionsfähig wäre, ist schwer vorstellbar. In der Rechtsrealität zielt der Urheberrechtsschutz daher auch meist auf einen wohlfahrtsrelevanten Aspekt im Besonderen, während die anderen Aspekte dahinter zurücktreten; zum Beispiel werden Autoren und Verleger in den Vereinigten Staaten mit vergleichsweise starken Urheberrechten ausgestattet, um die Kreation neuer Werke anzureizen.[8] Eine solche Priorisierung im Urheberrecht kann rechtlich legitimiert sein, wie durch die US-amerikanische Verfassung (Article 1, Section 8), (wohlfahrts-) ökonomisch begründet ist sie dadurch jedoch noch nicht.

Trotz dieser generellen Schwierigkeiten kann die ökonomische Analyse des Urheberrechts dem Gesetzgeber nützliche Hinweise geben, die über die beinahe triviale Erkenntnis hinausgehen, dass der Schöpfer eines Werkes einer Schutzmöglichkeit (Eigentumsrecht) bedarf, um aus dem Werk einen persönlichen Nutzen zu ziehen.

In dem eingangs erwähnten Beispiel ging es um ein Kochbuch, das eine marginale inhaltliche Verbreiterung der Wissensbasis darstellt. In einem solchen Fall kann generell davon ausgegangen werden, dass es aus Sicht der Gesamtwohlfahrt wohl eher wünschenswert wäre, die Verbreitung und den Zugang zu bestehenden Kochbüchern zu erhöhen als einen Anreiz zur Kreation des 446. Kochbuchs zu setzen. Insofern kann man mit ökonomischer Analyse

---

[6] *Patry*, The Fair Use Privilege in Copyright Law (1985); *Fisher III*, Reconstructing the Fair Use Doctrine, Harv.L.Rev. 101 (1988), 1659.

[7] Für eine umfassendere ökonomische Analyse der *fair use* Doktrin siehe *Landes/Posner*, An Economic Analysis of Copyright Law, JLS 18 (1989), 325, 357 ff.

[8] *Samuelson*, Economic and constitutional influences on copyright law in the United States, EIPR 23 (2001), 409. Sie geht auch auf das unterschiedliche rechtliche Verständnis zwischen den Vereinigten Staaten und Europa ein.

unterschiedliche Situationen und Fallgruppen unterscheiden und ihnen urheberrechtliche Lösungen zuordnen, die tendenziell die Wohlfahrt erhöhen.

Aus dem obigen Beispiel kann man jedoch auch noch etwas anderes ableiten für die ökonomische Analyse des Urheberrechts. Und zwar scheint die Ausgestaltung des Urheberrechts in Bezug auf seine ökonomischen Konsequenzen vor allem in Hinblick auf marginale Effekte diskussionswürdig zu sein, während der Kernbestand des Urheberrechts relativ klare ökonomische Einschätzungen zulässt. Diese Aussage ist deswegen nicht trivial, weil sie eine wichtige rechtspolitische Implikation beinhaltet. Aus der Diskussion marginaler Effekte kann und sollte nicht ohne weiteres auf die Grundgestaltung des Urheberrechts geschlossen werden. Beispielsweise darf aus der ökonomischen Sinnhaftigkeit einer Lockerung des Urheberrechts für bestimmte Fälle und Fallkonstellationen nicht ohne weiteres auf die ökonomische Notwendigkeit einer Reform mit dem Ziel der allgemeinen Lockerung des Urheberrechtsschutzes geschlossen werden.[9]

Im folgenden soll die hier geführte Diskussion insofern eingeschränkt werden, als dass nicht über die ökonomische Sinnhaftigkeit des Urheberrechtsschutzes im Allgemeinen diskutiert wird, sondern die Frage nach der „Angemessenheit" des Leistungstausches wird in den Mittelpunkt gerückt. Damit ist die Verteilungsdimension des Urheberrechts angesprochen, die jedoch naturgemäß nicht völlig isoliert von der Effizienzfragestellung besprochen werden kann, da jede Allokation von Gütern und Faktoren immer auch eine spezifische Verteilung von Nutzen und Renten impliziert.

Der nächste Abschnitt (II.) widmet sich zunächst kurz den verschiedenen Gruppen von Akteuren, die vom Urheberrecht in ihrer Verteilungsposition betroffen sind. Anschließend (Abschnitt III.) werden kurz drei Perspektiven vorgestellt, die je spezifisch die Verteilungsproblematik im Urheberrecht aufgreifen: Die Libertäre, die Liberal-konstitutionenökonomische und die der ökonomischen Analyse des Rechts. In Abschnitt IV. soll schließlich noch etwas detaillierter mit Hilfe der ökonomischen Analyse des Rechts die Angemessenheit des Leistungsaustauschs im Urheberrecht beleuchtet werden. Abschnitt V. fasst die wichtigsten Ergebnisse der hier angestellten Betrachtung zusammen.

II. Verteilungsrelevante Gruppen

In diesem Abschnitt sollen die verschiedenen Gruppen kurz skizziert werden, die vom Urheberrecht in ihrer Verteilungsposition betroffen werden. Dies sind zugleich diejenigen Gruppen, die in der politischen Debatte der letzten Jahre die

---

[9] Für eine differenzierte industrieökonomische Analyse, die diese Schlussfolgerung untermauert, siehe *Abramowicz*, Wm.& Mary L.Rev. 46 (2004), 33.

meiste Aufmerksamkeit erhalten haben und damit die Reformdiskussionen im Urheberrecht besonders prägen.[10]

Einkommensschwache Urheberrechtsverletzer. Bei dieser Gruppe handelt es sich um einkommensschwache und/oder sozial benachteiligte Konsumenten, die das Urheberrecht verletzen. Mit Blick auf diese Gruppe findet sich die Argumentation, dass das bestehende Urheberrecht diese Gruppe unangemessen benachteilige, indem es sie vom Konsum urheberrechtlich geschützter Werke ausschließe.[11]

In gerichtlichen Auseinandersetzungen dieser Personengruppe mit Urhebern geht es häufig um die Einkommensposition, den Bildungsstand, das Alter, das Geschlecht und den Gesundheitszustand der Beklagten. Typische Beispiele sind ein zwölfjähriges Mädchen,[12] ein sechsundsechzigjähriger pensionierter Lehrer[13] oder ein einundsiebzigjähriger Großvater,[14] die Urheberrechte beim *file-sharing* verletzt haben. Diese Personengruppe erscheint medial als Verfolgte der Medienindustrie, die das Urheberrecht erbarmungslos gegen sozial Schwache durchsetze.[15]

Im Einzelfall kann man der Meinung sein, dass Konsumenten dieser Gruppe tatsächlich Schwierigkeiten haben, die notwendigen Mittel dazu aufzubringen, die urheberrechtlich geschützten Werke zu erwerben. Aus ökonomischer Sicht stellen sich jedoch zwei Fragen, bevor es zweckmäßig erscheint, die Verteilungsposition der Eigentümer von Urheberrechten zugunsten der Verteilungsposition von Konsumenten zu schwächen. 1) Gibt es einen empirischen Beleg dafür, dass das Urheberrecht in der Vergangenheit die Konsumenten (insbesondere Einkommensschwache) unangemessen benachteiligt hat? 2) Ist das Urheberrecht das geeignete Instrument, um mit einer Redistribution von Eigentumsrechten ein etwaiges Verteilungsproblem dieser Personengruppe zu lösen? Die erste Frage kann momentan nicht beantwortet werden, da derzeit keine seriösen empirischen Studien zu den Verteilungswirkungen des Urheberrechts vorliegen. Doch selbst, wenn sich empirisch eine solche Verteilungsungerechtigkeit feststellen ließe, bestünde entsprechend Frage 2) die Notwendigkeit zu zeigen, dass das Urheberrecht das geeignete Mittel zur Erreichung von Verteilungsgerechtigkeit ist. Hieran muss jedoch stark gezweifelt werden, da es – wie noch zu erläutern sein wird – andere, geeignetere Instrumente hierfür gibt.

---

[10] Überblicksartig hierzu *Benoliel*, Copyright Distributive Injustice, YJoLT 45 (2007), 46.

[11] *Benoliel*, YJoLT 45 (2007), 46, 56.

[12] Vgl. http://www.cbsnews.com/2100-205_162-570507.html.

[13] *Schwartz*, She Says She's No Music Pirate. No Snoop Fan, Either., N. Y. Times, Sept. 25, 2003, C1.

[14] *Benoliel*, YJoLT 45 (2007), 46, 56.

[15] *Benoliel*, YJoLT 45 (2007), 46, 56.

Einkommensschwache Urheber. Diese Gruppe von Personen wird ebenfalls häufig genannt, wenn es um negative Verteilungswirkungen des bestehenden Urheberrechts geht. Hierbei geht es um Schöpfer von Werken, die nicht etabliert sind und einem breiteren Publikum erst bekannt werden wollen.[16] Diese Newcomer verfügen in der Regel über kein regelmäßiges und nur ein bescheidenes Einkommen aus ihrer kreativen Tätigkeit. Diese Newcomer sind stark daran interessiert, ihre Werke zu verbreiten und die Basis für eine kommerzielle Nachfrage ihrer Produkte zu schaffen. Für sie sind daher Plattformen, die die Verbreitung ihrer Werke ermöglichen, von großer materieller Bedeutung. In der Regel handelt es sich dabei um *file-sharing*-Plattformen, die jedoch häufig von ihren Nutzern auch dazu gebraucht werden, um urheberrechtlich *geschütztes* Material (Filme, Musik, eBooks) frei und kostenlos für andere Nutzer zugänglich zu machen.[17]

Das Geschäftsmodell von *file-sharing*-Plattformen ist zumeist auch gar nicht, *nicht*-urheberrechtlich geschützte Werke von Newcomern zu verbreiten, sondern den Urheberrechtsverstoß bewusst mit einzukalkulieren und damit möglichst viele Nutzer auf die betriebene Website anzuziehen. Über Werbebanner auf der Website werden dann Profite erlöst (dies war das Geschäftsmodell von *Napster* und bis vor kurzem auch von *Megaupload*).[18]

Die verteilungsrelevante Frage ist, ob eine Lockerung des Urheberrechtsschutzes im Allgemeinen (z. B. beim *file-sharing* durch eine *fair use* Regelung) gerechtfertigt ist, um Newcomern die Publikation ihrer Werke zu erleichtern. Dies muss mit Blick auf die Empirik tendenziell verneint werden. Im Fall von *Napster* waren von 1150 Dateien lediglich 11 von Newcomern, die unter das *New Artist Program* von *Napster* fielen.[19] Es ist daher fraglich, ob das Urheberrecht das geeignete Instrument ist, um die Verteilungsposition von Newcomern zu verbessern, und ihnen damit einen Anreiz zur Schöpfung neuer Werke zu geben, während die Verteilungsposition bereits etablierter Urheber breit verschlechtert wird und ihr Anreiz zur Kreation neuer Werke geschmälert wird. Davon abgesehen müsste bei einer solchen Instrumentalisierung des Urheberrechts auch auf die Verteilungswirkung bezüglich von Konsumenten und Verlegern geachtet werden, um den Gesamtnutzen einer solchen Reform des Urheberrechts beurteilen zu können.[20] Dies ist ein weiteres Beispiel dafür, dass die Lösung eines „marginalen" urheberrechtlichen Problems (Ermöglichung des

---

[16] *Farber/McDonnell*, Why (and How) Fairness Matters at the IP/Antitrust Interface, Minn.L.Rev. 87 (2003), 1817.

[17] *A & M Records, Inc. v. Napster, Inc.*, 2000 WL 1009483, at 4 (N.D. Cal. July 26, 2000).

[18] Zum Geschäftsmodell von *Megaupload* siehe: Indictment des United States District Court for the Eastern District of Virginia vom 5.1. 2012 (http://static2.stuff.co.nz/files/MegaUpload.pdf).

[19] *A & M Records, Inc. v. Napster, Inc.*, 2000 WL 1009483, at 4 (N.D. Cal. July 26, 2000); *Benoliel*, YJoLT 45 (2007), 46, 58.

[20] *Abramowicz*, Wm.& Mary L.Rev. 46 (2004), 33, 68 ff.

Zugangs für Newcomer auf Plattformen zur Selbstvermarktung) nicht automatisch zu einer Änderung des Urheberrechts in seinem Kernbestand führen sollte.

Vor diesem Hintergrund ist es wiederum fraglich, ob das Urheberrecht das geeignete Mittel ist, um Verteilungsgerechtigkeit herzustellen. Newcomern ist mit anderen Instrumenten möglicherweise direkter und besser zu helfen, ohne gleichzeitig zu unintendierten Nebeneffekten zu führen.

Medienindustrie (Verleger). Eine weitere Gruppe, die im Blickfeld verteilungspolitischer Erwägungen steht, ist die Medienindustrie. Diese Gruppe steht im Verdacht, unangemessene Profite auf Kosten der Konsumenten zu machen.[21] Sollte der Missbrauch einer marktbeherrschenden Stellung vorliegen, so wäre demnach das Wettbewerbsrecht gefragt, um im Einzelfall Abhilfe zu schaffen. Man findet jedoch auch die Idee, dass das Urheberrecht anstelle des Wettbewerbsrechts eingesetzt werden könne, um einen etwaigen Missbrauch von Marktmacht durch die Medienindustrie als Ganzes zu vermeiden. Die Marktstellung der Medienindustrie müsse durch eine Verdünnung der Eigentumsrechte lediglich solange geschwächt werden, bis ein gerechter Ausgleich mit den Konsumenten hergestellt sei.[22]

Abgesehen davon wie es rechtlich begründet werden könnte, dass im Mediensektor Wettbewerbspolitik mit dem Urheberrecht betrieben wird, wäre eine solche wettbewerbspolitische Aufladung des Urheberrechts mit einer Verschiebung der Zielsetzung von Wettbewerbspolitik verbunden. Während nämlich die Wettbewerbspolitik die Herstellung funktionsfähigen Wettbewerbs zum Ziel hat, ohne ein bestimmtes Verteilungsziel zu verfolgen, hätte ein solchermaßen instrumentalisiertes Urheberrecht die Aufgabe, Preissenkungen zu Gunsten der Konsumenten bis auf ein politisch gewolltes Niveau durchzusetzen.[23] Im Prinzip würde damit das Urheberrecht eine Preiskontrolle durchführen.

Hier stellt sich die grundsätzliche Frage, ob es nicht die ausschließliche Aufgabe der Wettbewerbspolitik sein sollte, für einen funktionsfähigen Wettbewerb zu sorgen, der in der Folge zu einem *leistungsgerechten* Verteilungsergebnis führt. Sollte dieses marktlich zustande gekommene Verteilungsergebnis nicht den sozialen Präferenzen entsprechen, wäre gegebenenfalls die Verteilungsposition bestimmter Akteure mit fiskalischen Mitteln zu korrigieren.

---

[21] *Benoliel*, YJoLT 45 (2007), 46, 60.

[22] Für eine Einführung in den komplexen Problemkreis von Wettbewerbspolitik, Urheberrecht, Meinungsfreiheit und Demokratie mit weiteren Literaturangaben siehe *Netanel*, Market Hierarchy and Copyright in Our System of Free Expression, Vand.L.Rev. 55 (2000), 1879 sowie *Shelanski*, Antitrust Law as Mass Media Regulation: Can Merger Standards Protect the Public Interest?, CLR 94 (2006), 371.

[23] *Benoliel*, YJoLT 45 (2007), 46, 60 ff.

III. Drei ökonomische Perspektiven auf die Angemessenheit des Leistungsaustauschs im Urheberrecht

In diesem Abschnitt sollen drei ökonomische Perspektiven auf das Problem der Angemessenheit des Leistungsaustauschs im Urheberrecht vorgestellt werden. Dabei soll gezeigt werden, wie diese ökonomischen Ansätze in Fragen des Urheberrechts „hineinragen", insbesondere wenn es um die Beurteilung der Angemessenheit des Leistungsaustauschs geht.

1. Umverteilung durch Urheberrecht als Diebstahl: Die libertäre Position

Aus libertärer Sicht ist jedwede Verdünnung von Eigentumsrechten mit dem Ziel der Umverteilung eine Form von Diebstahl. Diese Position gründet sich in der Ansicht, dass rationale und aufgeklärte Menschen nur im Wege des freien Tauschs ihre gerechte und legitimierte Verteilungsposition finden könnten. Dies impliziere gegebenenfalls auch große Verteilungsunterschiede zwischen Personen. Die Rolle des Staates ist danach darauf beschränkt, Eigentumsrechte zu definieren und zu schützen.[24]

Mit Bezug auf das Urheberrecht stellt sich die Frage, ob ein Verstoß gegen das Urheberrecht analog zum Diebstahl eines dinglichen Gutes gesehen werden kann. Dies wird zwar nicht uneingeschränkt bejaht,[25] jedoch werden Urheberrechtsverstöße häufig in die Nähe von Diebstahl gerückt. Der ‚No Electronic Theft (NET) Act' von 1997 in den Vereinigten Staaten setzt beispielsweise den Verstoß gegen Urheberrechte mit dem Diebstahl physischer Güter gleich und ahndet solche mit harten Strafen. Es findet damit eine Kriminalisierung von Urheberrechtsverstößen statt, trotz der Tatsache, dass Informationsgüter aufgrund der Nichttrivalität im Konsum keinen Diebstahl im üblichen Sinne begründen können. Ein Informationsgut nutzt sich ja durch Vervielfältigung nicht ab und es steht dem Besitzer nach Kopie auch weiter zur Verfügung, im Gegensatz beispielsweise zum Diebstahl einer Musik Compact-Disc.[26]

Die libertäre Position mag zunächst aufgrund der Radikalität ihres Eigentumsverständnisses als ein etwas grobschlächtiger sozialphilosophischer An-

---

[24] *Nozick*, Anarchy, State and Utopia (1974), 149–153, 167–174; *Epstein*, Unconscionability: A Critical Reappraisal, JL & Econ 18 (1975), 293 ff. Für eine kritische Reflexion des Ansatzes von *Nozick* siehe beispielsweise *Koller*, Zur Kritik der libertären Eigentumskonzeption, A & K 8 (1981), 139.

[25] Im Fall *Dowling v. United States* (473 U.S. 207 (1985)) unterscheidet der Supreme Court beispielsweise, dass „interference with copyright does not easily equate with theft, conversion, or fraud. The Copyright Act even employs a separate term of art to define one who misappropriates a copyright ...".

[26] *Benoliel*, YJoLT 45 (2007), 46, 64 ff.

satz erscheinen. Tatsächlich lassen sich mit diesem Ansatz jedoch auch deutlich filigranere und für die Rechtspraktik bedeutsame Aussagen gewinnen.

So besagt das Pareto-Kriterium der Wohlfahrtsökonomik, dass eine Regeländerung bzw. Veränderung von Eigentumsrechten nur dann gesellschaftlich zulässig ist, wenn dabei wenigstens ein Individuum besser gestellt wird, ohne dass ein anderes schlechter gestellt wird.[27] Eine solche Pareto-Superiorität ist bei einer Verdünnung der Urheberrechte zuungunsten der Urheber offensichtlich nicht gegeben. Denn die Erlaubnis von massenhaften Privatkopien, die an andere Nutzer weitergegeben werden dürfen, führt zu einem drastischen Rückgang der Verkaufserlöse von Urhebern. Daher wäre eine Verdünnung der Urheberrechte ganz im Sinne der libertären Position abzulehnen. Dagegen kann jedoch sofort eingewendet werden, dass die aktuelle Verteilungsposition von Urhebern und Nutzern ja erst das Ergebnis der durch das Urheberrecht definierten Eigentumsrechte sei. Wäre initial ein anderes Urheberrecht gewählt worden, dann würde das Pareto-Kriterium diese Ausgangsverteilung der Eigentumsrechte schützen und damit auch die sich einstellende Verteilung. Die Anwendung des Pareto-Kriteriums sorgt insofern lediglich für einen urheberrechtlichen Strukturkonservatismus, ohne eine nähere inhaltliche Bestimmung was als angemessener Leistungsaustausch angesehen werden könne.

Das eben geschilderte Problem führt jedoch nicht notwendigerweise in eine Sackgasse, sondern zu einer Schlussfolgerung, die strukturgleich zu den beiden sogenannten Hauptsätzen der Wohlfahrtsökonomik ist. Danach wird erstens bei einer gegebenen Ausgangsverteilung von Gütern und Rechten beim Herrschen von vollkommener Konkurrenz auf Märkten immer ein Pareto-Optimum erreicht, und zweitens durch eine Veränderung der Ausgangsverteilung kann jedes beliebige pareto-optimale Verteilungsergebnis erreicht werden. Die Ausgangsverteilung ist dabei allein *exogen* bestimmbar und entzieht sich einer Bestimmung über Tausch und Markt.[28]

Über den pareto-optimalen Zuschnitt von Urheberrechten, der ein bestimmtes Verteilungsergebnis herbeiführt, muss demnach politisch bzw. exogen entschieden werden. Ökonomisch lässt sich der verteilungsgerechte Zuschnitt von Urheberrechten jedenfalls nicht bestimmen. Mit anderen Worten, das Urheberrecht selbst kann zur Klärung der Verteilungsfrage, was als angemessener Leistungsaustausch im Urheberrecht gilt, nichts beitragen.

Das heißt freilich nicht, dass Verteilungsfragen irrelevant für das Urheberrecht seien, diese Fragen sind nur andernorts zu klären. Dadurch ergibt sich aus libertärer Sicht eine Zweiteilung bei der Herbeiführung von Verteilungsgerechtigkeit: (1) Das Urheberrecht selbst sollte die Eigentumsrechte bestmöglich schützen und damit die Möglichkeit für pareto-optimale Tauschgelegenheiten

---

[27] *Fritsch/Wein/Ewers*, Marktversagen und Wirtschaftspolitik (2. Aufl. 1996), S. 14 ff.
[28] *Fritsch/Wein/Ewers* (Fn. 27), S. 34.

schaffen. Die sich einstellenden Verteilungsergebnisse sind hinzunehmen und dürfen keiner nachträglichen Korrektur unterzogen werden. (2) Unabhängig vom Urheberrecht ist die Frage der Verteilungsgerechtigkeit zu diskutieren und zu entscheiden, welche Ausgangsausstattung Individuen haben sollten, um Urheberrechte erwerben zu können. Dabei kann allerdings vermutet werden, dass aus libertärer Sicht die Anfangsverteilung keiner allzu großen Umverteilung unterliegen sollte, da eine hierzu erforderliche Besteuerung wiederum als Diebstahl betrachtet würde.

Damit lässt sich an dieser Stelle festhalten, dass die libertäre Sicht nachdrücklich darauf aufmerksam macht, dass das Urheberrecht kein geeignetes Instrument zur Umverteilung ist bzw. selbst nichts zur Angemessenheit des Leistungsaustauschs aussagen kann und auch nicht sollte.[29] Vielmehr sollte die möglichst weitgehende Spezifikation und Bündelung von Eigentumsrechten sowie die Herstellung von Wettbewerb auf den Märkten für urheberrechtlich geschützte Güter vorangetrieben werden, um zu pareto-optimalen Verteilungsergebnissen bei gegebener Anfangsausstattung zu führen.

2. Umverteilung als gesellschaftlicher Konsens: Die liberal-konstitutionenökonomische Position

Während die libertäre Position Umverteilung grundsätzlich skeptisch gegenübersteht, ist die liberale Position hier deutlich offener. Der starke Schutz von Eigentumsrechten wird weniger als ein „Naturrecht" des Menschen angesehen, dessen freie Willensausübung über die Disposition von Eigentumsrechten es zu schützen gilt, sondern der Schutz von Eigentumsrechten wird als eine kluge und nützliche Sozialtechnologie angesehen, die Individuen in einer Gesellschaft hilft, ihren Nutzen zu maximieren.[30] Dies schließt Umverteilung und Besteuerung nicht aus, solange dies zu einer gesamtgesellschaftlichen Wohlfahrtszunahme führt, unter der Nebenbedingung, dass die konstitutionellen Interessen der Bürger respektiert werden.

Die Grundidee des liberal-konstitutionenökonomischen Ansatzes ist, dass es hypothetisch möglich ist, dass eine Person sowohl potentieller Gewinner als auch potentieller Verlierer des „Marktspiels" sein kann. Im Falle, dass man Gewinner ist, wird man sich wünschen, möglichst wenig des eigenen Vermögens zu versteuern. Ist man hingegen Verlierer, wird man froh sein, wenn Transferzahlungen einem die Existenz sichern. So gesehen sind Besteuerung und Um-

---

[29] *Benoliel*, YJoLT 45 (2007), 46, 62.
[30] Mit weiteren Nachweisen siehe *Heine*, Planung, Eigentum und Verfügungsrechte, in: Engelhard/Geue (Hrsg.), Theorien der Ordnungen – Lehren für das 21. Jahrhundert (1999), S. 135 ff.

verteilung durchaus konsensfähige Politikmaßnahmen in einer Gesellschaft.[31] Freilich bleibt es offen, wie hoch der konsensfähige Grad an Umverteilung und Besteuerung tatsächlich ist. Letztlich ist dies eine empirische Frage, der hier jedoch nicht weiter nachgegangen werden kann.

Unstrittig ist es aus liberaler Sicht, dass der Staat allen Bürgern die Existenz sichern sollte, indem er Nahrung, Unterkunft, Gesundheitsversorgung und Schulausbildung garantiert. Es ist hingegen zweifelhaft, ob der Zugang zu urheberrechtlich geschützten Werken auch unter die Existenzsicherung von Individuen fällt[32] und ob ein solcher Transfer von Eigentumsrechten durch gesellschaftlichen Konsens legitimierbar ist. Denn Legitimation würde erfordern, dass die Bürger einer solchen Verdünnung der Eigentumsrechte zustimmen. Dazu müssten sie den Nutzen aus der Verdünnung (die höhere Verbreitung bereits existierender Werke) höher schätzen als die Nutzeneinbuße aus der verringerten Anzahl neuer Werke.

Die demokratische Legitimation einer generellen Lockerung des Urheberrechtsschutzes durch die Bürger darf jedoch bezweifelt werden. Zwar ist es prinzipiell vorstellbar, dass Bürger für eine weitgehende Verdünnung des Urheberrechts votieren, dies erscheint jedoch nicht als das verhältnismäßige Mittel, um die „informationelle Existenz" von Bürgern zu sichern. Aus ökonomischer Sicht kann der Zweck der Grundversorgung von Bürgern mit urheberrechtlich geschützten Werken nämlich zu weitaus geringeren Kosten bewerkstelligt werden. Dazu müssen lediglich bestimmte, eng definierte Ausnahmetatbestände geschaffen werden, in denen der Urheberrechtsschutz gelockert wird. So bestimmt beispielsweise der Copyright Act von 1976 in den Vereinigten Staaten, dass Blinde und behinderte Personen, gemeinnützige Bildungseinrichtungen oder nicht-kommerzielle Theatergruppen erleichterten Zugang zur Verwendung urheberrechtlich geschützten Materials erhalten.[33] Auf diese Weise bleibt das Urheberrecht in seinem Kern als Schutzrecht für die Urheber bestehen, aber an seinen Rändern wird es so modifiziert, dass es verteilungspolitische Akzeptanz erhält. Man könnte dies auch so umschreiben, dass das Urheberrecht im liberal-konstitutionenökonomischen Modell „marginal" austariert wird.

---

[31] *Vanberg*, Rules and Choice in Economics (1994); *Buchanan*, The Limits of Liberty (1975); *Rawls*, A Theory of Justice (1971).

[32] *Benoliel*, YJoLT 45 (2007), 46, 67.

[33] In Deutschland gibt es vergleichbare Regelungen, die unter den Begriff „freie Werknutzung" subsumiert werden.

3. Umverteilung als wohlfahrtsökonomisches Maximierungsproblem:
Die Position der ökonomischen Analyse des Rechts

Die ökonomische Analyse des Rechts begegnet Verteilungsfragen anders als die beiden vorangegangenen Ansätze, indem dieser Ansatz sich ganz auf die Effizienzwirkungen von Recht konzentriert und die „Zuständigkeit" für Verteilungsfragen an das Steuer- und Sozialsystem abgibt.[34] Das heißt, Verteilungseffekte sind zwar sehr wohl mit dem Instrumentarium der ökonomischen Analyse des Rechts untersuchbar, Recht wird jedoch nicht als geeignetes Instrument betrachtet, um Verteilungsgerechtigkeit herzustellen. Insofern kann die ökonomische Analyse des Rechts Aufschluss über die Effizienz der Ausgestaltung des Urheberrechts geben und auch die damit einhergehenden Verteilungseffekte angeben. Die Redistribution von Urheberrechten wird jedoch nicht als geeignetes Mittel angesehen, um bestimmte Verteilungsziele zu erreichen. Mit anderen Worten, die ökonomische Analyse des Rechts erlaubt die Identifizierung pareto-optimaler Gestaltungen des Urheberrechts, davon unabhängig ist aber die Frage der Angemessenheit des Leistungsaustauschs im Urheberrecht zu beantworten.[35]

Damit erscheint der Ansatz der ökonomischen Analyse des Rechts in die Nähe der libertären Position zu rücken, in der ebenfalls die gesellschaftlichen Verteilungspräferenzen von der Gestaltung des Urheberrechts abgekoppelt werden. Im Gegensatz zur libertären Position, die naturrechtlich begründet starke Urheberrechte einfordert und dafür eintritt Verteilungsergebnisse hinzunehmen, ist die ökonomische Analyse des Rechts jedoch pragmatisch an einer effizienten Gestaltung des Urheberrechts interessiert.[36] Das heißt, unter spezifischen Rahmenbedingungen (Verhaltensannahmen, Marktstruktur, Technologie usw.) werden Funktions- und Wirkungsanalysen des Urheberrechts angestellt und daran anschließend Vorschläge zur Verbesserung des Urheberrechts abgeleitet. Mittels geeigneter finanz- und sozialpolitischer Instrumente kann dann in einem gesonderten Schritt das gesellschaftspolitisch erwünschte (Um-)Verteilungsziel erreicht werden, wobei darauf zu achten ist, dass die verteilungspolitischen Maßnahmen nicht das Erreichen von Effizienz behindern.

---

[34] *Polinsky*, An Introduction to Law and Economics (2. Aufl. 1989), S. 124 ff.; *Kaplow/ Shavell*, Why the Legal System Is Less Efficient than the Income Tax in Redistributing Income, JLS 23 (1994), 667; *Shavell*, A Note on Efficiency vs. Distributional Equity in Legal Rulemaking: Should Distributional Equity Matter Given Optimal Income Taxation?, Amer. Econ.Rev. 71 (1981), 414.

[35] *Liebowitz*, Is Efficient Copyright a Reasonable Goal?, Geo.Wash.L.Rev. 79 (2011), 1692.

[36] Zum pragmatischen Selbstverständnis der ökonomischen Analyse des Rechts siehe *Cotter*, Legal Pragmatism and the Law and Economics Movement, Geo.L.J. 84 (1996), 2071; im deutschen Sprachraum *Eidenmüller*, Effizienz als Rechtsprinzip (1995).

Im folgenden Abschnitt soll der Ansatz der ökonomischen Analyse des Rechts noch weiter vertieft werden und ein besonderer Blick auf die Angemessenheit des Leistungsaustauschs im Urheberrecht geworfen werden.

IV. Eine ökonomische Analyse des Leistungsaustauschs im Urheberrecht

Die ökonomische Analyse des Rechts richtet ihren Blick im Wesentlichen auf die Maximierung des Aggregats aus Produzenten- und Konsumentenrente, das die Gesamtwohlfahrt einer Gesellschaft abbildet. Ziel ist die Herstellung von Effizienz bzw. die Vermeidung von Wohlfahrtsverlusten.[37] Dabei gilt, dass durch die Verfolgung des Effizienzziels auch die Verteilungsmasse maximiert wird, die gegebenenfalls durch Steuern umverteilt werden kann.

Bezüglich des Urheberrechts geht es bei der ökonomischen Analyse des Rechts um die Frage, ob Marktversagenstatbestände vorliegen, die einer automatischen Maximierung der Gesamtwohlfahrt durch den Marktmechanismus entgegenstehen. Daran schließt sich dann die Frage, wie Urheberrechte ausgestaltet werden müssen, um ein Maximum an Wohlfahrt zu generieren.[38] Insofern wird aus Sicht der ökonomischen Analyse des Rechts das als „angemessen" im Urheberrecht betrachtet, was der gesamtgesellschaftlichen Wohlfahrtsmaximierung dient.

Die Schwierigkeit in Hinblick auf das Urheberrecht besteht nun nicht darin, eine ökonomische Analyse des Urheberrechts durchzuführen und Vorschläge zu seiner Ausgestaltung zu machen, sondern dass die Heilung der verschiedenen Marktversagenstatbestände unterschiedliche Ausgestaltungen des Urheberrechts nahelegen können. Je nachdem welcher Marktversagenstatbestand in den Fokus rückt, kann sich die optimale Gestaltung des Urheberrechts verändern. Dies wird dann problematisch, wenn die Beseitigung von Marktversagenstatbeständen zu gegensätzlichen Handlungsempfehlungen führt und damit verschiedene Gestaltungen des Urheberrechts reklamieren, das Effizienzziel zu erreichen.[39] In einem solchen Fall ist die Angemessenheit des Leistungsaustauschs zumindest indirekt mit angesprochen: Erstens, da der größte Umverteilungsspielraum offensichtlich in der pareto-optimalen Lösung gegeben ist. Und, zweitens, weil jede pareto-optimale Lösung auch ein spezifisches Verteilungsergebnis impliziert.

---

[37] Für eine Einführung in die ökonomische Analyse des Rechts siehe beispielsweise *Cooter/Ulen*, Law and Economics (5. Aufl. 2008) oder *Schäfer/Ott*, Lehrbuch der ökonomischen Analyse des Zivilrechts (4. Aufl. 2005) mit weiteren Literaturangaben.

[38] *Koelman*, Copyright Law & Economics in the EU Copyright Directive: Is the Droit d'Auteur Passé?, IIC 2004, 603.

[39] *Koelman*, IIC 2004, 603.

1. Externalitäten

Externalitäten sind eine erste Kategorie von Marktversagen, die in Zusammenhang mit der Gestaltung von Urheberrecht relevant ist. Ausgangspunkt ist hierbei, dass es sich bei geistigen Werken um Informationsgüter handelt. Diese Güter weisen die Besonderheit auf, dass es nicht oder nur äußerst schwer ist, Nutzer von ihrem Gebrauch technisch auszuschließen. Für den Schöpfer des geistigen Werkes bedeutet das, dass er sich nicht den vollen Ertrag seiner Leistung aneignen kann.[40] Man könnte auch sagen, dass er nicht angemessen im Sinne eines pareto-optimalen Marktgleichgewichts für seine Anstrengung entlohnt wird. Ein Musiker könnte beispielsweise ein Musikstück auf einen Tonträger einspielen und diesen nur einmal verkaufen können, da sich von dem ersten Tonträger unendlich viele Kopien herstellen lassen, die unter Musikliebhabern kostenlos verteilt werden. Insofern geht von Informationsgütern ein sogenannter positiver externer Effekt aus, weil sich das Gut ohne einen marktlichen Tauschvorgang von einer beliebigen Zahl von Konsumenten nutzen lässt.

Die Folge ist, dass die zu erwartende geringe Entlohnung beim Urheber zu einem Anreizversagen führt. Der Urheber wird das Produkt erst gar nicht kreieren. Das führt zu der Situation, dass obwohl eine Zahlungsbereitschaft auf der Nachfrageseite vorhanden ist und dass obwohl ein potentieller Anbieter der gewünschten Leistung da wäre, es zu keiner Marktbildung und damit zu keinem Leistungsaustausch kommt.

Es gibt zwei grundsätzliche Lösungen, um das eben skizzierte Problem zu lösen. Die erste Lösung ist, das Problem der Nichtausschließbarkeit zu akzeptieren, aber die Schöpfer geistiger Werke so zu alimentieren, dass sie die Leistung erbringen. Im Idealfall wäre die an den Urheber zu zahlende Subvention gerade so bemessen, dass das effiziente Marktergebnis fingiert würde (das Marktergebnis, wenn Ausschließbarkeit möglich wäre).[41] Der Leistungsaustausch würde demnach indirekt stattfinden, indem eine Steuer der Allgemeinheit oder gegebenenfalls den potentiellen Nutzern des Informationsgutes auferlegt wird, deren Aufkommen den Schöpfern geistiger Werke zugutekommt.[42]

Ob in der Realität die Subventionslösung zur Angemessenheit des Leistungsaustauschs entsprechend eines Marktgleichgewichts bei Ausschließbarkeit führt, muss aber stark bezweifelt werden. Zunächst müsste nämlich der wahre Verlauf der Angebots- und Nachfragekurve des jeweiligen Informationsgutes

---

[40] *Landes/Posner*, JLS 18 (1989), 325; *Besen/Raskind*, JEP 5 (1991), 3.

[41] *Fritsch/Wein/Ewers* (Fn. 27), S. 94.

[42] Zur Pigou-Subvention im Allgemeinen siehe beispielsweise *Fritsch/Wein/Ewers* (Fn. 27), 94 ff.; vertiefend und mit besonderem Bezug zum Urheberrecht in der digitalen Gesellschaft siehe *Spindler*, Stellungnahme zum Fragenkatalog des Bundestages, Enquete-Kommission „Internet und digitale Gesellschaft" – Entwicklung des Urheberrechts in der digitalen Gesellschaft, Ausschussdrucksache 17(24)009-E vom 23. 11. 2010.

bekannt sein, um die Subvention exakt bemessen zu können.[43] Dies dürfte jedoch ein nicht zu überwindendes Wissensproblem für die Behörde darstellen, die die Subvention an die Schöpfer geistiger Werke auszahlt. Denn die Nachfrager haben einen strategischen Anreiz, ihre Zahlungsbereitschaft zu verschleiern bzw. als zu gering anzugeben, wenn sie über eine Steuer zur Finanzierung des Informationsgutes beitragen müssen. Die Anbieter von Informationsgütern haben wiederum einen Anreiz, die Produktion über das optimale Ausmaß auszudehnen, wenn sie mit einer Subvention rechnen können.[44] Die strategischen Anreize auf Seiten von Nachfragern und Anbietern lassen intuitiv vermuten, dass es nicht nur unwahrscheinlich ist, dass eine effiziente Lösung gefunden wird, sondern auch, dass der Leistungsaustausch angemessen ist. Dies dürfte selbst dann der Fall sein, wenn die Subvention aus dem allgemeinen Steueraufkommen gezahlt wird, um strategisches Verhalten der Konsumenten auszuschalten. In diesem Fall müssten nämlich Steuerzahler für die Bereitstellung der Informationsgüter aufkommen, die selbst keinerlei Präferenz für die Güter haben und damit quasi einseitig zum Leistungsaustausch gezwungen werden. Darüber hinaus wäre die Subventionslösung mit erheblichen Verwaltungskosten verbunden, um die notwendigen Informationen zu beschaffen und zu administrieren. Diese Verwaltungskosten sind ein Nutzenentgang sowohl für die Anbieter als auch die Nachfrager.

Die zweite Lösungsmöglichkeit für das Externalitätenproblem ist die Definition von Eigentumsrechten. Diesen Weg beschreitet das Urheberrecht, indem es dem Urheber ein Ausschlussrecht zuerkennt. Der Urheber erlangt dadurch die Möglichkeit, das Eigentumsrecht an dem geschaffenen Werk auf dem Markt zu handeln und so für seine Leistung entsprechend der Nachfrage entlohnt zu werden.[45] In einer Welt ohne Transaktionskosten würde die Definition von exklusiven Eigentumsrechten für den Urheber genügen, um den positiven externen Effekt optimal zu internalisieren.[46]

In einer Welt mit Transaktionskosten, in der die Definition und Durchsetzung von Urheberrechten nicht kostenlos ist, ist die optimale Gestaltung von Urheberrechten hingegen schwieriger. Je nach situativem Kontext und je nach der konkreten Beschaffenheit des Informationsgutes, gibt es unterschiedliche institutionell-rechtliche Ausgestaltungen, die zu einer transaktionskostenminimierenden Lösung führen.[47]

---

[43] *Baumol*, Association On Taxation and the Control of Externalities, Amer.Econ.Rev. 62 (1972), 307.

[44] Zur fehlenden Zielgenauigkeit von Subventionen siehe beispielsweise *Andel*, Finanzwissenschaft (4. Aufl. 1998), S. 278 ff.

[45] Dieser Zusammenhang wurde erstmals systematisch behandelt von *Coase*, The Problem of Social Cost, JL & Econ 3 (1960), 1; des Weiteren siehe *Demsetz*, Toward a Theory of Property Rights, Amer.Econ.Rev. 57, Papers and Proceedings (1967), 347.

[46] *Coase*, JL & Econ 3 (1960), 1.

[47] *Koelman*, IIC 2004, 603.

Man kann sich beispielsweise leicht vorstellen, dass ein Urheber zwar ein hochspezifiziertes exklusives Urheberrecht besitzt, dass er es aber gegenüber einer Vielzahl von anonymen Nutzern kaum durchsetzen kann. Als Folge dieses Durchsetzungsproblems prognostiziert die ökonomische Analyse ein Anreizversagen. Der Urheber wird erst gar nicht schöpferisch tätig, obwohl eine Nachfrage nach seinen Leistungen durchaus besteht. Um in dieser Situation die Transaktionskosten des Urheberrechts zu senken und den Leistungsaustausch zwischen Urheber und Konsument zu ermöglichen, kann man sich verschiedene institutionelle Arrangements vorstellen. Die verschiedenen institutionellen Arrangements haben wiederum Auswirkung auf die Verteilung der Renten zwischen Urhebern und Konsumenten und betreffen insofern auch die Frage nach der Angemessenheit im Leistungsaustausch.

Der Frage der Angemessenheit im Leistungsaustausch kommt an dieser Stelle besondere Bedeutung zu, weil transaktionskostensenkende institutionelle Arrangements auch darin bestehen können, dass der Urheber Rechte auf Dritte (Intermediäre) überträgt, die Spezialisierungsvorteile bei der Durchsetzung des Urheberrechts haben.[48] Dies sind typischerweise die Produzenten (Verleger) der Werke und/oder Verwertungsgesellschaften.[49] Dabei müssen diese Intermediären für die Durchsetzung des Urheberrechts freilich entlohnt werden, wobei diese Kosten entweder auf die Konsumenten vor- oder auf die Urheber rückgewälzt werden können. Inwiefern die Vor- und Rückwälzung der Durchsetzungskosten gelingt, hängt von vielerlei Faktoren ab, die im Einzelfall in einer Marktstudie zu untersuchen wären. Mit Blick auf die Angemessenheit im Leistungsaustausch kann jedoch ein genereller Punkt gemacht werden: Die Spezialisierungsvorteile von Produzenten (Verlegern) oder Verwertungsgesellschaften bei der Durchsetzung von Urheberrechten führen dazu, dass diese Intermediären Marktmacht gegenüber den Urhebern und den Konsumenten erlangen. Viele einzelne Urheber stehen wenigen Intermediären gegenüber, die wiederum vielen Konsumenten gegenüber stehen. Diese quasi-monopolistische Marktmacht können Intermediäre dazu missbrauchen, um Renten von Urhebern und Konsumenten zu sich umzulenken. Insofern kann sich hier eine wettbewerbsrechtliche Problematik ergeben.[50]

Um Externalitäten zu internalisieren, ist es jedoch nicht zwingend, dass Eigentumsrechte auf der Angebotsseite konzentriert und als Abwehrrechte transaktionskostenminimierend zugeordnet werden. Es ist auch möglich, der Nachfrageseite ein Nutzungsrecht zuzuordnen, verkoppelt mit der Auflage, den Ge-

---

[48] Für einen Überblick siehe *Hess/von Walter*, Toward Content Intermediation: Shedding New Light on the Media Sector, in: Hess (Hrsg.), Ubiquität, Interaktivität, Konvergenz und die Medienbranche (2007), S. 17 ff.

[49] *Koelman*, IIC 2004, 603.

[50] Siehe beispielsweise mit weiteren Nachweisen *Mueller*, Medienkartellrecht, in: Wandtke (Hrsg.), Medienrecht-Praxishandbuch, Bd. 3 (2. Aufl. 2011), S. 111 ff.

brauch des Gutes dem Eigentümer zu entgelten. Dies entspricht dann im Grundsatz einer haftungsrechtlichen Lösung, weil der Eigentümer im Streitfall nicht auf Unterlassung klagen kann, sondern lediglich auf Kompensation der entstandenen Schäden.[51] Die haftungsrechtliche Lösung impliziert dabei regelmäßig, dass ein Gericht oder eine hierfür zuständige Stelle die Angemessenheit der Kompensation des Urhebers feststellen muss, während die zuvor beschriebene Lösung, die eigentumsrechtliche Abwehrrechte definiert, eine Verhandlung zwischen Urheber und Nutzer erfordert.[52]

Das Erfordernis von marktlichen Verhandlungen zwischen Urhebern, Konsumenten und ggf. Intermediären im Falle der Definition von exklusiven Eigentumsrechten lässt zunächst erwarten, dass sich ein effizientes Tauschgleichgewicht einstellt. Die Freiwilligkeit des Tausches lässt darüber hinaus vermuten, dass auch die Angemessenheit des Leistungsaustauschs gegeben ist. Es kann jedoch Bedingungskonstellationen geben, in denen die Transaktionskosten für das Zustandekommen von freiwilligen Verhandlungen derart hoch sind, dass sich erst gar kein Markt bildet. Ein Beispiel hierfür ist die Durchsetzung von Urheberrechten im Internet, wenn eine Vielzahl anonymer, geografisch verstreuter Nutzer den Eigentümern von Urheberrechten gegenübertritt. In diesem Fall kann der Übergang zu einer haftungsrechtlichen Lösung, die zentral und öffentlich durchgesetzt wird, vorteilhaft sein. Es kommt zu einer erheblichen Absenkung der Transaktionskosten, wodurch es überhaupt erst zur Marktbildung kommt. Allerdings zieht die mangelnde Freiwilligkeit des Tauschs auf der Angebotsseite automatisch die Frage nach der Angemessenheit des Leistungsaustauschs nach sich.

2. Öffentliche Güter

Bislang ist angenommen worden, dass die Nichtausschließbarkeit von der Nutzung von Informationsgütern und damit verbunden das Externalitätenproblem das Hauptproblem bei der ökonomischen Betrachtung der Angemessenheit des Leistungsaustauschs im Urheberrecht sei. Und zweifellos stellt die Nichtausschließbarkeit ein gewichtiges Problem dar, dessen Lösung mit verschiedenen institutionellen Arrangements verbunden ist, die wiederum unterschiedliche Verteilungsergebnisse mit sich bringen. Auch wenn es nicht möglich ist, die Angemessenheit der Verteilungsergebnisse verschiedener urheberrechtlicher Arrangements ohne Berücksichtigung konkret offenbarter Verteilungspräferenzen von Bürgern zu beurteilen, so sind nach dem bereits gesagten doch etwas

---

[51] *Calabresi/Melamed*, Property Rules, Liability Rules, and Inalienability: One View of the Cathedral, Harv.L.Rev. 85 (1972), 1089 ff.

[52] *Koelman*, IIC 2004, 603.

allgemeinere Schlussfolgerungen zur Vorzugswürdigkeit bestimmter institutioneller Arrangements möglich: Erstens, die Frage nach der Angemessenheit des
Leistungsaustauschs im Urheberrecht stellt sich überhaupt erst, wenn institutionelle Arrangements etabliert werden, die eine Transaktion zwischen Urhebern
und Konsumenten ermöglichen. Zweitens, es sind diejenigen institutionellen
Arrangements vorzugswürdig, die zu einer größtmöglichen Senkung von
Transaktionskosten führen und ein Maximum an freiwilligen Tauschbeziehungen ermöglichen. In diesem Fall wird nicht nur die effiziente Lösung selektiert, sondern auch der Verteilungsspielraum wird vergrößert.

Informationsgüter sind aber nicht nur durch Nichtausschließbarkeit gekennzeichnet, sondern auch durch Nichtrivalität im Konsum.[53] Liegen beide Eigenschaften vor, handelt es sich um Öffentliche Güter. Hier soll nun die zweite
Eigenschaft Öffentlicher Güter näher betrachtet werden.

Nichtrivalität im Konsum bedeutet, dass sich das Gut durch die Benutzung
nicht abnutzt – es ist nicht knapp. Das heißt, nachdem das Gut einmal produziert ist, kann es zu Grenzkosten von Null weiter konsumiert werden. Daraus
folgt wohlfahrtsökonomisch, dass solche Güter auch zum Preis von Null gehandelt werden sollten und somit jeder auch das Gut konsumieren können
sollte. Der künstliche Ausschluss von Nutzern bedeutet hingegen einen Verstoß
gegen das Pareto-Prinzip, das besagt, dass es zu einer Pareto-Verbesserung
kommt, wenn der Nutzen einer Person gesteigert werden kann, ohne den Nutzen einer anderen Person zu verschlechtern.

Mit Blick auf die Angemessenheit im Leistungsaustausch im Urheberrecht
führt die Eigenschaft der Nichtrivalität im Konsum zu einem Dilemma: Auf
der Angebotsseite kann effiziente Produktion nur hergestellt werden, wenn ein
positiver Preis des Gutes durch Ausschluss von Konsumenten erzeugt wird.
Auf der Nachfrageseite wird Effizienz hingegen nur hergestellt, wenn das betreffende Gut kostenlos zur Verfügung gestellt wird.[54] Eine einfache Lösung
dieses fundamentalen Dilemmas ist nicht möglich und wird durch ein Zitat
Fritz Machlups unterstrichen:

> „[T]he dilemma has challenged the analytical intelligence of economists for hundreds
> of years, even though it has been only during the last fifty years or so that they recog
> nized that it is the general dilemma of the provision and utilization of public goods.
> They have also learned that there is no solution that is satisfactory in a normative
> sense."[55]

Trotz des aufgezeigten Dilemmas kann aus der Problematik der Nichtrivalität
im Konsum eine wichtige Schlussfolgerung zur Beurteilung der Angemessen-

---

[53] Zu den ökonomischen Eigenschaften von Informationsgütern siehe beispielsweise
Reichwald, Informationsmanagement, in: Bitz u.a. (Hrsg.), Vahlens Kompendium der Betriebswirtschaftslehre, Bd. 2 (5. Aufl. 2005), 247, 252 ff.
[54] *Koelman*, IIC 2004, 603.
[55] *Machlup*, The economics of Information and Human Capital (1984), S. 160.

heit des Leistungsaustauschs im Urheberrecht gezogen werden: Der Leistungs-austausch im Urheberrecht muss sowohl den Interessen der Urheber als auch der Konsumenten dienen, um sowohl Anreize zur Schöpfung von neuen Werken zu setzen als auch zur optimalen Verbreitung der Werke beizutragen. Urheberrechtliche Lösungen, die entweder die Angebots- oder die Nachfrageseite urheberrechtlich schützen, können einen angemessenen Leistungsaustausch im Urheberrecht nicht begründen. Insofern greift *Frank Easterbrook* zu kurz, wenn er ausschließlich darauf abhebt, Eigentumsrechte zu definieren und die Bildung von Transaktionskosten senkenden Intermediären zu fördern.

> „[C]reate property rights where now there are none; and facilitate the formation of bargaining institutions. Then [they should] let the world of cyberspace evolve as it will, and enjoy the benefits."[56]

Vielmehr begründet das geschilderte Dilemma, warum es effizient und vertei-lungspolitisch angemessen sein kann, Mischlösungen zu haben, in denen es ei-nerseits urheberrechtliche Abwehrrechte und Haftungslösungen gibt und ande-rerseits urheberrechtliche Ausnahmebereiche bestehen, wie etwa für Schulen, öffentliche Bibliotheken oder nicht-kommerzielle Theateraufführungen.

3. Preisdifferenzierung

Ausgehend von dem eben geschilderten Dilemma liegt die Überlegung nahe, dass Preisdifferenzierung ein adäquates Instrument sein könnte, um das Effizi-enzziel einerseits und die Angemessenheit des Leistungsaustauschs im Urhe-berrecht andererseits gleichzeitig zu verfolgen.[57]

Im Grunde besagt Preisdifferenzierung schlicht, dass der Anbieter eines Gutes dieses entsprechend der individuellen Zahlungsbereitschaft der Nachfra-ger verkauft. Somit wird dasselbe Gut zu unterschiedlichen Preisen verkauft. Mit Bezug zum Urheberrecht verlangt Preisdifferenzierung: Erstens, dass die Schöpfer bzw. Produzenten von Informationsgütern mit einem Eigentumsrecht ausgestattet werden, das als Abwehrrecht konzipiert ist und marktliche Ver-handlungen zwischen Anbieter und Nachfrager erzwingt. Zweitens, da die in-dividuelle Zahlungsbereitschaft den Kaufpreis bestimmt (solange die Produkti-onskosten gedeckt werden), wird die Zahl der Käufer bzw. Nutzer des Gutes erhöht, was den Wohlfahrtsverlust durch Ausschluss von potentiellen Nutzern

---

[56] *Easterbrook*, Cyberspace and the Law of the Horse, University of Chicago Legal Forum (1996), 207, 216.

[57] Zum Instrument der Preisdifferenzierung siehe beispielsweise die lehrbuchmäßige Dar-stellung in *Pindyck/Rubinfeld*, Microeconomics (4. Aufl. 1997), S. 378 ff. Mit besonderem Be-zug zum Urheberrecht siehe *Liebowitz*, Copyright Law, Photocopying, and Price Discrimi-nation, Research L. & Econ. 8 (1986), 181 sowie *Meurer*, Copyright Law and Price Discrimi-nation, Cardozo L. Rev. 23 (2001), 55.

bei Preiseinheitlichkeit oberhalb von Grenzkosten gleich Null verkleinert. Mit anderen Worten, die Problematik der Nichttrivialität im Konsum von Informationsgütern wird gemildert. Das sich einstellende Marktgleichgewicht kann als angemessen hinsichtlich des Leistungsaustauschs im Urheberrecht betrachtet werden. Denn Konsumenten erwerben das Informationsgut freiwillig durch marktlichen Tausch entsprechend ihrer Zahlungsbereitschaft. Umgekehrt werden Urheber bzw. Produzenten entsprechend der marktlichen Nachfrage leistungsgerecht entlohnt; sie erhalten sogar mehr Renten als im Falle ohne Preisdifferenzierung, da nicht nur ein etwaiger *dead weight loss* in Produzentenrente umgewandelt wird, sondern auch die gesamte Konsumentenrente in Produzentenrente umgewandelt wird.[58]

Sofern es als gesamtgesellschaftlich unangemessen angesehen wird, dass die Wohlfahrtsmaximierung mit einer Maximierung der Produzentenrente deckungsgleich wird, besteht die Möglichkeit der Besteuerung der Renten von Produzenten bzw. Urhebern. Eine Entkoppelung der Betrachtung, was als angemessener Leistungsaustausch zwischen einem einzelnen Urheber und einem einzelnen Konsumenten angesehen wird, und der Betrachtung, was als gesamtgesellschaftlich angemessener Verteilungsschlüssel zwischen Anbietern und Nachfragern urheberrechtlich geschützter Werke angesehen wird, ist somit möglich.

Im Rahmen von Preisdifferenzierung erscheint auch eine *fair use* Politik, die ausgewählten Gruppen (z. B. Schulen, Universitäten, öffentlichen Bibliotheken, nichtkommerziellen Schauspielgruppen usw.) das Recht auf kostenlose Nutzung von ansonsten urheberrechtlich geschützten Werken ermöglicht, als weniger problematisch. Denn es kann argumentiert werden, dass die unentgeltliche Bereitstellung von urheberrechtlich geschützten Werken an bestimmte Nutzergruppen durch die Möglichkeit der Urheber kompensiert wird, Preisdifferenzierung „nach oben" zu betreiben, also von Konsumenten mit hoher Zahlungsbereitschaft auch hohe Preise zu nehmen. Insofern könnten Preisdifferenzierung und *fair use* auch als zwei Seiten einer Medaille gesehen werden. Vorausgesetzt nämlich, dass die Nutznießer einer *fair use* Politik zu den einkommensschwachen Bevölkerungsschichten gehören und Konsumenten mit hoher Zahlungsbereitschaft für urheberrechtlich geschützte Werke aus der Bevölkerungsgruppe mit hohem Einkommen stammen, dann kommt es zu einer Umverteilung von „oben" nach „unten".[59]

Die zuletzt angesprochene Möglichkeit, mittels Preisdifferenzierung in Verbindung mit einer *fair use* Politik eine gesamtgesellschaftlich erwünschte Angemessenheit des Leistungsaustauschs im Urheberrecht herbeizuführen, verweist

---

[58] Für eine Diskussion der wahrgenommenen Fairness bei Preisdifferenzierung siehe jüngst *Englmaier/Gratz/Reisinger*, Price Discrimination and Fairness Concerns, Munich Discussion Paper No. 7, Department of Economics University of Munich 2012.

[59] Siehe hierzu ausführlicher *Abramowicz*, Wm. & Mary L. Rev. 46 (2004), 33, 39 ff.

jedoch bereits auf die Probleme, die mit Preisdifferenzierung in der Praxis bestehen.

Das Hauptproblem, vor das jeder Anbieter gestellt ist, der Preisdifferenzierung betreiben will, ist, dass er Arbitrage zwischen Nachfragern verhindern muss. Das heißt, ein Preisdifferenzierungsschema lässt sich nur implementieren, wenn Nachfrager das Gut nicht untereinander weiterverkaufen. Um einen Weiterverkauf von günstig erworbenen urheberrechtlich geschützten Werken bzw. Informationsgütern zu verhindern, kann man sich die verschiedensten Strategien vorstellen, die die unterschiedlich zahlungskräftigen Käuferschichten durch räumliche, zeitliche, mengenmäßige oder sachliche Differenzierung voneinander trennen sollen.[60] Dabei ist die Trennung der Käuferschichten mit zwei Tatbeständen verbunden, die hier von besonderer Bedeutung sind.

Erstens, Preisdifferenzierung ist mit Transaktionskosten verbunden. Diese können so hoch werden, dass sich Preisdifferenzierung für den Urheber nicht mehr lohnt oder dass alle potentiellen Wohlfahrtsgewinne aus der Preisdifferenzierung letztlich gesellschaftlich verloren gehen. So können beispielsweise erhebliche Kosten für Marktforschung entstehen, um die relevanten Käuferschichten aufzudecken, das Werk muss technisch so angepasst werden, dass es nur für die jeweils vorgesehenen Käufer geeignet ist (Software für Studenten, private Nutzer und Gewerbe) oder es müssen spezifische Kaufverträge geschlossen und überwacht werden.

Zweitens, das Gelingen von Preisdifferenzierung bei Informationsgütern wird regelmäßig davon abhängen, technische Lösungen zu finden, die eine Kopie und/oder den Weiterverkauf (Arbitrage) verhindern.[61] Mit anderen Worten, das Ausschlussproblem muss gelöst werden. Je besser das Ausschlussproblem jedoch gelöst wird, um so mehr stellt sich die Frage nach der Notwendigkeit eines Urheberrechts, das ja primär darauf abzielt, eine Lösung für das Ausschlussproblem zu finden.[62]

Es lässt sich damit feststellen, dass Preisdifferenzierung ein interessantes Instrument ist, um sowohl die Effizienz als auch die Angemessenheit des Leistungsaustauschs im Urheberrecht zu befördern. Allerdings ist Preisdifferenzierung auch ein Instrument, das nur relativ schwer und unvollkommen auf

---

[60] Beispiele für eine Trennung von Käuferschichten sind: Die Veröffentlichung von Büchern erst als teure gebundene Ausgabe und dann später als billiges Taschenbuch, Softwarepakete mit unterschiedlichen Preisen für Studenten, Gebrauch zuhause und Gewerbe oder Compact Discs mit unterschiedlichen Preisen entsprechend der Ausstattung mit Zusatzinformationen, besonderer Verpackung usw. Mit weiteren Beispielen siehe *Pindyck/Rubinfeld* (Fn. 57), S. 378 ff.

[61] So muss Software häufig erst durch einen Aktivierungscode für den Nutzer persönlich freigeschaltet werden, was eine Weitergabe oder Kopie der Software an Dritte nahezu unmöglich macht. Den gleichen Zweck verfolgen DVDs, die durch eine Länderkennzeichnung nur auf bestimmten, lokal verfügbaren Abspielgeräten funktionsfähig sind.

[62] *Cooter/Ulen* (Fn. 37), S. 139.

Märkten für Informationsgüter implementierbar ist. Kreative Lösungen sind jedoch nicht ausgeschlossen. Ein Beispiel für eine solche kreative Lösung wäre, dass Kabelfernsehanbietern in Regionen oder Stadtteilen mit überwiegend sozial schwacher Bevölkerung gestattet wird, gegen das Urheberrecht zu verstoßen und an die Urheber von Filmen und Sendungen keine Lizenzgebühren abzuführen. In solchen geographischen Gebieten hätten die Fernsehzuschauer somit nur für die Bereitstellung des Kabelempfangs zu zahlen. Es kann angenommen werden, dass durch diese geografische Preisdifferenzierung die Nachfrage nach Kabelanschlüssen in diesen Regionen steigt und damit auch der Konsum von Fernsehsendungen. Ärmere Bevölkerungsschichten mit einer geringeren Zahlungsbereitschaft für Kabelfernsehen könnten somit ihre Nachfrage nach Fernsehen besser befriedigen und würden durch eine Ausnahmeregelung im Urheberrecht in ihrer Verteilungsposition besser gestellt. Zwar führen die geringeren Erlöse der Urheber von Filmen und Fernsehsendungen zu einem geringeren Anreiz der Schöpfung neuer Werke, dieser soziale Verlust dürfte jedoch minimal sein im Vergleich zum sozialen Gewinn durch Erschließung neuer Nutzer, insbesondere wenn man bedenkt, dass es in solchen ärmeren Gebieten möglicherweise vor der Ausnahmeregelung kaum (legale) Kabelfernsehnutzer gibt. Mit anderen Worten, die Unterhöhlung des Ausschlussprinzips am Rand (geografisch lokalisierbare, sozial schwache Bevölkerungsteile) führt zu einem Marktergebnis, das der Nichttrivialität im Konsum von Informationsgütern Rechnung trägt und eine breitere Nutzung bereits existierender Werke zur Folge hat. Es liegt hier zudem ein Beispiel vor, wie der Staat die Angemessenheit des Leistungsaustauschs durch die Gestaltung des Urheberrechts näher bestimmen kann, ohne auf exogene Werturteile zurückzugreifen oder Richtern und anderen Dritten die Bestimmung „gerechter Preise" aufzubürden.

V. Schlussbetrachtung:
Die Angemessenheit des Leistungsaustauschs im Urheberrecht als ökonomisches Problem

Dieser Beitrag hat zum Ziel, eine ökonomische Analyse des Urheberrechts unter besonderer Berücksichtigung des Leistungsaustauschs durchzuführen. Dabei geht es nicht darum, einzelne Normen des Urheberrechts ökonomisch abzuklopfen, sondern die Angemessenheit des Leistungsaustauschs im Urheberrecht aus ökonomischer Perspektive zu strukturieren. Dies ist eine Herausforderung insofern, als Verteilungsfragen nur selten in der ökonomischen Analyse des Rechts im Mittelpunkt des Interesses stehen. Noch weniger spielen Verteilungsfragen eine Rolle in der ökonomischen Analyse des Urheberrechts, wo es meist um die Gestaltung effizienter Anreizsysteme für Urheber geht. Darüber hinaus sind Verteilungsfragen oft mit Werturteilen belastet, die sich kaum bei der wissenschaftlichen Analyse abstreifen lassen. Dennoch lassen sich einige wichtige wissenschaftliche Erkenntnisse zur Angemessenheit des Leistungsaustauschs im Urheberrecht gewinnen.

Zunächst kann man sich mit verschiedenen rechtsökonomischen Ansätzen der Problematik nähern und die paradigmatischen Unterschiede herausarbeiten, die die verschiedenen Ansätze mit Bezug auf die Angemessenheit des Leistungsaustauschs im Urheberrecht haben. Der libertäre Ansatz argumentiert für ein Urheberrecht mit starken Abwehrrechten für die Schöpfer von Werken. Urheber haben danach ein Naturrecht an ihrem geistigen Eigentum. Die Verteilungsergebnisse dieser Gestaltung von Urheberrecht sind gesellschaftlich hinzunehmen. Allenfalls ist die Verteilungssituation von sozial schwachen Marktteilnehmern mittels Steuer- und Sozialpolitik gesondert zu korrigieren. Das Urheberrecht selbst kann aus dieser Perspektive nicht zur Klärung beitragen, was als angemessener Leistungsaustausch gilt.

Der liberal-konstitutionenökonomische Ansatz stellt die Bürgerpräferenzen in den Mittelpunkt. Sie geben letztlich an, was als angemessen im Leistungsaustausch gilt. Dabei bekommen die Verfahren besonderes Gewicht, mit denen die Bürgerpräferenzen zu einem Meinungsbild aggregiert werden und ein Urheberrechtsregime demokratische Legitimation erhält. Entscheidend ist dabei, dass Bürger als souveräne und kluge Entscheider angesehen werden, die die Vor- und Nachteile einer Gestaltung des Urheberrechts mit Bezug auf die eigene Nutzenposition abwägen. Im Prinzip kann dadurch jedes Urheberrechtsregime und jedwede Angemessenheitsnorm gesellschaftliche Legitimation erlangen. Tatsächlich ist jedoch davon auszugehen, dass Urheberrechte prinzipiell als Abwehrrechte begründet werden, die mit einer Reihe von Ausnahmetatbeständen flankiert werden. Die Ausnahmetatbestände zielen darauf ab, sozial schwachen Marktteilnehmern nicht nur die Teilhabe an ansonsten urheberrechtlich geschützten Werken zu ermöglichen, sondern auch um dem Urheberrechtsregime insgesamt gesellschaftliche Legitimation zu verschaffen.

Der Ansatz der ökonomischen Analyse des Rechts hat schließlich die Effizienzwirkung verschiedener Gestaltungen des Urheberrechts im Fokus. Verteilungsfragen werden nicht thematisiert bzw. werden als Wohlfahrtsmaximierungsproblem behandelt. Sofern die Gesamtwohlfahrt maximiert wird, wird auch der (Um-)Verteilungsspielraum maximiert und es besteht die Möglichkeit, durch eine geeignete Sozial- und Steuerpolitik Verteilungsergebnisse zu korrigieren. Das Urheberrecht selbst ist jedoch nicht die geeignete Institution, um Angemessenheit zu normieren oder eine solche Norm zu implementieren. Insofern ist die ökonomische Analyse des Rechts agnostisch in Bezug auf die Frage der Angemessenheit des Leistungsaustauschs im Urheberrecht. Dennoch kommt ihr ein großer Wert zu, wenn es darum geht, Funktions- und Wirkungsanalysen verschiedener Gestaltungen des Urheberrechts durchzuführen. Solche Analysen sind informativ, da sie Bürger darüber aufklären, mit welchen gesellschaftlichen Kosten und Nutzen eine Institutionenwahl verbunden ist. Die ökonomische Analyse des Rechts ist zudem nützlich, um systematisch neue Gestaltungsmöglichkeiten des Urheberrechts zu finden. In Hinblick auf die Frage nach der Angemessenheit im Urheberrecht ist beispielsweise Preisdifferenzierung ein interessantes Instrument: Preisdifferenzierung erfordert den Ausschluss von Nachfragern (Urheberrecht als Abwehrrecht), impliziert aber auch die Erschließung von Käuferschichten mit geringer Zahlungsbereitschaft (Nichtrivalität im Konsum bei Informationsgütern). Die notwendige Separierung von Käuferschichten kann dabei durch den Normsetzer unterstützt werden, indem Ausnahmetatbestände für die Durchsetzung von Urheberrechten geschaffen werden. Damit ergibt sich ein Bild für die Gestaltung von Urheberrecht, das die Angemessenheit des Leistungsaustauschs im Blick hat, das möglicherweise über das Beispiel von Preisdifferenzierung hinausgeht: Die Angemessenheit im Urheberrecht kann vermutlich nicht durch paradigmatische Systemwechsel in der Gestaltung des Urheberrechts hergestellt oder verbessert werden, sondern durch „marginale" Änderungen des Urheberrechts an seinen „Rändern". Solche Änderungen wären wahrscheinlich auch legitimiert vor dem Hintergrund des liberal-konstitutionenökonomischen Ansatzes, der die Bürgersouveränität in seinen Mittelpunkt stellt und die Beantwortung der Frage nach der Angemessenheit nicht Richtern aufbürdet.

Eva Strippel

Die Angemessenheit des Leistungsaustauschs – eine ökonomische Perspektive

Diskussionsbericht zu § 3

Dr. Gernot Schulze (Rechtsanwalt, München) merkte zu Beginn der Diskussion an, Grundlage für die von *Heine* angesprochene Subventionslösung[1] könne wiederum die Lizenzanalogie sein, denn man könne nur das heranziehen, was üblicherweise vertraglich zu verlangen wäre. Die Subventionslösung versuche, das Marktergebnis zu fingieren, pflichtete *Heine* bei. Daraus ergäben sich aber die bereits von *Ackermann* angesprochenen Probleme, dass man den tatsächlichen Verlauf der Angebots- und Nachfragekurve finden, zudem die Kostenrechnung von Unternehmen berücksichtigen und letztlich noch den Nutzen der Nachfrage messen müsste.

Riesenhuber resümierte zunächst, der Gedanke der Preisdifferenzierung sei ein Mechanismus, der zur Bestimmung der Angemessenheit im Urhebervertragsrecht beitrage und den Vorteil biete, dass die Angemessenheit nicht von Gerichten und Schiedsstellen festgelegt werden müsse. Jedoch liege auch der Preisdifferenzierung keine abstrakte Regel zugrunde, die für alle Gegenstände gleichermaßen in Betracht komme. Preisdifferenzierung sei vielmehr produktspezifisch: Bei einem Musikstück oder Buch sei ein preisdifferenziertes Angebot schwer vorstellbar, hingegen bei einer Software mit unterschiedlichen Lizenzen für Studenten und professionelle Nutzer gut denkbar. *Ackermann* führte als weiteres Beispiel eine Preisdifferenzierung durch Staffelung des Angebots in zeitlicher Hinsicht an, wie dies im Buchbereich durch Hardcover-Auflagen, später folgende Paperback-Auflagen und schließlich Sonderausgaben erreicht werde. Das Problem der Preisdifferenzierung liege vor allem darin, dass der dann gespaltene Markt aufrecht erhalten werden, also ein Wiederverkauf der Güter untereinander verhindert werden muss, so *Heine*. Dies hänge vor allem von dem Gut ab. Daran entscheidet sich, ob eine regionale Preisdifferenzierung oder eine Preisdifferenzierung zwischen Nutzergruppen möglich ist. Letztlich sei dies eine Frage der technischen Möglichkeiten. Vorausgesetzt man finde solche technischen Lösungen, müsse man sich jedoch die Frage nach dem

---

[1] Vgl. *Heine*, in diesem Band, § 3 IV. 1.

Sinn und Zweck des Urheberrechts stellen, liege doch dann ein normales Gut vor, das normal gehandelt werden könne.

Im Folgenden sprach ein Teilnehmer die Problematik der Angemessenheit innerhalb der Wertschöpfungskette an. Die §§ 32 ff. UrhG setzten nur beim Urheber an und es stelle sich die Frage, welche Funktion dem Urheberrecht innerhalb der Wertschöpfungskette, die neben dem Autor auch den Verlag und die Groß- und Einzelhandelsebene umfasse, zukomme. *Riesenhuber* führte die Frage dahin weiter, ob es sich beim Urheberrecht um eine Art Subvention handele oder ob ausschlaggebend sei, dass ein Austausch vorliege, der nicht funktioniere, also ein spezifisches Marktversagen vorliege. Letzteres sei der Eindruck des Gesetzgebers gewesen. *Heine* bezweifelte, dass die Lösung des Problems der Angemessenheit innerhalb der Wertschöpfungskette eine Frage des Urheberrechts sei. Vielmehr gehe es um die Positionierung verschiedener Spieler mit gewisser Marktmacht, sodass dieses Problem vielmehr Gegenstand des Wettbewerbsrechts sei. Dem widersprach *Prof. Dr. Jürgen Becker* (Rechtsanwalt, München). Es sei jedenfalls eine Frage des Rechts und da sie mit Urhebern zu tun hat, läge die Regelung im Urheberrecht nahe. Wenn nun dem Urheber unter die Arme gegriffen werden soll, so stelle sich die Frage, ob es aus ökonomischer Perspektive Kriterien gibt, nach denen sich Gerichte und Schiedsstellen bei der Bestimmung der Angemessenheit richten können.

Prof. Dr. Wolfgang Kerber (Philipps-Universität, Marburg) stellte klar, die von Ökonomen empfohlene Herangehensweise liege darin, Bedingungen für funktionierende Märkte zu schaffen, sodass eine Leistung mit dem Preis entlohnt wird, der als Marktpreis über Wettbewerb definiert werde. Denn ansonsten beruhe die Feststellung, eine Verteilung sei nicht angemessen, auf einer politischen Entscheidung oder dem individuellen Gerechtigkeitsgefühl. In welcher Höhe Löhne jeweils festgesetzt werden sollten, dafür gebe es aber keine allgemeinen Kriterien. Bei der Frage nach der gerechten Verteilung seien aber nicht nur Urheber und Wertschöpfungskette zu berücksichtigen, sondern auch die Nutzer und das aus gesellschaftlicher Sicht wichtige Anliegen, diese Kulturprodukte billig bzw. kostenlos zu verbreiten.

Heine machte ebenfalls deutlich, der Ökonom strebe danach, den „Preiskommissar" zu vermeiden und stattdessen den Markt mit Institutionen auszustatten, die möglichst viele Markttransaktionen zustande kommen lassen, von denen anzunehmen ist, dass sie zu fairen Ergebnissen führen. Die besondere Schwierigkeit im Urheberrecht sei jedoch das Vorliegen mehrerer Marktversagenstatbestände, welche schwierig untereinander zu gewichten seien. Die Preisdifferenzierung sei ein Versuch, den Marktversagenstatbeständen der Nichtausschließbarkeit und der Vergrößerung der Nutzerzahl entgegen zu wirken.

Heinrich Amadeus Wolff

§ 4 Die verfassungsrechtliche Grundlage der Angemessenheit im Urheberrecht

I. Die Angemessenheit im UrhG

Die Angemessenheit der Vergütung des Urhebers garantiert das Urheberrechtsgesetz in ganz unterschiedlicher Weise. Die Rolle, die die Angemessenheit im einfachen Recht einnimmt, ist nicht ganz identisch mit der, die sie bei der verfassungsrechtlichen Grundlage des Urheberrechts übernimmt.

II. Das Urheberrecht als Eigentum

Es ist unbestritten und in zahlreichen Senats- und Kammerentscheidungen des Bundesverfassungsgerichts bestätigt, dass das Urheberrecht unter die Eigentumsgarantie des Art. 14 Abs. 1 GG fällt.[1] Der grundrechtliche Eigentumsschutz erstreckt sich zumindest auf die vermögensrechtliche Seite des Urheberrechts, d.h. dessen Verwertungsrechte. Ob das Urheberpersönlichkeitsrecht (§§ 12–14 UrhG) auch darunter fällt, wurde bisher offen gelassen,[2] die Tendenz weist eher in Richtung einer Ausklammerung. Der Charakter des Urheberrechts als Persönlichkeitsrecht spielt in der Rechtsprechung nicht unmittelbar eine erkennbare Rolle. Das Urheberrecht ist (bezogen auf die wirtschaftliche Verwertbarkeit) verfassungsrechtlich durch die Besonderheit des Art. 14 Abs. 1 S. 1 GG geprägt. Mittelbar dürfte allerdings der Charakter als Persönlichkeitsrecht der Grund dafür sein, dass das BVerfG relativ streng prüft, ob dem Urheber eine angemessene Vergütung seines Werks verbleibt.

Eigentum i.S.v. Art. 14 Abs. 1 GG sind dabei alle vermögenswerten Rechte, die die Rechtsordnung dem Berechtigten zuweist. Dabei wird nach Art. 14 Abs. 1 S. 1 GG das Eigentum gewährleistet, dessen Inhalt und Schranken gem. Abs. 1 S. 2 GG durch die Gesetze bestimmt werden. Sein Gebrauch soll zugleich dem Wohle der Allgemeinheit dienen. Wie dieser Normtext verdeutlicht, geht

---

[1] Grundlegend BVerfGE 31, 229, 239 ff.; wiederholend BVerfGE 31, 270, 272; BVerfGE 31, 249, 250 f.; BVerfGE 49, 382, 392; BVerfGE 77, 263, 270; BVerfGE 79, 1, 25; BVerfGE 79, 29, 40 f.; BVerfGE 81, 12, 16; BVerfG v. 17. 11. 2011 – 1 BvR 1145/11 Rn. 9; BVerfG, GRUR 2010, 999 Rn. 60.

[2] BVerfGE 31, 229, 238.

das Grundgesetz nicht von einem von der Verfassung vorgegebenen Eigentums-
begriff aus, sondern von einem, der der Ausformung bedarf. Diesen Umstand
will man mit dem Begriff des normgeprägten Grundrechts erfassen. Damit bezeichnet man Grundrechte, die von ihrem Schutzbereich her schon auf eine gesetzliche Normierung angewiesen sind. Dies gilt in besonderem Maße für das
geistige Eigentum.[3]

III. Unterschiedliche Vorgaben für eigentumsrelevante Normen

1. Die Differenzierung des Normtextes

Dogmatisch können die Rechtsnormen eine ganz unterschiedliche Rolle spielen, sie können entweder das Eigentumsrecht und somit das grundrechtliche
Schutzgut ausgestalten oder in dasselbe eingreifen. Art. 14 Abs. 1 GG nennt
zwar die Inhalts- und Schrankenbestimmung in einem Zug, verfassungsrechtlich sind sie dennoch zu trennen. Dies liegt daran, dass die verfassungsrechtlichen Vorgaben für ausgestaltende Normen geringfügig anders gelagert sind als
für eingreifende Normen.

Eingriffe in Eigentumsrechte gem. Art. 14 Abs. 1 GG sind entweder sogenannte allgemeine Schrankenbestimmungen im Sinne von Art. 14 Abs. 1 S. 2
GG oder Enteignungen im Sinne von Art. 14 Abs. 3 GG. Schrankennormen
müssen vor allem dem Grundsatz der Verhältnismäßigkeit genügen. Enteignungen haben demgegenüber die Vorgaben von Art. 14 Abs. 3 GG zu beachten.

Ausgestaltungsnormen wiederum sind keine Eingriffe und demgegenüber
am Schutzzweck des Grundrechts auszurichten, der grundsätzlich von den Elementen der Verfügungsbefugnis und der Privatnützigkeit geprägt ist.[4] So heißt
es konkret zum Urheberrecht in der Rechtsprechung völlig zu Recht, zu den
konstituierenden Merkmalen des Urheberrechts als Eigentum im Sinne der Verfassung gehöre die grundsätzliche Zuordnung des vermögenswerten Ergebnisses der schöpferischen Leistung an den Urheber im Wege privatrechtlicher
Normierung sowie seine Freiheit, in eigener Verantwortung darüber verfügen
zu können.[5]

Zudem müssen sowohl ausgestaltende als auch eingreifende Normen die Institutsgarantie beachten, nach der insgesamt ein Substrat zurückbleiben müsse,
das bezogen auf die konkreten Ausformungen, den Namen *Eigentum* noch verdient.

---

[3] BVerfGE 79, 29, 40.
[4] BVerfGE 79, 29, 40.
[5] BVerfGE 31, 229, 240 f.; BVerfGE 49, 382, 392; BVerfGE 79, 1, 25; BVerfG v. 19. 7. 2011 – 1
BvR 1916/09; BVerfG, ZUM 2011, 313 f. Rn. 15; BVerfG, GRUR 2010, 999 Rn. 60; BVerfG v.
15. 12. 2011 – 1 BvR 1248/11 Rn. 21; BVerfG v. 29. 7. 1998 – 1 BvR 1143/90 Rn. 31.

2. Die Aufgabe der Differenzierung durch das BVerfG

Das BVerfG vermeidet eine zwischen Ausgestaltungen und Schrankenbestimmung differenzierende Sichtweise.[6] Vielmehr habe der Gesetzgeber zu berücksichtigen, dass das Eigentum privatnützig auszugestalten sei und seine Nutzung dem Eigentümer finanziell eine eigenverantwortliche Lebensgestaltung ermöglichen solle. Richtschnur der inhaltlichen Ausgestaltung sei das Wohl der Allgemeinheit (Art. 14 Abs. 2 GG). Unbedingten Vorrang vor den Interessen der Gemeinschaft könne das Individualinteresse des Urhebers nicht beanspruchen. Das Gemeinwohl sei nicht nur Grund, sondern auch Grenze für die dem Eigentümer aufzuerlegenden Beschränkungen. Diese dürfen nicht weitergehen, als es das Allgemeinwohl gebietet. Beide Belange habe der Gesetzgeber in Anwendung des Verhältnismäßigkeitsgrundsatzes sowie unter Beachtung des Gleichheitsgebotes in ein ausgewogenes Verhältnis zu bringen.[7]

3. Kritik an der fehlenden Differenzierung

Die unterschiedslose Kontrolle der Inhaltsbestimmung einerseits und der Schranken andererseits, die nicht nur beim Urheberrecht geläufig ist,[8] überzeugt nicht ganz, da der Grundsatz der Verhältnismäßigkeit eine freie Zwecksetzung und eine Beeinträchtigung der geschützten Position wegen der Erreichung dieses Zwecks voraussetzt und beides in dieser Form bei einer Ausgestaltung nicht zutrifft.[9] Bei der Ausgestaltung muss zunächst das Eigentumsrecht zur Entfaltung kommen und ggf. intern bestehende, widerstreitende Interessen müssen unter dem Gesichtspunkt des Eigentumsrechts zum Ausgleich gebracht werden. Es geht um die Entfaltung des Schutzgutes und ggf. um den Ausgleich eines Interessenkonflikts von Privaten, nicht aber um die Durchsetzung von Gemeinwohlzwecken zu Lasten subjektiver Rechte des Einzelnen.[10]

Auch der Verweis auf das Gemeinwohl als einzig relevanter Maßstab in der oben genannten Formel der Rechtsprechung überzeugt nicht, selbst wenn man sie auf Eingriffsnormen beschränkt. So hält das BVerfG diese Beschränkung auch selbst nicht durch, sondern lässt einen Eingriff in das Urheberrecht bzw. eine Beschränkung des Vergütungsanspruchs zum Schutz von Rechten Dritter ausdrücklich zu. Sofern es nicht um die Abgrenzung des Urhebers zum Nut-

---

[6] Deutlich BVerfGE 31, 270, 272.

[7] BVerfGE 79, 29, 40 f.; BVerfG v. 29. 7. 1998 – 1 BvR 1143/90 Rn. 24; s. a. BVerfGE 31, 270, 273 f.

[8] Deutlich BVerfG, NJW 2007, 3268 ff. Rn. 19; BVerfG v. 19. 9. 2007 – 1 BvR 2984/06 Rn. 8.

[9] Unscharf insoweit auch *Gurlit*, Finanzmarktstabilisierung und Eigentumsgarantie, NZG 2009, 601, 604 f.

[10] Zutreffend *Schmidt-Aßmann*, Der Schutz des Aktieneigentums durch Art. 14 GG, in: Festschrift für Badura (2004), S. 1009, 1024.

zungsberechtigten geht, sondern um das Ineinandergreifen von Urheber, Nutzungsberechtigtem und Gerätehersteller, werden die Rechtskreise dieser verschiedenen Betroffenen nicht nur durch Ausgestaltungen, sondern auch durch Eingriffsnormen gewährleistet, die nicht nur als Gemeinwohlbindung zu verstehen sind. So spricht das Gericht selbst davon, der Gesetzgeber habe die Aufgabe, das Interessenviereck Urheber – Geräteindustrie – Leerkassettenproduzenten – Werknutzer sachgerecht und praktikabel auszugestalten.[11] M.a.W. heißt dies, die Belange der Urheber, ausübenden Künstler, Hersteller wie schließlich auch der Benutzer von Bild- und Tonträgern seien aufeinander abzustimmen und zu einem gerechten Ausgleich zu bringen.[12]

IV. Die Qualifizierung der Normen des UrhG

Der Gesetzgeber kann die genannte Differenzierung auch nutzen, um den Ausgleich des Urheberrechts mit den Nutzungsinteressen anderer an der Leistung mittels unterschiedlicher Konstruktionen zu erreichen:

– Er gibt die Leistung rechtlich frei, indem er sie nicht in den Eigentumsschutz einbezieht; Regelungen dieser Art sind keine Schranken-, sondern Inhaltsbestimmungen.

– Er bezieht die Leistung ein und unterstellt sie der Verfügungsbefugnis des Berechtigten mit der Folge, dass dieser andere ausschließen kann und bei Verletzungen einen Schadensersatzanspruch erhält; es handelt sich um Inhaltsnormen.

– Er bezieht die Leistung in das Recht ein, schließt andere von der Nutzung aber nicht aus, sondern stuft das Verbotsrecht des Urhebers auf einen Vergütungsanspruch herab; es handelt sich um Schrankennormen.

– Die Leistung wird in das Recht mit einbezogen, anderen wird jedoch ein kostenfreies Nutzungsrecht gewährt; es handelt sich hier je nach Ausgestaltung entweder um Schranken- oder um Enteignungsnormen.

Streng genommen können die Normen des UrhG daher drei Arten von Rechtsbestimmungen sein: 1. Inhaltsbestimmungen, die das Urheberrecht selbst definieren und ihm inhaltlich Gestalt geben, 2. Schrankennormen, die das Recht selbst begrenzen und eingreifen, und 3. Enteignungsnormen, d.h. Normen, die in spezifischer Weise in das Recht eingreifen.

---

[11] BVerfGE 79, 1, 26.
[12] BVerfGE 81, 12, 18.

1. Enteignungsnormen

Um mit dem Einfachsten anzufangen: Der Vorwurf, die Normen, die das Aus-schließlichkeitsrecht beschränken und keinen Vergütungsausgleich zu Gunsten des Urhebers vorsehen, seien Enteignungen, wurde mehrfach vor dem BVerfG erhoben. Der Grund ist einfach: Läge eine Enteignung vor, müsste eine Ent-schädigung geleistet werden – nach Art. 14 Abs. 3 GG eigentlich vom Staat, aber die Begründung von Leistungspflichten Dritter, die von der Enteignung profi-tieren, wären nach Art. 14 Abs. 3 GG nicht völlig undenkbar.

Bisher hat das BVerfG eine Enteignung noch nie angenommen.[13] Abgelehnt wurde der Enteignungscharakter zunächst bei § 47 UrhG (Schulfunksendung), bei § 27 UrhG (Ausnahmen vom Bibliotheksgroschen) und bei § 52 UrhG (zu-stimmungsfreie Wiedergabe in Gottesdiensten).[14] Die generelle Änderung des objektiven Rechts, die in zulässiger Weise für die Zukunft den Inhalt des Rechtes bestimmt, sei keine Enteignung.[15] Im Zusammenhang mit der Zulas-sung der öffentlichen Wiedergabe von Werken in kirchlichen Veranstaltungen wird darauf hingewiesen, die Einschränkung des Ausschließlichkeitsrechts greife nicht in konkrete subjektive Rechte ein, die nach Art. 14 Abs. 1 S. 1 GG gewährleistet sind. Die Zulassung der Wiedergabe beseitige keine Rechte, die Norm bestimme vielmehr generell und abstrakt mit Wirkung für die Zukunft, unter welchen Voraussetzungen die öffentliche Wiedergabe urheberrechtlich geschützter Werke erlaubnisfrei zulässig ist. Das Verwertungsrecht der öffent-lichen Wiedergabe stünde dem Urheber von vornherein nur in den durch § 52 Abs. 1 UrhG gezogenen Grenzen zu. Es handele sich um eine Frage der Geset-zestechnik, wenn das Gesetz das Verwertungsrecht zunächst als umfassend formuliere, die „Schranken" dieses Rechts aber in § 52 Abs. 1 UrhG normiere.[16]

Diese Wertung erscheint auch richtig. Mittlerweile hat das BVerfG bei der Abgrenzung zwischen Schrankenbestimmungen und Enteignungen eine gefes-tigte Linie gefunden. Danach sind Inhalts- und Schrankenbestimmungen die vom Gesetzgeber generell und abstrakt festgelegten Rechte und Pflichten hin-sichtlich solcher Rechtsgüter, die als Eigentum geschützt werden.[17] Die Intensi-tät der den Eigentümer treffenden Belastung ist unerheblich. Enteignung ist die vollständige oder teilweise Entziehung konkreter durch Art. 14 Abs. 1 S. 1 GG gewährleisteter Rechtspositionen zur Erfüllung bestimmter öffentlicher Aufga-ben.[18] Eine Fallgestaltung, in der das Urheberrecht dem Urheber konkret zur

---

[13] BVerfGE 31, 270, 274 f.; BVerfGE 31, 248, 252; BVerfGE 49, 382, 393.
[14] BVerfGE 49, 382, 393.
[15] BVerfGE 31, 270, 274 f.; BVerfGE 31, 248, 254.
[16] BVerfGE 49, 382, 393.
[17] BVerfGE 110, 1, 24 f.
[18] Vgl. nur BVerfGE 112, 93, 109.

Erfüllung einer öffentlichen Aufgabe entzogen wird, ist – sofern man materiell und nicht formell argumentiert – tatsächlich nicht ohne weiteres ersichtlich.

2. Inhaltsnormen

Inhaltsnormen sind demgegenüber all die Normen, die das Urheberrecht begründen und ihm Kontur geben. Darunter fallen die Voraussetzungen, die erfüllt sein müssen, um von einem Urheberrecht überhaupt sprechen zu können, wie insbesondere das Erfordernis einer eigenen schöpferischen Leistung oder die zeitliche Begrenzung des Schutzes durch die Schutzdauer. Als grobe Ausgestaltung wird man sagen können, dass die im UrhG selbst angelegte Unterscheidung von Entstehungsvoraussetzungen und von Einschränkungen eine sachgerechte Nachzeichnung der verfassungsrechtlichen Grenzen darstellen dürfte. Erst wenn in eine so geformte Position eingegriffen wird, liegt eine Schrankenregelung vor. Normen, die die vertragliche Einräumung der Nutzungsrechte absichern, sind ebenfalls ausgestaltende Normen, so etwa die Regelung zur Vergütung für Vermietung und Verleihung (§ 27 UrhG).[19] Auch sofern der Gesetzgeber dem ausübenden Künstler, anders als dem Urheber, zwar ein Aufnahme- und das Vervielfältigungsrecht, nicht jedoch ein originäres Verbreitungsrecht eingeräumt hatte (§ 75 UrhG a. F.), handelte es sich um eine Ausgestaltung.[20]

Streitig könnte sein, ob die Ausklammerung der amtlichen Dokumente aus dem Urheberrechtsschutz gem. § 5 UrhG als Ausgestaltung oder als Schrankenregelung zu qualifizieren ist. Die besseren Gründe dürften für die Ausgestaltung sprechen. So ist wohl auch die Entscheidung des BVerfG zu § 5 UrhG aus dem Jahr 1998 zu verstehen.[21] Zu den Inhaltsnormen gehören auch die Bestimmungen, die das Verhältnis von Urheber und Nutzungsberechtigten betreffen. Hat der Nutzungsberechtigte sein Recht auf vertraglicher Grundlage erhalten, geht es grundrechtlich um einen sachgerechten Ausgleich verschiedener Eigentumsrechte i. S. v. Art. 14 Abs. 1 GG. Sofern der Gesetzgeber hier einen Schutz des Urhebers vorsieht und ihm einen Anspruch auf Vertragsanpassung gibt, kommt er dem Urheber gegenüber einer Schutzpflicht nach, die sich für den Nutzungsberechtigten nicht als Eingriff, sondern als Ausgestaltung darstellen dürfte. Der Gesetzgeber greift in das Vertragsrecht zum Schutz der sozial schwächeren Vertragspartei ein. Arbeitet er wie bei § 32 UrhG mit dem Begriff der Angemessenheit, dient dieses Kriterium der Erfüllung einer Schutzpflicht zu Gunsten des Eigentumsberechtigten.

---

[19] So wohl auch BVerfGE 31, 248, 251.
[20] BVerfGE 81, 208, 221.
[21] BVerfG v. 29. 7. 1998 – 1 BvR 1143/90 Rn. 25 ff.

Die Schutzpflichtdimension als zentrales Element der Ausgestaltung erfährt eine besondere Betonung, wenn das BVerfG ausdrücklich darauf hinweist, dass die Rechtsprechung beim Urheberrecht wegen der zahlreichen technischen Neuerungen auf diesem Gebiet gerade die Aufgabe hätte, eine eventuell dadurch entstandene Lückenhaftigkeit und Ergänzungsbedürftigkeit im Wege der Auslegung zu schließen. Die Gerichte hätten daher auch die Pflicht zu prüfen, ob durch die technisch ermöglichte Form neuer Verbreitungsformen ggf. eine Schutzlücke entsteht.[22]

Fraglich ist, wie der Schadensersatzanspruch infolge der Urheberrechtsverletzung zu qualifizieren ist. Hier dürfte wiederum die Schutzpflicht zu Gunsten des Eigentumsrechts greifen, die auf die Ausgestaltung einwirkt,[23] allerdings mit der Besonderheit, dass anders als bei § 32 UrhG keine rechtsgeschäftliche Erklärung des Berechtigten vorausgeht.

3. Schrankennormen

Sofern der Gesetzgeber das Urheberrecht dagegen insoweit einschränkt, als er gesetzliche Nutzungsrechte zulässt, wie insbesondere Privatkopien etc., handelt es sich um eine Schrankenregelung.[24] Ausdrücklich ausgesprochen wurde dies für die Vervielfältigungsbefugnis im Rahmen einer Sammlung zu Unterrichtszwecken (§ 36 UrhG)[25] sowie bei der Zulassung der Wiedergabe bei kirchlichen Veranstaltungen (§ 52 UrhG a. F.).[26] Diese Beschränkungen, d. h. die Eingriffe bedürfen einer Rechtfertigung. Auch für das Urheberrecht kann insoweit auf die Gemeinwohlklausel zurückgegriffen werden.

Sofern es um eine Schrankenregelung geht, ist bei deren verfassungsrechtlicher Beurteilung davon auszugehen, dass der Gesetzgeber nicht nur die Individualbelange zu sichern hat, sondern ihm auch aufgetragen ist, den individuellen Berechtigungen und Befugnissen die im Interesse des Gemeinwohls erforderlichen Grenzen zu ziehen; er muss den Bereich des Einzelnen und die Belange der Allgemeinheit in einen gerechten Ausgleich bringen.[27] Die Verfassungsmäßigkeit der angefochtenen Vorschrift hängt somit – abgesehen von der sonstigen Übereinstimmung mit dem Grundgesetz – davon ab, ob sie durch Gründe des Gemeinwohls gerechtfertigt ist.[28]

---

[22] BVerfG, ZUM 2011, 313 f.; BVerfG, GRUR 2010, 999 Rn. 64.
[23] So auch in der Sache BVerfG, NJW 2003, 1655 ff. Rn. 24.
[24] A. A. Dreier/Schulze-*Dreier*, Urheberrechtsgesetz (3. Aufl. 2008), Vorb. § 44a UrhG Rn. 10: Inhaltsregelung.
[25] BVerfGE 31, 229, 240.
[26] BVerfGE 49, 382, 394.
[27] BVerfGE 49, 382, 394.
[28] BVerfGE 31, 229, 241 f.

V. Die Angemessenheit in der Dogmatik des Art. 14 GG

1. Überblick

Die Angemessenheit der Vergütung bzw. der Vergütungsregelung kann bei allen verfassungsrechtlichen Vorgaben eine Rolle spielen:

– bei Inhaltsnormen kann die Garantie die Angemessenheit der Vergütung des Urhebers sicherstellen;

– bei Eingriffsnormen kann die Garantie eines angemessenen Vergütungsanspruchs den Eingriff mildern und auf diese Weise die Angemessenheit bei Schrankenbestimmungen garantieren;

– die Institutsgarantie ist solange gewahrt wie dem Urheber insgesamt für sein Werk eine angemessene Verwertung möglich bleibt bzw. garantiert wird;

– bei Enteignungsnormen (wenn solche existierten) wäre die Angemessenheit einer Entschädigung schon vom Verfassungstext her geboten.

2. Die Angemessenheit als Erfordernis der Wahrung der Institutsgarantie

a) Der generelle Maßstab

Art. 14 Abs. 1 S. 1 GG gewährleiste als Institutsgarantie die Möglichkeit einer angemessenen wirtschaftlichen Verwertung der künstlerischen Leistung.[29] Danach heißt es: Der Gesetzgeber muss die vermögensrechtlichen Befugnisse am geschützten Werk dem Urheber derart zuordnen, dass ihm eine angemessene Verwertung ermöglicht wird.[30] Damit spricht das BVerfG eine Bedeutung der Angemessenheit an, die im Gesetzestext des UrhG selbst nicht vorkommt, sondern die eine rein verfassungsrechtliche Vorgabe ist. Die Ausgestaltungspflicht des Art. 14 Abs. 1 S. 1 GG ist nur erfüllt, wenn der Gesetzgeber eine Ausgestaltung des Instituts des Urheberrechts erlaubt, die bei generalisierender Betrachtung dem Urheber eine angemessene Vergütung sichern kann, unabhängig von der Frage, ob nicht in Einzelfällen der Urheber Einschränkungen seines Ausschließlichkeitsrechts hinnehmen muss, ohne im konkreten Fall eine Vergütung zu erhalten. Das Gericht spricht ausdrücklich von einem von Verfassungs wegen gewährleisteten Vergütungsanspruch,[31] der auf eine angemessene Vergütung ausgerichtet sei. Geschützt sei dabei die vermögensmäßige Zuordnung des wirtschaftlichen Erlöses, nicht aber bestimmte Rechtsformen der Verwertung.[32]

---

[29] BVerfGE 31, 275, 291 unter Berufung auf BVerfGE 31, 229 ff.
[30] BVerfGE 31, 248, 252.
[31] BVerfG, GRUR 2010, 999 Rn. 65; bestätigt in BVerfG, ZUM 2011, 313 f. Rn. 23.
[32] BVerfGE 31, 275, 291 (zu den verwandten Schutzrechten); BVerfGE 49, 382, 394.

Zu Recht heißt es, entscheidend sei, ob das, was am Ende beim Urheber verbleibt, noch als angemessenes Entgelt für seine Leistung anzusehen sei.[33] Die Eigentumsgarantie gebiete nicht, dem Urheber jede nur denkbare wirtschaftliche Verwertungsmöglichkeit zuzuordnen.[34] Er habe keinen Anspruch auf jedwedes noch so geringes Ergebnis der Werknutzung.[35] Im Einzelnen ist es Sache des Gesetzgebers, im Rahmen der inhaltlichen Ausgestaltung des Urheberrechts nach Art. 14 Abs. 1 S. 2 GG sachgerechte Maßstäbe festzulegen, die eine der Natur und der sozialen Bedeutung des Rechts entsprechende Nutzung und angemessene Verwertung sicherstellen.[36] Der verfassungsrechtliche Anspruch beschränke sich auf die Gewährleistung einer angemessenen Verwertung, d. h. die Bereitstellung von gesetzlichen Zuordnungsmechanismen, die dem Grundsatz nach eine wirtschaftlich sinnvolle Disposition und Nutzung möglich machen.[37] Aus diesen Gründen berücksichtigt das BVerfG auch, dass die Vergütungsfreiheit einer bestimmten Nutzung evtl. schon durch eine Vergütungspflicht an anderer Stelle, insbesondere im Wege einer Abgabepflicht der Hersteller von Trägermedien oder Kopiereinrichtungen, ausgeglichen[38] oder das Werk auf andere Weise zumindest teilweise vergütet wurde.[39]

b) Einzelfälle

Die Beschränkung des Vergütungsanspruchs des Urhebers, der sein Werk veräußert hat, und das vom Erwerber vermietet wird, auf solche Fallgestaltungen, in denen die Vermietung Erwerbszwecken des Vermieters dient (Ausnahmen vom „Bibliotheksgroschen") (§ 27 UrhG a. F.), ist verfassungsgemäß.[40] Eine Verwertungsdauer von 25 Jahren verstößt nicht grundsätzlich gegen die Institutsgarantie.[41] Auch die Entscheidung, das Verbreitungsrecht des Urhebers sei grundsätzlich mit der Veräußerung des Werkstücks nach Maßgabe des § 17 Abs. 2 UrhG verbraucht, ist verfassungsrechtlich zulässig.[42] Ebenso sei es zulässig, wenn die nochmalige Vergütung nach der Veräußerung auf die Verbreitung im Wege der Vermietung beschränkt sei (§ 27 UrhG).

---

[33] BVerfGE 79, 29, 42 unter Berufung auf BVerfGE 49, 382, 400 f.

[34] BVerfGE 31, 248, 252; BVerfGE 31, 275, 287; BVerfGE 81, 208, 220; BVerfG v. 19. 7. 2011 – 1 BvR 1916/09 Rn. 85; BVerfG, ZUM 2011, 313 f. Rn. 15; BVerfG, GRUR 2010, 999 Rn. 60.

[35] BVerfGE 79, 29, 44.

[36] Vgl. BVerfGE 31, 229, 240 f.; BVerfGE 79, 1, 25.

[37] BVerfGE 79, 1, 25 unter Berufung auf *Badura*, Zur Lehre von der verfassungsrechtlichen Institutsgarantie des Eigentums, betrachtet am Beispiel des „geistigen Eigentums", in: Festschrift für Maunz (1981), S. 1, 9 f.

[38] BVerfG, GRUR 2011, 227 Rn. 4.

[39] BVerfGE 79, 29, 44 f.

[40] BVerfGE 31, 248, 251 ff.

[41] BVerfGE 31, 275, 291 f. (verwandte Schutzrechte).

[42] BVerfGE 77, 263, 271 unter Berufung auf BVerfGE 31, 248, 252 f.; wiederholt in BVerfGE 81, 12, 17.

3. Inhaltsbestimmung

Inhaltsbestimmungen unterliegen der Anforderung, das Eigentumsrecht sachgerecht auszugestalten. Jede gesetzliche Inhaltsbestimmung muss die grundlegende Wertentscheidung des Grundgesetzes zugunsten des Privateigentums im herkömmlichen Sinne beachten.[43] Primär geht es darum, die sich aus der Besonderheit der jeweiligen Eigentumsart ergebenden Bindungen zu konkretisieren und ihr eine Form zu geben, um das Recht überhaupt erst verkehrsfähig werden zu lassen und einen sachgerechten Interessensausgleich zu ermöglichen. Dabei hat der Gesetzgeber einen verhältnismäßig weiten Gestaltungsraum.[44] Als Ausgangspunkt ist zu beachten, dass der Urheber nach dem Inhalt der Eigentumsgarantie grundsätzlich einen Anspruch darauf besitzt, dass ihm der wirtschaftliche Nutzen seiner Arbeit zugeordnet wird, soweit nicht das Gemeinwohl Vorrang vor den Belangen des Urhebers hat.[45] Der Anspruch auf die angemessene Vergütung ist darauf ausgerichtet, dass dem Urheber der wirtschaftliche Nutzen seiner Arbeit zugeordnet wird.[46] Bei der Inhaltsbestimmung ist die Angemessenheit der Vergütung des Urhebers daher Ziel und Kern der Regelung. Sie ist aber mit anderen Interessen, insbesondere von jenen, die Nutzungsrechte erwerben, zum Ausgleich zu bringen. Zu Recht heißt es daher: Die Rechte des Erwerbes dürfen bei der Ausgestaltung selbstverständlich eingestellt werden.[47] Sofern das Gericht in diesem Zusammenhang davon spricht, die Regelung müsste auch mit allen überwiegenden Verfassungsnormen in Einklang stehen, verursacht es mehr Verwirrung als Klarheit.

Bei der Ausgestaltung hat die Angemessenheit keine selbstständige Bedeutung erlangt, weil die Institutsgarantie vom Gericht mit der Anerkennung des verfassungsrechtlichen Anspruchs auf angemessene Vergütung stark aufgeladen wurde. Weiter lässt sich die Anforderung an ein Regelungsinstitut insgesamt von der Anforderung an eine einzelne Norm auch abstrakt nur schwer trennen, sodass die Grenzen verschwimmen, zumal eine genaue Grenzziehung keinen praktischen Mehrgewinn haben dürfte. Theoretisch besitzt die Angemessenheit aber hier eine selbstständige Bedeutung. Während die Institutsgarantie auf die Ausgestaltung insgesamt blickt, sind die Anforderungen an die Inhaltsnormen für jede einzelne Norm relevant. So läge es etwa nahe, grundrechtliche Anforderungen an die Feststellung der Angemessenheit der Vergütung aus der Schutzpflicht des Art. 14 Abs. 1 GG herzuleiten, die dann für die einzelnen Normen zu beachten sind.

---

[43] BVerfGE 14, 263, 278.
[44] BVerfGE 21, 73, 83; BVerfGE 79, 1, 25; BVerfGE 79, 29, 40; BVerfG v. 19. 7. 2011 – 1 BvR 1916/09 Rn. 85; BVerfG, ZUM 2011, 313 f. Rn. 15.
[45] BVerfGE 31, 229, 241, 243; BVerfGE 79, 1, 25; BVerfGE 79, 29, 40.
[46] BVerfGE 31, 229, 243; BVerfGE 31, 248, 252.
[47] BVerfGE 31, 248, 252.

4. Schrankenbestimmung

a) Generelle Vorgaben

Ein anderes Ziel besitzt die Gewährleistung der Angemessenheit bei eingreifenden Normen. Eingreifende Normen bedürfen einer Rechtfertigung. In diesen Konstellationen dient das Gebot, dass der Urheber eine angemessene Vergütung erhält – i.d.R. durch die Verwertungsgesellschaften geltend gemacht, dem Zweck, den Eingriff zu mildern. Die mittelbare Vergütungspflicht dient daher der Herstellung der Verhältnismäßigkeit des Eingriffs. Deutlich wird dies bei der Vergütungspflicht der Gerätehersteller und Hersteller von Speichermedien. Sie dient dem Ausgleich, der darin liegt, dass wegen der massenhaften Zunahme des Fotokopierens urheberrechtlich geschützter Werke eine zusätzliche angemessene wirtschaftliche Sicherung erforderlich wurde. Ob der Gesetzgeber von Verfassungs wegen verpflichtet war, eine Vergütung für das Kopieren urheberrechtlich geschützter Werke einzuführen, hat das BVerfG zwar bisher offen gelassen,[48] käme es auf diese Frage aber einmal an, ist mit ihrer positiven Beantwortung im Sinne einer verdichteten Schutzpflicht zu rechnen. Würde der Gesetzgeber es zulassen, dass neue Verbreitungsformen das Urheberrecht wirtschaftlich leer laufen ließen, wäre das Untermaßverbot verletzt. Die Gewährleistung der Vergütung der Urheber ist wiederum mit einem Eingriff für die betroffenen Unternehmen verbunden, den das Gericht aber über den Gedanken der Zweckveranlassung rechtfertigt und für verfassungsgemäß hält.[49]

Wird der Eingriff durch eine Vergütungsregel abgemildert, bleibt es dennoch ein Eingriff. Dies ist auch vom Gedanken der Angemessenheit der Vergütung her gerechtfertigt. Der Unterschied bei der angemessenen Vergütung zwischen Inhaltsnormen und Eingriffsnormen ist, dass einmal der Urheber selbst über die Verwertung seines Werkes inklusive den Bedingungen der Vergütung entscheidet. Bei den Eingriffsnormen wird ihm dagegen von Gesetzes wegen eine bestimmte Vergütungsregelung aufgedrängt. Von seinem Eigentumsrecht her kann der Urheber aber die angemessene Vergütung für sein Werk selbst bestimmen. Der Gesetzgeber kann, von der Schutzpflicht her, das Ergebnis des Verhandlungsgeschicks zu Gunsten des Urhebers absichern, wie er es mit § 32 UrhG getan hat. Bei der Eingriffsnorm verliert der Urheber sein Gestaltungsrecht über die Angemessenheit. Daher bedürfen Beschränkungen des Ausschließlichkeitsrechts des Urhebers, auch bei gesetzlichen Vergütungsregelungen, immer noch einer sachlichen Rechtfertigung.

Allerdings setzt das Gericht die Rechtfertigungsschwelle nicht sehr hoch an.[50] Eingriffe in das Verfügungsrecht sind eher mit Gemeinwohlgründen zu

---

[48] BVerfGE 79, 1, 25; BVerGE 81, 12, 19f.; BVerfG v. 20.10.1996 – BvR 1282/91 Rn.9.
[49] BVerfGE 31, 255ff.; BVerfG v. 20.10.1996 – BvR 1282/91 Rn.12ff.
[50] BVerfGE 49, 382, 394ff.

rechtfertigen als eine Beschränkung des Verwertungsrechts. Aber auch die Entziehung des Verfügungsrechts ist nicht schon aufgrund jedweden staatlichen oder politischen Interesses zulässig. Das Gericht denkt die Rechtfertigung gerade auch von der Konkretisierungsbefugnis über die Angemessenheit her. Der Eingriff liege gerade darin, dass der Urheber die Vergütung mit den Interessierten vor der Nutzung nicht mehr aushandeln könne.[51] Eine Beschränkung dieses Rechts wirkt daher dann nicht mehr so schwer, wenn der Urheber zumindest einmal die Möglichkeit des Aushandelns selbst hatte, sein Werk veröffentlicht hat und auf diese Weise seine Verhandlungsposition schwächte.[52] Hat er sein Werk selbst in den öffentlichen Raum gegeben, sind Einschränkungen des Ausschließlichkeitsrechts leichter zu begründen.[53] Die „Freigabe" der Kopien zu privaten Zwecken rechtfertige sich mit dem Schutz der Privatsphäre der Bürger.[54]

Der Eingriff ist nur dann verhältnismäßig, wenn der Vergütungsanspruch angemessen ist. Das BVerfG prüft daher auch die Gewährleistung der Angemessenheit selbst nach. Das Gericht kontrolliert dabei freilich nicht primär das konkrete Ergebnis, sondern die Maßstäbe, die bei der Bewertung zu Grunde gelegt werden. Die verfassungsgerichtliche Prüfung bezieht sich nicht auf eine bestimmte Höhe des Vergütungsanspruchs. Zu den Vergütungssätzen sagt das Gericht vielmehr selbst, diese seien Akte wertender Entscheidung.[55] Richtlinien, aus denen „das" angemessene Gesamtaufkommen nach Art einer Berechnung pfenniggenau abgeleitet werden könnte und die allein schon wegen der Verlässlichkeit ihrer Prämissen eine angemessene Zuordnung der privaten Werknutzung garantierten, gibt es nicht. Ähnlich wie bei der Ausgestaltung von Gebührenregelungen kommt dem Gesetzgeber auch in diesem Bereich ein weiter Entscheidungsspielraum zu.[56] Ergänzt der Gesetzgeber seine Akte wertender Entscheidung zudem noch mit einer Beobachtung der Vergütungsentwicklung, bewegt er sich innerhalb der verfassungsrechtlichen Grenzen.[57] Die Gestaltungsfreiheit bei der Ausgestaltung der Angemessenheit wird größer, wenn die Angemessenheit durch einen Ausgleich des mehrseitigen Interessengeflechts bewirkt werden soll, wie etwa von Geräte- und Leergultherstellern, Urhebern und sonstigen Berechtigten, Benutzern (Privatkopierenden). Der Gesetzgeber sei nicht gezwungen, jeden zu belasten, der bei der Verbreitung von der Vervielfältigungsmöglichkeit des Tonträgers profitiert. Bei der Ausgestal-

---

[51] BVerfGE 79, 20, 41 unter Berufung auf *Kirchhof*, Der verfassungsrechtliche Gehalt des geistigen Eigentums, in: Festschrift für Zeidler (1987), S. 1639, 1646 ff., und *Badura*, FS Maunz (1981), S. 1, 2 ff.

[52] BVerfGE 79, 29, 41.

[53] BVerfGE 49, 382, 394 ff.

[54] BVerfGE 81, 12, 19.

[55] BVerfGE 79, 1, 27; vglb. BVerfG v. 4. 6. 2009 – BvR 2163/08 Rn. 4 ff.

[56] BVerfGE 79, 1, 27 f.

[57] BVerfGE 29, 1, 29 f.

tung dürften vielmehr auch Praktikabilitätsgesichtspunkte eine Rolle spielen.[58] Der Gesetzgeber wird dieser Situation in besonderer Weise gerecht, wenn er die Frage der Feinsteuerung der Angemessenheit durch die betroffenen Kreise selbst bestimmen lässt, sofern das für diese Feststellung bereitgestellte Verfahren in der Lage ist, alle beteiligten Interessen sachgerecht zu berücksichtigen. Wird kein Interesse von anderen dominiert, ist eine Angemessenheitskonkretisierung der Betroffenen in „Selbstverwaltung", die verfahrensmäßig vom Gesetzgeber abgesichert wird, ein guter Weg.

Gegenstand der gerichtlichen Prüfung sind vor allem die Fragen, ob es zulässig ist, den Vergütungsanspruch dem Verhandlungsrecht des Urhebers zu entziehen bzw. eine Stufe weiter, den Vergütungsanspruch vollständig auszuschließen. Bezogen auf die Entscheidungen zur Vergütung wird geprüft, ob die Kriterien zur Feststellung der Angemessenheit verfassungsgemäß sind. Nach Auffassung des Gerichts liegt es nahe, bei der Frage der Angemessenheit einer Verfügung auf den Wert der wirtschaftlichen Nutzung eines Werks abzustellen. Der Arbeitsaufwand für die Erstellung des Werks könnte allenfalls mittelbar berücksichtigt werden.[59]

Besonders schwer wiegt der Eingriff in das Urheberrecht, wenn für die Beschränkung kein Vergütungsanspruch vorgesehen ist. Fehlt eine Vergütungsgewährleistung als Ausgleich für den Eingriff, wiegt dieser deutlich schwerer. Dieser Unterschied nimmt in der Rechtsprechung des BVerfG eine tragende Rolle ein. So spricht das Gericht von gestuften verfassungsrechtlichen Anforderungen bzgl. der Eingriffe in das Verfügungs- und in das Verwertungsrecht. Das Verfügungsrecht als Ausschließlichkeitsrecht stelle für den Urheber das Mittel dar, um mit dem Interessenten vor der Nutzung eine Vergütung aushandeln zu können.

Die Grenze eines Eingriffs mit Ausgleichspflicht und eines Eingriffs ohne Ausgleichspflicht erhält beim Urheberrecht eine andere Bedeutung als bei den Eingriffen in andere Eigentumsrechte. Während bei den sonstigen Eigentumsrechten das Institut der *ausgleichspflichtigen Inhalts- und Schrankenbestimmungen* eine Ausnahmeerscheinung ist, das vorliegt, wenn in eine Eigentumsposition besonders intensiv eingegriffen wird und daher nur mit Entschädigung zulässig ist, stellt die Ausgleichspflicht beim Urheberrecht gewissermaßen die Regel dar. Dies liegt daran, dass im Urheberrecht Eingriff und Ausgleich in gewisser Form stoffgleich sind, während dies bei den anderen Eigentumsrechten nicht der Fall ist.

Eine Beschränkung des Ausschließlichkeitsrechts führt zu einer wesentlichen Beeinträchtigung des wirtschaftlichen Wertes der geschützten Leistung, wenn die Möglichkeit der freien Honorarvereinbarung nicht durch einen ge-

---

[58] BVerfGE 81, 12, 21 unter Berufung auf BVerfGE 31, 255, 265, 267.
[59] BVerfG v. 27. 1. 2011 – 1 BvR 1268/09 Rn. 10.

setzlichen Vergütungsanspruch ersetzt werde. Dementsprechend hohe Anforderungen müssten an Gemeinwohlbelange gestellt werden, wenn über das Verfügungsrecht hinaus auch das Verwertungsrecht eingeschränkt werden und die Benutzung ohne Vergütungsanspruch zugelassen werden solle.[60] Der Ausschluss eines Vergütungsanspruchs kann daher nicht durch jede Gemeinwohlerwägung gerechtfertigt werden; hierfür muss ein gesteigertes öffentliches Interesse gegeben sein.[61] Gründe, die das Verbotsrecht des Urhebers ausschließen können, tragen nicht zugleich auch den Ausschluss des Vergütungsanspruchs.[62] Dabei darf die Frage, ob der Urheber nach Art. 14 Abs. 2 GG eine honorarfreie öffentliche Wiedergabe seines Werkes hinnehmen muss, nicht allein davon abhängig gemacht werden, ob der Veranstalter einen Erwerbszweck verfolgt. Der Vergütungsanspruch sei durch die geistig-schöpferische Leistung des Urhebers sachlich gerechtfertigt und nicht durch die Entscheidung, ob der Nutzer mit der Nutzung wirtschaftliche Interessen verfolge. Die besondere Rechtfertigungsbedürftigkeit des Vergütungsausschlusses wird aber gemindert, wenn die Vergütungsfreiheit der Nutzungsrechte durch eine Vergütungspflicht an anderer Stelle sachlich ausgeglichen ist.[63]

b) Einzelfälle

So rechtfertigt etwa das Interesse der Allgemeinheit an einem ungehinderten Zugang zu den Kulturgütern, dass geschützte Werke nach ihrem Erscheinen ohne Zustimmung des Urhebers in Sammlungen für den Kirchen-, Schul- und Unterrichtsgebrauch aufgenommen werden dürfen, nicht aber, dass der Urheber sein Werk hierfür vergütungsfrei zur Verfügung stellen muss (§ 46 UrhG a. F.).[64] Der Ausschluss der Vergütungsregelung für Schulfunksendungen, sofern sie nicht über das Schuljahr hinaus aufbewahrt werden (§ 47 UrhG), wurde trotz der fehlenden Vergütungsregelung für verfassungsgemäß gehalten, da der Erwerb der Nutzungsrechte durch die Sendeunternehmen Voraussetzung sei und angesichts des zeitlich und sachlich beschränkten Rahmens des § 47 UrhG eine Mehrfachvergütung nicht erforderlich sei.[65] Dagegen war der frühere regelmäßige Ausschluss des Vergütungsanspruchs bei der öffentlichen Wiedergabe eines geschützten Werkes bei einem Gottesdienst, einer kirchlichen Feier

---

[60] Vgl. BVerfGE 31, 229, 243; BVerfGE 49, 382, 400; BVerfGE 79, 29, 41; BVerfG v. 29. 7. 1998 – 1 BvR 1143/90 Rn. 31.

[61] BVerfGE 31, 229, 243; BVerfGE 49, 382, 400; BVerfGE 79, 29, 41; BVerfG v. 17. 11. 2011 – 1 BvR 1145/11 Rn. 9; BVerfG, GRUR 2010, 999 Rn. 60.

[62] BVerfGE 31, 229, 244.

[63] BVerfG, GRUR 2011, 227 Rn. 4: Die angegriffenen Entscheidungen hindern die von der Beschwerdeführerin vertretenen Urheber insbesondere deshalb nicht an einer angemessenen Verwertung ihres Urheberrechts, weil die Laufwerke und die DVDs bereits mit Abgaben belegt sind.

[64] BVerfGE 31, 229 Ls. 3.

[65] BVerfGE 31, 270, 274.

oder einer anderen Veranstaltung einer Kirche oder Religionsgesellschaft des öffentlichen Rechts ohne Erlaubnis des Urhebers nicht verfassungsgemäß (§ 52 Abs. 1 Nr. 2 UrhG a. F.).[66] Den Urheber trifft keine Pflicht, seine Schöpfung honorarfrei zur Verfügung zu stellen, nur weil der Veranstalter kein Eintrittsgeld erhebt und der einzelne demgemäß unentgeltlich in den Genuss der musikalischen Darbietung komme.[67] Die Sendung von Musikwerken in Vollzugsanstalten ohne gesonderten Vergütungsanspruch (§ 52 Abs. 1 S. 3 UrhG) ist zulässig. Mit der Veröffentlichung stehe das geschützte Werk nicht mehr allein seinem Schöpfer zur Verfügung. Es trete vielmehr bestimmungsgemäß in den gesellschaftlichen Raum und kann damit zu einem eigenständigen, das kulturelle und geistige Bild der Zeit mitbestimmenden Faktor werden. Es löst sich mit der Zeit von der privatrechtlichen Verfügbarkeit und wird geistiges und kulturelles Allgemeingut.[68] Dieser soziale Gemeinwohlbezug werde durch die besonderen Umstände, unter denen Gefangene leben müssen, in besonderem Maße verstärkt.[69]

VI. Die Angemessenheit in der Normkonkretisierung

1. Die mittelbare Drittwirkung

Das BVerfG prüft nicht nur die Verfassungsmäßigkeit der Normen des UrhG auf ihre Vereinbarkeit mit Art. 14 Abs. 1 GG, sondern auch die zivilgerichtliche Rechtsprechung. Hier gelten die allgemeinen Grundsätze der mittelbaren Drittwirkung – in den Fällen, in denen es um die Korrektur eines geschlossenen Vertrags geht, angereichert um spezielle Gedanken der Schutzpflichtlehre.

Die gängigen Formeln des Gerichts lauten: Die Zivilgerichte hätten bei der Auslegung und Anwendung des Urheberrechts die durch die Eigentumsgarantie gezogenen Grenzen zu beachten und müssten die im Gesetz zum Ausdruck kommende Interessenabwägung in einer Weise nachvollziehen, die den Eigentumsschutz der Urheber ebenso wie etwaige damit konkurrierende Grundrechtspositionen beachtet und unverhältnismäßige Grundrechtsbeschränkungen vermeidet.[70] Das BVerfG ist bekanntlich in den Konstellationen der mittelbaren Drittwirkung unterschiedlich streng bei der Kontrolle, im Bereich des Urheberrechts gilt, ähnlich wie im Bereich der Meinungsfreiheit und der Versammlungsfreiheit, ein strenger Maßstab. Geht es um Konstellationen, in de-

---

[66] BVerfGE 49, 382 ff.
[67] BVerfGE 49, 382, 404.
[68] BVerfGE 79, 29, 42 unter Berufung auf BVerfGE 58, 137, 148 f.
[69] BVerfGE 79, 29, 42.
[70] Vgl. BVerfGE 89, 1, 9; BVerfG v. 19. 7. 2011 – 1 BvR 1916/09 Rn. 86; s. a. BVerfG, ZUM 2011, 313 f. Rn. 16; BVerfG, GRUR 2010, 999 Rn. 60.

nen die Angemessenheit der Vergütung in Folge geschlossener Verträge im Raum steht, greift das Gericht aber nicht auf die Parallele des Konflikts zwischen Persönlichkeitsrecht auf der einen Seite und Meinungsfreiheit, Pressefreiheit oder Kunstfreiheit auf der anderen Seite zurück, sondern verweist auf die Parallelen im Vertragsrecht mit Verhandlungsgefälle. So heißt es, wie im Mietrecht und im Arbeitsrecht sei es allerdings auch in urheberrechtlichen Streitigkeiten regelmäßig nicht Sache des Bundesverfassungsgerichts, den Zivilgerichten vorzugeben, wie sie im Ergebnis zu entscheiden haben.[71] Mitunter verweist das Gericht auch auf diese Parallelen, wenn es sich um den Ausgleich von Interessen ohne vertragliche Beziehung handelt;[72] hier ist die Parallele zum Mietrecht unnötig ungenau.

Eine Verfassungsrelevanz einer fehlerhaften Auslegung von Normen des UrhG durch die Zivilgerichte liegt vor, wenn Fehler erkennbar sind, die auf einer grundsätzlich unrichtigen Anschauung von der Bedeutung der Eigentumsgarantie, insbesondere vom Umfang ihres Schutzbereichs, beruhen und auch in ihrer materiellen Bedeutung für den konkreten Rechtsfall von einigem Gewicht sind, insbesondere weil darunter die Abwägung der beiderseitigen Rechtspositionen im Rahmen der privatrechtlichen Regelung leidet.[73] Bei der mittelbaren Drittwirkung aktiviert das BVerfG die alte Lehre der grundrechtsoptimierenden Auslegung, nach der die Auslegungsvariante zu wählen ist, bei der die Grundrechte am stärksten zur Entfaltung kommen. Seien bei der gerichtlichen Auslegung und Anwendung einfachrechtlicher Normen mehrere Deutungen möglich, so verdiene diejenige den Vorzug, die den Wertentscheidungen der Verfassung entspräche und die Grundrechte der Beteiligten möglichst weitgehend in praktischer Konkordanz zur Geltung bringe.[74] Während diese „in dubio pro Grundrechte"-These bei der Eingriffssituation vom Gericht gerade nicht angewendet wird, gilt sie bei der mittelbaren Drittwirkung völlig zu Recht. Hier verhindert das Dreiecksverhältnis, dass diese These zu Gunsten einer der beiden Seiten eine Verzerrung bewirkt.

Die Lehre von der mittelbaren Drittwirkung hat sich seit ihrer Grundlegung weiter entwickelt, so dass der ausdrückliche Hinweis des Gerichts, der Einfluss der Grundrechte auf die Auslegung und Anwendung der zivilrechtlichen Normen sei nicht auf Generalklauseln beschränkt, sondern erstrecke sich auf alle auslegungsfähigen und -bedürftigen Tatbestandsmerkmale der zivilrechtlichen

---

[71] BVerfG, GRUR 2011, 223 Rn. 19; vgl. BVerfGE 89, 1, 9 f.; BVerfGE 95, 28, 37; BVerfGE 97, 391, 401; BVerfGE 112, 332, 358 f.; BVerfG v. 19. 7. 2011 – 1 BvR 1916/09 Rn. 87.

[72] Vgl. BVerfG, ZUM 2011, 313 f.

[73] Vgl. BVerfGE 89, 1, 9 f.; BVerfGE 95, 28, 37; BVerfGE 97, 391, 401; BVerfGE 112, 332, 358 f.; BVerfG v. 19. 7. 2011 – 1 BvR 1916/09 Rn. 87.

[74] BVerfGE 88, 145, 166; BVerfGE 89, 1, 9; BVerfGE 8, 210, 221; BVerfG v. 19. 7. 2011 – 1 BvR 1916/09 Rn. 86; s. a. BVerfG, ZUM 2011, 313 f. Rn. 16; BVerfG, GRUR 2010, 999 Rn. 60.

Vorschriften,[75] nur begrifflich etwas nachzeichnet, was bereits längst die Praxis bestimmte.

2. Einzelfälle

Bestehen mehrere Auslegungsmöglichkeiten, dürfen die Normen über die Vergütungspflicht nicht so ausgelegt werden, dass die Urheber bestimmter Werke (im konkreten Fall von digitalen Vorlagen) keinerlei Vergütung erhalten; wobei dieses Gebot bei der Begründung der Normauslegung nicht übersehen werden darf.[76] Richtet sich die Angemessenheit daher nach dem wirtschaftlichen Wert des Werkes, darf dieser Wert nicht daran festgemacht werden, welchen wirtschaftlichen Erfolg eine Rechtsverletzung für den Rechtsverletzer hatte. Die Auslegung der Vergütungsregelung von §§ 54 f. UrhG hat sich davon leiten lassen, dass der Gesetzgeber dem Urheber den von der Verfassung garantierten Verwertungsanspruch für solche Fälle sichern wollte, in denen der Werknutzer nicht belangt werden kann und daher auf den Gerätehersteller ausgewichen werden muss.[77] Die Annahme, bei einem Vertragsanpassungsbegehren gem. § 32 Abs. 1 UrhG treffe die Beweislast den Urheber, verletzt kein Verfassungsrecht.[78] Die Annahme des Bundesgerichtshofs, die Urheberrechtsrichtlinie in der Auslegung durch den Europäischen Gerichtshof lasse keinen Spielraum für die Einbeziehung der bloßen Gebrauchsüberlassung nachgeahmter Möbelstücke in den Schutz des Verbreitungsrechts nach § 17 Abs. 1 UrhG und des § 96 Abs. 1 UrhG, ist verfassungsrechtlich nicht zu beanstanden.[79] Verneinen fachgerichtliche Entscheidungen das Bestehen einer Vergütungspflicht (Geräteabgabe) für Drucker und Plotter auf der Grundlage von § 54a UrhG, liegt in der Nichtzulassung der Revision ein Verstoß gegen Art. 14 GG.[80] Die Annahme, die Auslage von Zeitschriften in Wartezimmern von Arztpraxen sei keine Vermietung i. S. v. § 27 UrhG, missachtet nicht die Ausstrahlung des Art. 14 Abs. 1 GG.[81] Die Auslegung, die Bereitstellung eines mit Abbildungen von Werken der bildenden Kunst versehenen Artikels in einem öffentlich zugänglichen Archiv im Internet durch einen Zeitungsverlag sei nicht von § 50 UrhG gedeckt, begegnet keinen Bedenken.[82] Es ist verfassungsrechtlich nicht zu beanstanden, wenn der Urheberrechtsschutz für DIN-Normen verneint wird, auf die in amt-

---

[75] BVerfGE 112, 332, 358; BVerfG v. 19.7.2011 – 1 BvR 1916/09 Rn. 86; s.a. BVerfG, ZUM 2011, 313 f. Rn. 16; BVerfG, GRUR 2010, 999 Rn. 60.

[76] BVerfG, ZUM 2011, 313 f.; BVerfG, GRUR 2010, 999 Rn. 63.

[77] BVerfG, GRUR 2010, 999 Rn. 65; bestätigt in BVerfG, ZUM 2011, 313 f. Rn. 23.

[78] BVerfG v. 27.1.2011 – 1 BvR 1268/09 Rn. 11.

[79] BVerfG v. 19.7.2011 – 1 BvR 1916/09 Rn. 92 ff.

[80] BVerfG v. 21.12.2010 – 1 BvR 2742/08 Rn. 14 ff.; s.a. BVerfG, GRUR 2010, 999 Rn. 60.

[81] BVerfGE 77, 263, 271 f.

[82] BVerfG v. 17.11.2011 – 1 BvR 1145/11 Rn. 18.

lichen Bekanntmachungen Bezug genommen werden.[83] Die Auslegung von § 52
Abs. 1 S. 3 UrhG, dass der Begriff der Veranstaltung bei der Vergütungsfreiheit
nur Einzelveranstaltungen aus besonderem Anlass erfasse, nicht jedoch die tägliche Dauernutzung geschützter Werke, ist verfassungsrechtlich nicht zu beanstanden.[84]

Die einfachrechtlichen Ansprüche gegen Dritte auf Unterlassung künftiger
Verletzungen sollen einen wirksamen Schutz des Eigentums gewährleisten.
Dieser Schutzzweck ist bei der Höhe der Bewehrung der Unterlassungserklärung zu berücksichtigen.[85] Wird der Unterlassungsanspruch gegen die Veröffentlichung einer Berufungsbegründungsschrift in wissenschaftlichen Werken
abgewiesen, ist Art. 14 Abs. 1 S. 1 GG nicht verletzt, wenn in der zugrundeliegenden Abwägungsentscheidung eingestellt wurde, dass die vom Urheber geltend gemachten potentiellen Verfügungs- und Verwertungsrechte als lediglich
gering anzusehen sind.[86] Das Urheberrecht setzt sich nicht gegenüber der Pressefreiheit durch, wenn es bei einem Auskunftsanspruch gegen die Zeitung auf
Auskunft über die Herkunft von Fotos, deren Übermittlung eine Urheberrechtsverletzung darstellte, nicht um die wirtschaftlichen Interessen des Urhebers geht.[87]

Die Höhe der Lizenzgebühr darf im Rahmen eines Schadensersatzanspruchs
nicht deshalb niedrig angesetzt werden, weil der Urheberrechtsverletzer durch
die Verletzung nur einen niedrigen Gewinn erzielte.[88] Andernfalls würde über
den Wert des Urheberrechts im Endeffekt dessen Verletzer entscheiden. Dessen
Risiko, bei der Verwertung des Urheberrechts den wirtschaftlichen Erfolg zu
verfehlen, wird zu einem erheblichen Teil dem Urheber aufgebürdet, gegen dessen Willen die Verwertung erfolgte. Die schon durch die rechtswidrige Vervielfältigung und Verbreitung missachtete Dispositionsbefugnis des Urhebers wird
durch eine solche Schadensberechnung ein zweites Mal in einer mit der Privatnützigkeit des Eigentums nicht mehr zu vereinbarenden Weise entwertet.[89] Bei
der Wertberechnung eines Schadensersatzanspruchs dürfe es daher nicht auf
den wirtschaftlichen Erfolg der Rechteverwertung ankommen.[90]

Die Auslegung der Zivilrechtsnormen hat sich von dem Zweck, dem Urheber
die Befugnis zur wirtschaftlichen Verwertung der urheberrechtlich geschützten
geistigen Leistung zu sichern, leiten lassen.[91] Dies rechtfertigt u. a. eine restriktive Auslegung des Auskunftsanspruchs nach § 101a UrhG, sofern die begehrte

---

[83] BVerfG v. 29. 7. 1998 – 1 BvR 1143/90 Rn. 14 f.
[84] BVerfG v. 10. 4. 1996 – 1 BvR 368/92 Rn. 4 ff.
[85] BVerfG v. 25. 4. 2001 – 1 BvR 2139/99 Rn. 28.
[86] BVerfG v. 17. 12. 1999 – 1 BvR 1611/99 Rn. 17 ff.
[87] BVerfG v. 28. 5. 1999 – 1 BvR 77/99 Rn. 36 ff.
[88] BVerfG, NJW 2003, 1655 Rn. 26.
[89] BVerfG, NJW 2003, 1655 Rn. 27.
[90] BVerfG, NJW 2003, 1655 Rn. 28.
[91] BVerfG v. 28. 5. 1999 – 1 BvR 77/99 Rn. 36.

Auskunft nicht der Sicherung der angemessenen Vergütung dient, sondern etwa der Sicherung eines Anstaltszwecks.[92]

VII. Schluss

Die verfassungsrechtlichen Grundlagen der Angemessenheit der Vergütungsregelung des Urheberrechts sind kein Teilgebiet der verfassungsrechtlichen Ausgestaltung des Urheberrechts, sondern bilden der Sache nach ihren Kern. Das Gericht stellt die Angemessenheit der Vergütungsregelung insgesamt zu Recht in den Mittelpunkt der Institutsgarantie, differenziert aber im Übrigen auch bei den Eingriffsregelungen hinsichtlich des Rechtfertigungsbedarfs von der Belastung, die die Regelung für den Vergütungsanspruch des Urhebers bildet. Da die Vergütung im Verhältnis zum Eingriff bei gesetzlichen Einschränkungen das Ausschließlichkeitsrecht darstellt, bilden gesetzlicher Vergütungsanspruch und gesetzliche Beschränkung eine Stoffgleichheit, die bewirkt, dass die Lehre von der ausgleichspflichtigen Inhalts- und Schrankenbestimmung beim Urheberrecht eine selbstständige Ausprägung erhalten hat.

---

[92] BVerfG v. 28. 5. 1999 – 1 BvR 77/99 Rn. 36.

Sandra Rösler

Die verfassungsrechtliche Grundlage der Angemessenheit im Urheberrecht

Diskussionsbericht zu § 4

Ohly eröffnete die von *Dr. Gernot Schulze* (Rechtsanwalt, München) geleitete Diskussion, indem er die Frage nach dem Verhältnis von Art. 14 GG und Art. 17 Abs. 2 GRCh aufwarf. Mittlerweile beruhe ein großer Teil des deutschen Urheberrechts auf unionsrechtlichen Vorgaben. Dies betreffe auch die Thematik der angemessenen Vergütung.[1] Er hinterfragte, inwiefern für den Problemkreis der angemessenen Vergütung noch Art. 14 GG maßgeblich sei und inwieweit die Prüfung nicht eher am Maßstab des Art. 17 Abs. 2 GRCh erfolgen müsse. Folglich könnte man einer Entwicklung entgegensehen, bei der Art. 14 GG zugunsten der Europäischen Grundrechte immer weiter zurückgedrängt würde.

Wolff entgegnete, dass es zu dieser Frage eine relativ gefestigte Rechtsprechung des Bundesverfassungsgerichts gebe, die nicht nur für das Urheberrecht, sondern für die gesamte nationale Rechtsetzung gelte. Grundsätzlich komme dem Europarecht im Kollisionsfall ein verfassungsrechtlich durch Art. 23 GG abgesicherter Anwendungsvorrang zu. Wenn nun im Rahmen dieses Anwendungsvorrangs das Europarecht bindende Vorgaben mache, komme Art. 14 GG nicht mehr zur Anwendung, sondern Art. 17 GRCh. Art. 14 GG sei also umso mehr zurückgezogen, je größer die bindenden Vorgaben des Europarechts lauteten. Es existiere eine theoretische Grenze dieses Anwendungsvorrangs, sofern auf Unionsebene nicht – wie von Art. 23 Abs. 1 S. 1 GG gefordert – ein dem Grundgesetz im Wesentlichen vergleichbarer Grundrechtsschutz gewährleistet wird. Allerdings spiele dieser Vorbehalt praktisch keine Rolle mehr im Zuge der Angleichung des grundrechtlichen Schutzniveaus auf Unionsebene mit dem nationalen Schutzniveau. Lässt das Europarecht jedoch dem nationalen Gesetzgeber Spielräume bei der Umsetzung der Richtlinien, so sei das Bundesverfassungsgericht – anders als der EuGH – der Meinung, dass sich in diesem Bereich der Anwendungsvorrang nicht realisiere und insofern die nationalen Grundrechte als Prüfungsmaßstab herangezogen würden. In neuerer Rechtsprechung verlange das Bundesverfassungsgericht bei konkreten Normenkontrollen der

---

[1] Vgl. hierzu *Reinbothe*, in diesem Band, § 7 I.

Verwaltungs- und Zivilgerichte sogar, dass diese ausdrücklich darlegten, warum kein bindendes Europarecht vorliege, so dass eine Überprüfung anhand der nationalen Grundrechte möglich ist.

Riesenhuber merkte zur Frage nach dem Verhältnis von Art. 14 GG und Art. 17 GRCh im Speziellen an, dass das Europarecht für Ausnahmen und Beschränkungen vom Ausschließlichkeitsrecht des Urhebers einen gerechten Ausgleich vorsehe. Das deutsche Urheberrecht gehe über diese Anforderung mit seinem Prinzip der angemessenen Vergütung hinaus. Nach *Riesenhuber* handele es sich etwa bei § 54 UrhG bereits um eine solche Kodifizierung, bei der der Gesetzgeber seine durch die Richtlinie gelassenen Spielräume ausgeübt habe. Mithin müsse im Rahmen einer Überprüfung des § 54 UrhG eine Kontrolle am Maßstab des Art. 14 GG möglich sein.

Wolff ergänzte seine Ausführungen dahingehend, dass das Bundesverfassungsgericht im Urheberrecht stark auf die Institutsgarantie und somit auch besonders auf die Gesamtregelung des Urheberrechts abstelle. Deswegen sei es etwas freier, den Art. 14 GG als Prüfungsmaßstab heranzuziehen. Das Bundesverfassungsgericht könne sich solange auf eine verfassungsrechtliche Prüfung am Maßstab von Art. 14 GG berufen, wie die Gesamtgestaltung des Urheberrechts europarechtlich nicht vollständig vorgegeben ist, weil die Institutsgarantie des Art. 14 GG eine harmonische Gesamtregelung verlange.

Ohly kam auf die Wurzeln des Angemessenheitsprinzips zu sprechen. Hierbei zweifelte er die Verankerung des Angemessenheitsprinzips im Rahmen des Art. 14 GG an. Er lobte das Angemessenheitsprinzip zwar als ein hilfreiches und angenehmes Mittel im Umgang mit urheberrechtlichen Vergütungsfragen. Jedoch sei diese Herleitung eine rechtsphilosophische Rechtfertigung gestützt auf eine *Locke*'sche Arbeitstheorie, die mittlerweile rechtsphilosophisch doch sehr stark umstritten sei.

Wolff merkte hierzu an, es sei nicht zwingend, dass die gesamte Institutsgarantie in dem Angemessenheitsprinzip Ausdruck findet. Es sei aber nicht so, dass dieses Vorgehen sämtlicher Wurzeln entbehre oder keine Rechtfertigung finde. Das Bundesverfassungsgericht habe in Bezug auf Art. 14 GG als normgeprägtes Grundrecht schon immer gefordert, dass es zwei grundlegende Elemente gebe, an denen sich der Gesetzgeber bei der Ausgestaltung des Eigentums orientieren müsse. Diese seien zum einen die Privatnützigkeit und zum anderen die Verfügungsbefugnis. Das Angemessenheitsprinzip liege laut *Wolff* mit diesen beiden Ausgestaltungvorgaben auf Linie, da die Angemessenheit Bezüge zur Privatnützigkeit und zur Verfügungsbefugnis aufweise. Demnach sei die Fokussierung auf das Angemessenheitsprinzip zwar nicht zwingend, jedoch dogmatisch vertretbar und für die Rechtspraxis ausgesprochen vernünftig. Durch die großzügige Formulierung der Institutsgarantie über das Angemessenheitsprinzip werde es ermöglicht, eine Gesamtbetrachtung des ganzen Urheberrechts zu machen, die sonst nicht denkbar wäre.

Anknüpfend an die bestehende Schutzpflicht des Gesetzgebers bezüglich des Eigentumsberechtigten stellte *Riesenhuber* zunächst die Frage, wo diese anfangen würde. Als Beispiel nannte er die frühere gesetzliche Festlegung der angemessenen Vergütung für die Privatkopie in einer Anlage des Urheberrechtsgesetzes. Von 1985 bis 2002 hätten sich die dort vorgesehenen Beträge nicht verändert. Er bezweifelte, dass diese Beträge im Wandel der Zeit gleichmäßig angemessen geblieben sein könnten. Er gab zu bedenken, ob der Gesetzgeber hier nicht seiner Schutzpflicht entsprechend hätte aktiv werden müssen. Als weiteres Beispiel nannte *Riesenhuber* das mittlerweile eingeführte prozedurale System bei der Vergütung für die private Vervielfältigung. Andeutungen der Praxis zufolge seien die Verfahrensregeln so ausgestaltet, dass die Marktgegenseite der Urheber die Möglichkeit habe, diese am langen Arm verhungern zu lassen. Auch hier fragte er, ob der Gesetzgeber nicht zur Handlung schreiten müsse, indem er das Verfahren in der Weise ausrichtet, dass den Urhebern effektiv eine angemessene Vergütung gesichert wird.

Wolff erläuterte, dass das Bundesverfassungsgericht im Hinblick auf die Schutzpflichten im Bereich des Zivilrechtsverkehrs sehr deutlich danach unterscheide, ob es sich um eine vertragliche oder eine nicht-vertragliche Beziehung handelt. In einer nicht-vertraglichen Beziehung würden die gesetzgeberischen Schutzpflichten zugunsten des Einzelnen viel eher greifen als im Bereich der vertraglichen Beziehung. Bei letzteren würden sie nur greifen, wenn eine strukturelle Störung der Vertragsparität gegeben sei. Die Rechtsprechung habe beispielshalber bei den sogenannten Angehörigenbürgschaften[2] und den Eheverträgen bei bestehender Schwangerschaft[3] eine Schutzpflicht des Gesetzgebers zum Schutz der Privatautonomie angenommen. Beim Urheberrecht gehe das Gesetz offensichtlich ebenso davon aus, dass wir grundsätzlich ein strukturelles Ungleichgewicht hätten. Hierfür spreche vor allem § 32 UrhG. Das Bundesverfassungsgericht habe sich dazu direkt noch nicht geäußert, würde diese gesetzgeberische Wertung seiner Ansicht nach als vernünftig anerkennen. *Wolff* betonte, dass die Schutzpflicht dem Gesetzgeber einen großen Gestaltungsspielraum lasse und sich nur in dem Fall individualrechtlich auswirke, in dem der Gesetzgeber entweder überhaupt kein Schutzsystem errichtet hat oder ein bestehendes Schutzsystem offensichtlich unzulänglich ist. Ob ein Schutzsystem offensichtlich unzulänglich ist, bestimme sich danach, ob der Betroffene eine unzumutbare Belastung erfahre. Zum ersten Beispiel *Riesenhubers* merkte *Wolff* an, dass die bloße Nichtanpassung der Beträge für die Vergütung der Privatkopie noch kein Zeichen dafür sei, dass ein bestehendes Schutzsystem eine unzumutbare Belastung darstellt. Das Bundesverfassungsgericht würde zunächst zugunsten des Gesetzgebers unterstellen, dass die Vergütung anfangs zu

---

[2] BVerfGE 89, 214.
[3] BVerfGE 103, 89.

hoch angesetzt worden ist. Die Nichtanpassung bzw. das normative Unterlassen könne nur dann eine Verletzung der Schutzpflicht begründen, wenn ein zusätzlicher Umstand hinzuträte. Dies wäre gegeben, wenn der Gesetzgeber ein ganzes Gebiet entweder komplett vernachlässigt oder einen Parameter ändert und hierbei nicht systemkonform einen anderen Parameter mit verändert. Bezogen auf *Riesenhubers* zweites Beispiel entgegnete *Wolff*, dass das Bundesverfassungsgericht grundsätzlich ein Vorgehen des Gesetzgebers – einem Verhandlungsungleichgewicht durch Verfahrensregeln zu entgegnen – für gut heißen würde. Natürlich müsse die Ausgestaltung des prozeduralen Systems so gestaltet sein, dass bei dessen Anwendung in der Realität der Urheber nicht gegenüber seinem Vertragspartner am langen Arm verhungert. Dieser Vorwurf müsste jedoch bei bestehenden Verfahrensregeln derart substantiell vorgetragen werden, dass *Wolff* die Erfolgschancen einer solchen Beschwerde nicht sehr hoch einschätzte.

Weiter anknüpfend an die Thematik der gesetzgeberischen Schutzpflicht fragte *Riesenhuber*, ob es verfassungsrechtliche Aussagen für die Bemessung der Vergütung des Urhebers gebe. Die Schutzpflicht des Gesetzgebers gegenüber dem Eigentümer müsse sich doch dergestalt konkretisieren, dass der Gesetzgeber für Verfahrensregeln zu sorgen habe, die dem Urheber den Vergütungsanspruch sichern, den er verhandelt hätte, wenn er die Rechte selbst noch gehabt hätte. Der Gesetzgeber nehme dem Urheber durch Kodifizierung von Ausnahmen vom Ausschließlichkeitsrecht etwas weg und gebe ihm als Ausgleich hierfür einen Vergütungsanspruch. Nur wenn der Vergütungsanspruch letztlich das wiederspiegelt, was der Urheber auch tatsächlich gewollt hat, erhalte der Urheber eine Kompensation seiner eingebüßten privatautonomen Gestaltungsfreiheit.

Wolff bestätigte, dass die Verfahrensregeln idealerweise so gestaltet sein müssten. Aber je näher man sich diesem Ideal über die Kodifikation von prozeduralen Vorschriften annähre, genüge dies aus verfassungsrechtlicher Sicht zur Erfüllung der Schutzpflichten. Das generalisierende Vorgehen des Gesetzgebers, dem Urheber die individuelle Verhandlungsmöglichkeit ganz wegzunehmen, rechtfertige insofern zugleich bei der Ausgleichsregelung, seinen individuellen Willen zu vernachlässigen.

Riesenhuber thematisierte noch die Vielzahl von technischen Neuerungen und die um sich greifende Piraterie. Er fragte, ob der Gesetzgeber angesichts dieser Bedrohungen aus der Schutzpflicht heraus verpflichtet sein könnte, in internationale Verhandlungen zu treten, um sich für einen internationalen Urheberrechtsschutz zu engagieren.

Wolff bejahte eine derartige Pflicht des Gesetzgebers. Hierzu gebe es bislang keine Entscheidung des Bundesverfassungsgerichts und auch keine konkreten Maßstäbe. Aus dogmatischer Sicht spreche jedoch nichts dagegen. Da es sich bei der Pflicht, völkerrechtliche Verhandlungen zum Schutz des Urhebers einzugehen, um eine sehr spezielle Pflicht handele, müsse vorher bereits feststehen, dass alle anderen rein nationalen Regelungen zum Schutz des Urhebers nicht ausreichten.

Das Verhältnis des Urheberrechts zum sonstigen Bereich des Vertragsrechts aus der Perspektive der Verfassung veranlasste *Pfeiffer* zu einer Wortmeldung. Im sonstigen Vertragsrecht gehe es auch oft um Eigentumsrechte und deren Handel, so dass er sich frage, ob wirklich die Verfassung zwischen dem Kontroll- und Überprüfungsstandard im Urheberrecht und dem sonstigen Vertragsrechts unterscheide. Die Fälle der Angehörigenbürgschaft oder der Eheverträge im Zustand der Schwangerschaft kennzeichneten sich dadurch, dass sich die Betroffenen aufgrund einer Vertragsschlusssituation, in der es keine echte Chance auf Selbstbestimmung gegeben hätte, in einer ganz existentiellen Notlage befänden. Zudem sei der Urheber gewissermaßen ein Kleinunternehmer, der insofern weniger schutzwürdig erscheine. *Pfeiffer* zog anknüpfend an diesen Gedanken einen Vergleich zu der Handelsvertreter-Entscheidung[4] des Bundesverfassungsgerichts. Hierbei habe das Bundesverfassungsgericht nur deswegen eine Grundrechtsverletzung angenommen, da das spezifische Zusammenspiel der vertraglichen Erklärungen mit den gesetzlichen Regelungen zu einem zweijährigen entschädigungslosen Wettbewerbsverbot geführt hätte, das dem Handelsvertreter unmöglich machte, in dieser Zeit seinen Beruf auszuüben. Folglich habe auch dieser Entscheidung eine besondere existenzielle Notlage zugrunde gelegen. *Pfeiffer* fragte sich bei Betrachtung dieser drei Fälle, wann man im Bereich des Urhebervertragsrechts bei Fällen angelangt wäre, die diesen spezifischen Notsituationen entsprächen, so dass sich der Schutz des Urhebers von Verfassungs wegen rechtfertige.

Wolff entgegnete, dass selbstverständlich Art. 14 GG dem Wortlaut nach nicht zwischen den verschiedenen Inhalten des Eigentumsrechts differenziere. Das Bundesverfassungsgericht verlange jedoch, dass für den jeweiligen Inhalt der verfassungsrechtlichen Eigentumsgarantie die Eigenart des spezifischen Eigentumsrechts maßgeblich sei. Demnach gehe das Bundesverfassungsgericht davon aus, dass die jeweilige Eigentumsart ein Wesen an sich in sich trage, das der Gesetzgeber finden und bei der Ausgestaltung berücksichtigen müsse. Das Urheberrecht unterscheide sich vom sonstigen Eigentumsrecht durch zwei Besonderheiten: Zum einen werde beim Urheberrecht eine viel stärkere Schutzpflicht angenommen, zum anderen besitze das Institut der ausgleichspflichtigen Inhalts- und Schrankenbestimmungen hier eine ganz andere Bedeutung. Während beim sonstigen Eigentumsrecht die Inhalts- und Schrankenbestimmungen auf ihre Verhältnismäßigkeit kontrolliert werden müssten und eine Ausgleichspflicht die Ausnahme gegenüber einer Erhaltungspflicht des Rechtsguts darstelle, sei hingegen beim Urheberrecht die Inhalts- und Schrankenbestimmung mit

---

[4] BVerfGE 81, 242.

Ausgleichspflicht der gewünschte Regelfall. Die sachliche Rechtfertigung für diese unterschiedliche Behandlung werde in der Rechtsprechung jedoch nicht ausdrücklich thematisiert. Dies beruhe seiner Ansicht nach darauf, dass das Urheberrecht anders als die sonstigen Eigentumsrechte immer auch einen starken Bezug zum Allgemeinen Persönlichkeitsrecht aufweise. Während der Kleinunternehmer nur Schutz durch Art. 12 GG oder Art. 14 GG erfahre, genieße der geistige Urheber bei seinem Wirken auch immer Schutz durch das Allgemeine Persönlichkeitsrecht aus Art. 2 Abs. 1 i.V.m. Art. 1 Abs. 1 GG. Eine gestörte Vertragsparität sei für den Urheber also gravierender, da es bei ihm immer auch um einen Teil seiner Persönlichkeit gehe.

Schulze knüpfte daran an, dass das Bundesverfassungsgericht die Gerichte verpflichte, das Urheberrecht nach zu schließenden Schutzlücken zu untersuchen.[5] *Schulze* charakterisierte § 53 UrhG als eine für den einzelnen Verbraucher nur schwer verständliche Regelung. Der Verbraucher könne bei Lektüre des § 53 UrhG nur schlecht abschätzen, was noch im Rahmen des Erlaubten ist und was nicht. Die Fälle der privaten Vervielfältigung – egal ob verboten oder erlaubt nach § 53 UrhG – kennzeichneten sich gerade dadurch, dass sie massenhaft stattfänden und schlecht kontrollierbar seien. Bei den Fällen, die nicht mehr unter das Privileg des § 53 UrhG fielen, sei der Urheber darauf verwiesen, seine wenig aussichtsreichen Verbotsrechte geltend zu machen. *Schulze* fragte, ob dies nicht eine Schutzlücke darstelle, deren Schließung Art. 14 GG fordere. Für derartige Fälle müsse dem Urheber vielleicht auch eine angemessene Vergütung gesichert werden.

Wolff entgegnete, dass das Bundesverfassungsgericht, indem es beim Urheberrecht so stark die Gesamtregelung in den Blick nehme, relativ gut aufgestellt sei. Es könne immer untersuchen, ob das, was nach der Gesamtregelung unter dem Strich für den Urheber herauskommt, letztlich der Billigkeit entspreche. Die Lehre über den Ausgleich von Schutzlücken würde vor allem in den Fällen greifen, in denen neue Arten von Werken erschienen, die noch ungeschützt seien. Sie würde jedoch weniger greifen, wenn es bloß um neu entstehende Nutzungsarten bereits geschützter Werktypen geht, die wirtschaftlich irrelevant sind, weil der Urheber unter dem Strich noch genügend Rechte bekomme. *Wolff* sehe jedoch bei einer Unbestimmtheit von § 53 UrhG die Möglichkeit, die Lehre über den Ausgleich von Schutzlücken zu aktivieren. Unterstellt man den Fall, dass völlig neue Formen der Nutzung jetzt plötzlich Privatkopien sein sollten, so wären die Zivilgerichte nach dem Bundesverfassungsgericht zur Untersuchung verpflichtet, ob sie im Wege der Rechtsfortbildung eine Schutzlücke für den Urheber schließen müssen. Hierbei müssten sie eine sachgerechte Abwägung der durch § 53 UrhG geschützten Belange der Privatsphäre der Nutzer mit den Belangen der Urheber durchführen.

---

[5] H. A. *Wolff*, in diesem Band, § 4 IV. 2.

Schulze bezog sich auf *Wolffs* Äußerung, dass dem Gesetzgeber bei der Ausgestaltung der angemessenen Vergütung ein gewisser Spielraum zustehe, wen er konkret mit einer Vergütungspflicht belaste.[6] Er stellte die Frage, ob nicht auch Art. 3 GG dabei Beachtung finden müsse. Gerade weil es eine Vielzahl von Geräteherstellern gebe, die an der Vervielfältigungshandlung mitwirkten, müssten doch sämtliche Beteiligte mit ins Visier genommen werden, um Art. 3 GG nicht zu verletzen.

Wolff stimmte *Schulze* zu, dass für das Verhältnis der Beteiligten untereinander Art. 3 GG vom Gesetzgeber bei der Durchsetzung der angemessenen Vergütung noch zu berücksichtigen sei.

Prof. Dr. Jürgen Becker (Rechtsanwalt, München) knüpfte zum Abschluss der Diskussion noch einmal an die Schutzpflicht des Gesetzgebers gegenüber dem Urheber an. Er erläuterte, dass der Urheber zur Durchsetzung seines Vergütungsanspruchs von Gesetzes wegen zwingend auf die Verwertungsgesellschaften angewiesen sei. Wenn aber die Realität so aussehe, dass die Verwertungsgesellschaften finanziell nicht überleben könnten, da die nötigen Einnahmen nicht reinkämen, dann müsse man doch aus der Schutzpflicht des Gesetzgebers einen Regelungsbedarf ableiten.

Wolff antwortete, die gesamte verfassungsrechtliche Rechtsprechung gehe davon aus, dass die Institutsgarantie des Urheberechts dadurch gewahrt sei, dass der Urheber bei Einschränkung seines Ausschließlichkeitsrechts einen Vergütungsanspruch erhalte. Dies setze natürlich auch voraus, dass der Urheber einen solchen Vergütungsanspruch tatsächlich realisiert bekommt. Notwendiger Bestandteil dieser Realisierung sei jedoch die Existenz der Verwertungsgesellschaften und auch der Umstand, dass diese in der Lage sind, eine Vergütung auszuschütten. Sobald dies nicht mehr gewährleistet wäre, sei die gesamte Rechtsprechung der Institutsgarantie betroffen. In einem solchen Fall hätte man gute Aussichten vor dem Verfassungsgericht, eine Verletzung der aus Art. 14 GG folgenden Schutzpflicht des Gesetzgebers geltend zu machen. Scherzhaft gab *Wolff* noch mit auf den Weg, dass man bei der Beschwerdebegründung bedenken müsse, dass nahezu jeder vor dem Bundesverfassungsgericht mit der Beschwerde gehört werden wolle, dass er finanziell nicht mehr weiter weiß.

---

[6] *Wolff*, in diesem Band, § 4 V. 4. a).

2. Teil

Urheberrechtsdogmatik

Renate Schaub

§ 5 Die Angemessenheit im Urhebervertragsrecht, §§ 32 ff. UrhG [*]

I. Einleitung

Die „Angemessenheit" ist ein Zentralbegriff des 2002 partiell geregelten Urhebervertragsrechts. Und der Veranstaltungszeitpunkt wurde von den Organisatoren so geschickt gewählt, dass wir heute auf den Tag genau den zehnten Jahrestag der Verabschiedung des Gesetzes zur Stärkung der vertraglichen Stellung von Urhebern und ausübenden Künstlern[1] begehen. Ob dieses Jubiläum allerdings Anlass zum Feiern ist – und ob für alle Beteiligten – wird noch genauer zu analysieren sein. Schließlich wird bei der Würdigung der Gesetzeskonzeption teilweise – noch zurückhaltend – von „Rätseln"[2] oder gar von der „Büchse der Pandora"[3] gesprochen.

Diese Kritik zielt auch auf den Teilaspekt des neuen Urhebervertragsrechts, um den es im Folgenden gehen soll, und zwar auf die *individualvertraglichen* Aspekte der Angemessenheit. Der einzelne Urheber hat nach den Regelungen aus dem Jahr 2002 einen Anspruch auf angemessene Vergütung. Dieser Anspruch kann vor allem in drei verschiedenen Fallkonstellationen relevant werden:[4] Einmal wenn die Höhe der Vergütung überhaupt nicht bestimmt ist (§ 32 Abs. 1 S. 2 UrhG), weiterhin wenn die vereinbarte Vergütung nicht angemessen ist (§ 32 Abs. 1 S. 3 UrhG) und schließlich wenn die für die Einräumung eines Nutzungsrechts vereinbarte Gegenleistung in einem auffälligen Missverhältnis zu den Erträgen und Vorteilen aus der Nutzung des Werkes steht (§ 32a Abs. 1 S. 2 bzw. Abs. 2 S. 1 UrhG). In allen diesen Fällen hat der Urheber einen An-

---

[*] Die Vortragsform wurde beibehalten.

[1] Gesetz zur Stärkung der vertraglichen Stellung von Urhebern und ausübenden Künstlern vom 22. März 2002, BGBl. I 2002, 1155.

[2] Fromm/Nordemann-*Czychowski*, Urheberrecht (10. Aufl. 2008), § 32 UrhG Rn. 2; *Czychowski*, Offene Fragen nach den ersten Urteilen des Bundesgerichtshofs zum neuen Vergütungsrecht im Urheberrecht, GRUR 2010, 793 ff.

[3] *Jacobs*, Die Karlsruher Übersetzertarife. Zugleich Anmerkung zu BGH „Destructive Emotions", GRUR 2011, 306 ff.

[4] Ausgeklammert wird hier der gesetzliche Anspruch auf gesonderte angemessene Vergütung nach § 32c Abs. 1 S. 1 UrhG, bei dem für die Bestimmung der Angemessenheit auf § 32 Abs. 2–4 UrhG verwiesen wird (§ 32c Abs. 1 S. 2 UrhG) und für den praktische Erfahrungen noch abzuwarten sind.

spruch auf angemessene Vergütung – bzw. im Falle des § 32a UrhG auf eine
weitere angemessene Beteiligung. Der Begriff der Angemessenheit dürfte dabei
in allen drei Konstellationen weitgehend identisch sein.[5] Das leuchtet ohne Weiteres ein für § 32 UrhG, gilt aber – abgesehen vom Beurteilungszeitpunkt, der
teilweise eine leicht differenzierende Betrachtung erfordert[6] – grundsätzlich[7]
auch mit Blick auf § 32a UrhG. Der wesentliche Unterschied zwischen § 32 und
§ 32a UrhG besteht zum einen darin, dass § 32 UrhG die Perspektive des Vertragsschlusses und § 32a UrhG die Betrachtung von einem späteren Zeitpunkt
aus erfasst, zum anderen in der in § 32a UrhG zusätzlich aufgestellten Schwelle
des „auffälligen Missverhältnisses" zwischen Einräumung des Nutzungsrechts
und vereinbarter Gegenleistung. Wenn diese Schwelle in § 32a UrhG überschritten ist, dürfte die Angemessenheit im Sinne dieser Vorschrift ebenso zu
verstehen sein wie in § 32 UrhG. Die zusätzliche Bezugnahme auf die „Umstände" in § 32a Abs. 1 S. 1 UrhG weist nur auf die erforderliche Einzelfallprüfung
hin, die im Rahmen des § 32 UrhG ebenso notwendig ist. Im Folgenden wird
daher von einem einheitlichen Angemessenheitsbegriff im Urhebervertragsrecht ausgegangen.

Die Bestimmung der Angemessenheit im Einzelfall ist nicht nur wegen der
Offenheit dieses Begriffs – teilweise wird deutlicher von Unbestimmtheit gesprochen[8] –, sondern auch angesichts der Vielfalt denkbarer urheberrechtlicher
Leistungen und ihrer Verwertungsmöglichkeiten naturgemäß schwierig. In erster Linie ist daher nach der Konzeption des Gesetzes auf tarifvertragliche Regelungen sowie auf gemeinsame Vergütungsregeln im Sinne des § 36 UrhG zurückzugreifen. Nur nachrangig soll eine Bestimmung der angemessenen Vergütung durch die Gerichte im Einzelfall in Betracht kommen.[9] Da die kol-
lektivvertraglichen Aspekte der Angemessenheit Thema eines eigenständigen
Vortrags sind, soll es hier vor allem um die einzelfallbezogene richterliche Bestimmung der Angemessenheit im Rahmen von Ansprüchen aus § 32 Abs. 1 S. 2
bzw. S. 3 UrhG oder aus § 32a Abs. 1 S. 2 bzw. Abs. 2 S. 1 UrhG gehen. Nach der
gesetzgeberischen Konzeption wäre dieses Thema also eigentlich ein „Randthe-
ma", denn man ging davon aus, dass die einzelfallbezogene Bestimmung der
angemessenen Vergütung nur Ausnahmefälle betreffen sollte. Die Praxis sieht
jedoch – knapp 10 Jahre nach Inkrafttreten der Regelungen – noch anders aus:
Eine Fülle instanzgerichtlicher und eine beträchtliche Zahl höchstrichterlicher

---

[5] Siehe auch Fromm/Nordemann-*Czychowski* (Fn. 2), § 32a UrhG Rn. 26; Dreyer/Kott-
hoff/Meckel-*Kotthoff*, Urheberrecht (2. Aufl. 2009), § 32a UrhG Rn. 12, 14.

[6] Dreyer/Kotthoff/Meckel-*Kotthoff* (Fn. 5), § 32a UrhG Rn. 14.

[7] Zu einer Abweichung in der Rechtsprechung unten III. 3. b) dd).

[8] Z.B. *Becker*, §§ 32 ff. UrhG – eine gelungene oder verfehlte Reform? Eine Zwischenbilanz, ZUM 2010, 89; *Berger*, Sieben Jahre §§ 32 ff. UrhG – Eine Zwischenbilanz aus Sicht der
Wissenschaft, ZUM 2010, 90, 92; *Jacobs*, GRUR 2011, 306, 306.

[9] Siehe insbesondere Beschlussempfehlung und Bericht des Rechtsausschusses, BT-Drs.
14/8058, S. 2.

Entscheidungen betrifft Fragen der Bestimmung einer angemessenen Vergütung im Einzelfall – vor allem mit Blick auf die Honorare von Buchübersetzern. Diese Berufsgruppe hat allein den BGH mittlerweile in mehr als 10 Fällen beschäftigt.[10] Bedenkt man, dass gemeinsame Vergütungsregeln überhaupt erst für zwei Branchen existieren, nämlich für die Autoren belletristischer Werke in deutscher Sprache[11] und für freie hauptberufliche Journalistinnen und Journalisten an Tageszeitungen[12], verwundert es nicht, dass die Gerichte in zahlreichen Einzelfällen mit Angemessenheitsfragen befasst sind. Allerdings sollte man von der Zahl der Entscheidungen zu Übersetzerhonoraren nicht gleich hochrechnen auf alle anderen Branchen. Zum einen ist die angemessene Vergütung in dieser Berufsgruppe seit jeher besonders problematisch und zum anderen wurden etliche Klagen auch zur Vermeidung einer Verjährung von Ansprüchen erhoben.[13] Eher sollte man daher die höchstrichterlichen Urteile zu diesem Teilbereich als erste Wegweiser zur Bestimmung der Angemessenheit in der Praxis betrachten.

Deshalb möchte ich mich im Folgenden nicht mit den Details der angemessenen Vergütung der Übersetzer oder anderer Urhebergruppen befassen, sondern zunächst die Grundlagen der Angemessenheit im Urhebervertragsrecht nach der Vorstellung des Gesetzgebers kurz darstellen und dann untersuchen, wie diese Konzeption in der Entscheidungspraxis des BGH umgesetzt wurde. Danach werde ich analysieren, ob und inwieweit sich daraus allgemeine Folgerungen für die Bestimmung der Angemessenheit im individualvertraglichen Bereich des Urheberrechts ableiten lassen und schließlich ein kurzes Fazit ziehen.

---

[10] BGH, ZUM 2010, 48 – Talking to Addison; BGH, ZUM-RD 2010, 16; BGH, ZUM 2011, 316 – Destructive Emotions; BGH, ZUM-RD 2010, 8 – Angemessene Vergütung für Übersetzer belletristischer Werke II; BGH, ZUM-RD 2010, 62 – Angemessene Vergütung für Übersetzer belletristischer Werke III; BGH, ZUM 2010, 255 – Angemessene Vergütung für Übersetzer belletristischer Werke IV; BGH, ZUM-RD 2011, 208 – Angemessene Übersetzervergütung II; BGH, ZUM-RD 2011, 212 – Angemessene Übersetzervergütung III; BGH, ZUM 2011, 403 – Angemessene Übersetzervergütung IV; BGH, ZUM 2011, 408 – Angemessene Übersetzervergütung V; BGH, ZUM 2011, 735 – Angemessene Übersetzervergütung I (Beschluss in Bezug auf Anhörungsrüge); BGH v. 07.04. 2011 – I ZR 20/09 (Beschluss in Bezug auf Anhörungsrüge). In den folgenden Verweisungen wird auf die drei erstgenannten Leiturteile verwiesen; die weiteren Judikate bestätigen die Grundlinien dieser Rechtsprechung und geben Einzelpassagen daraus über weite Strecken wortgleich wieder.

[11] Gemeinsame Vergütungsregeln für Autoren belletristischer Werke in deutscher Sprache, http://www.bmj.de/SharedDocs/Downloads/DE/pdfs/Gemeinsame_Verguetungsregeln.pdf.

[12] Gemeinsame Vergütungsregeln aufgestellt für freie hauptberufliche Journalistinnen und Journalisten an Tageszeitungen, http://www.bmj.de/SharedDocs/Downloads/DE/pdfs/Gemeinsame_Verguetungsregeln_in_Tageszeitungen.pdf.

[13] *Schimmel*, Das Urhebervertragsrecht – Fehlschlag oder gelungene Reform? Eine Zwischenbilanz aus Sicht der Autoren, ZUM 2010, 95, 102, 105.

II. Die gesetzgeberische Konzeption der Angemessenheit im Urhebervertragsrecht

1. Sinn und Zweck sowie Vorbilder des Angemessenheitsbegriffs

Sinn und Zweck der §§ 32 ff. UrhG und damit auch der Regeln über die angemessene Vergütung des Urhebers ist der Ausgleich gestörter Vertragsparität.[14] Urheber und ausübende Künstler sollen angemessen an dem wirtschaftlichen Nutzen ihrer Arbeit, ihrer Werke und Darbietungen beteiligt werden.[15] Man wollte mit den Regelungen vor allem *Buy-out*-Verträgen entgegentreten, bei denen Verwerter sich Nutzungsrechte in großem Umfang einräumen ließen, ohne den Urhebern oder ausübenden Künstlern eine angemessene Beteiligung an den Erlösen aus der Verwertung dieser Rechte zu gewähren.[16] Für den Begriff der angemessenen Vergütung (§ 32 Abs. 1 S. 2 und 3 UrhG) bzw. angemessenen Beteiligung (§ 32a Abs. 1 S. 1 UrhG) meinte man an Erfahrungen aus anderen Bereichen des Urheberrechts anknüpfen zu können. Zum einen ist bereits seit 1901 in § 22 Abs. 2 VerlG festgelegt: „Ist die Höhe der Vergütung nicht bestimmt, so ist eine angemessene Vergütung in Geld als vereinbart anzusehen." Zum anderen sind in den europarechtlich geprägten §§ 27 Abs. 1 und 20b Abs. 2 UrhG Ansprüche auf angemessene Vergütung bei Vermietung bzw. Kabelweitersendung normiert. Allerdings handelt es sich hierbei um gesetzliche Ansprüche, die zudem durch Verwertungsgesellschaften wahrgenommen werden, so dass es um eine andere Konstellation geht als in § 22 Abs. 2 VerlG und §§ 32 ff. UrhG. Weiterhin ging der Gesetzgeber davon aus, dass auch auf die Erfahrungen mit der richterlichen Bestimmung einer angemessenen Lizenzgebühr im Rahmen der dreifachen Schadensberechnung zurückgegriffen werden könne.[17] Dass dies nur mit Einschränkungen möglich ist, wird noch zu zeigen sein.

2. Bestimmung der Angemessenheit

Nach der Vorstellung des Gesetzgebers sind für die Bestimmung der Vergütung des Urhebers in erster Linie tarifvertragliche Bestimmungen maßgeblich, die im konkreten Fall einschlägig sind, § 32 Abs. 4 UrhG; eine Angemessenheitsprüfung des Vereinbarten erfolgt nicht.[18]

---

[14] Regierungsentwurf, BT-Drs. 14/6433, S. 7.

[15] Regierungsentwurf, BT-Drs. 14/6433, S. 7 m. w. N.

[16] Entwurf eines Gesetzes zur Stärkung der vertraglichen Stellung von Urhebern und ausübenden Künstlern (Stand: 22. Mai 2000) – Professorenentwurf, GRUR 2000, 765, 770; Regierungsentwurf, BT-Drs. 14/6433, S. 11.

[17] Regierungsentwurf, BT-Drs. 14/6433, S. 14.

[18] Siehe etwa Schricker/Loewenheim-*Schricker/Haedicke*, Urheberrecht (4. Aufl. 2010), § 32 UrhG Rn. 23 m. w. N.; Dreyer/Kotthoff/Meckel-*Kotthoff* (Fn. 5), § 32 UrhG Rn. 14.

Auf der nächsten Stufe kommt der Begriff der Angemessenheit zumindest im Gesetzestext ins Spiel: Wenn keine einschlägigen tarifvertraglichen Bestimmungen existieren, ist zu untersuchen, ob eine gemeinsame Vergütungsregel im Sinne des § 36 UrhG einschlägig ist. Eine nach einer solchen Regel ermittelte Vergütung ist nach § 32 Abs. 2 S. 1 UrhG angemessen, d. h. ihre Angemessenheit wird unwiderleglich vermutet.[19]

Inhaltliche Vorgaben für die Angemessenheit enthält erst die auf der dritten Stufe anzuwendende Regelung in § 32 Abs. 2 S. 2 UrhG: Danach „ist die Vergütung angemessen, wenn sie im Zeitpunkt des Vertragsschlusses dem entspricht, was im Geschäftsverkehr nach Art und Umfang der eingeräumten Nutzungsmöglichkeit, insbesondere nach Dauer und Zeitpunkt der Nutzung, unter Berücksichtigung aller Umstände üblicher- und redlicherweise zu leisten ist". Diese Legaldefinition der Angemessenheit wurde erst auf Initiative des Bundesrates[20] in das Gesetz aufgenommen, auch wenn die Bundesregierung – anders als der Bundesrat – nicht der Auffassung war, dass die Bestimmung der Angemessenheit die Gerichte vor erhebliche Probleme stellen würde.[21] Zweck dieser Definition sollte es in erster Linie sein, die Bestimmung des angemessenen Entgelts zu erleichtern, „wenn (noch) keine Vergütungsregeln vorhanden sind oder diese keine einschlägigen Vergütungssätze enthalten".[22]

Die Bestimmung der Angemessenheit soll hier erneut zweistufig erfolgen: In erster Linie kommt es auf die branchenübliche Vergütung oder – wenn eine solche nicht existiert – auf die in anderen Branchen für vergleichbare Werknutzungen geleistete Vergütung an.[23] Allerdings bedarf dieser Ansatz eines Korrektivs, weil Branchenüblichkeit nicht ohne Weiteres mit Angemessenheit gleichzusetzen ist, was insbesondere das Beispiel der bisherigen Vergütungen literarischer Übersetzer zeigt. Daher soll die branchenübliche Vergütung nur dann maßgeblich sein, wenn sie der Redlichkeit entspricht[24] – womit zur Angemessenheit noch ein weiterer unbestimmter Rechtsbegriff hinzugefügt wird. Zugleich zeigt sich hier der Unterschied der Vergütungsbemessung zur Lizenzanalogie im Schadensersatzrecht.[25] Sofern keine redliche Branchenübung

---

[19] Schricker/Loewenheim-*Schricker/Haedicke* (Fn. 18), § 32 UrhG Rn. 24 m. w. N.; Fromm/Nordemann-*Czychowski* (Fn. 2), § 32 UrhG Rn. 13, 29; Wandtke/Bullinger-*Wandtke/Grunert*, Urheberrecht (3. Aufl. 2009), § 32 UrhG Rn. 26; Dreier/Schulze-*Schulze*, Urheberrechtsgesetz (3. Aufl. 2008), § 32 UrhG Rn. 30; Dreyer/Kotthoff/Meckel-*Kotthoff* (Fn. 5), § 32 UrhG Rn. 15.

[20] Stellungnahme des Bundesrates, BT-Drs. 14/7564, S. 7.

[21] Stellungnahme des Bundesrates, BT-Drs. 14/7564, S. 7.

[22] Beschlussempfehlung und Bericht des Rechtsausschusses, BT-Drs. 14/8058, S. 18; ähnlich schon Stellungnahme des Bundesrates, BT-Drs. 14/7564, S. 7.

[23] Beschlussempfehlung und Bericht des Rechtsausschusses, BT-Drs. 14/8058, S. 18.

[24] Beschlussempfehlung und Bericht des Rechtsausschusses, BT-Drs. 14/8058, S. 18.

[25] Siehe dazu auch Fromm/Nordemann-*Czychowski* (Fn. 2), § 32 UrhG Rn. 6; Wandtke/Bullinger-*Wandtke/Grunert* (Fn. 19), § 32 UrhG Rn. 37; *Schricker*, Zum Begriff der angemessenen Vergütung im Urheberrecht – 10% vom Umsatz als Maßstab?, GRUR 2002, 737, 738.

existiert, soll – auf einer zweiten Zwischenstufe – die angemessene Vergütung durch den Richter nach billigem Ermessen festgesetzt werden.[26] Die beiden maßgeblichen unbestimmten Rechtsbegriffe – Redlichkeit der Branchenübung auf der ersten Zwischenstufe und Angemessenheit auf der zweiten Zwischenstufe – werden in den Gesetzesmaterialien näher konkretisiert. So heißt es in der Gesetzesbegründung zur Redlichkeit: „Der Begriff der Redlichkeit berücksichtigt neben der Interessenlage der Verwerter gleichberechtigt die Interessen der Urheber und ausübenden Künstler. Sofern eine übliche Branchenpraxis feststellbar ist, die nicht der Redlichkeit entspricht, bedarf es einer wertenden Korrektur nach diesem Maßstab."[27] Und zum „billigen Ermessen" bei der Bestimmung der Angemessenheit führt der Gesetzgeber aus: „Der Billigkeit wird es in der Regel entsprechen, den Urheber an den aus der Nutzung seines Werkes resultierenden Erträgen und Vorteilen angemessen zu beteiligen. Hierbei werden alle relevanten Umstände zu berücksichtigen sein, wie z. B. Art und Umfang der Nutzung, Marktverhältnisse, Investitionen, Risikotragung, Kosten, Zahl der Werkstücke oder zu erzielende Einnahmen. Auch können Werkarten und Nutzungen in anderen Branchen und die dort nach redlicher Übung geleisteten Vergütungen als Vergleichsmaßstab herangezogen werden."[28] Hier überschneiden sich beide Zwischenstufen, weil für die Angemessenheit auch die redliche Übung in anderen Branchen maßgeblich sein kann.- Einen Anhaltspunkt für die Angemessenheit soll nach der Auffassung des Gesetzgebers das Beteiligungsprinzip geben, das als Wertungsfaktor mit in Rechnung zu stellen sei. Dieses gelte allerdings nicht absolut: „Nicht überall, wo Einnahmen erzielt werden, ist eine Beteiligung begründbar; aber auch wo keine Einnahmen erzielt werden, kann sich durchaus ein Vergütungsanspruch ergeben."[29] Schließlich hält der Gesetzgeber zur Angemessenheit fest, dass es sich dabei um einen Rahmen handele, „in dem sich eine vertragliche Bindung bewegen kann"[30]. Dieser Rahmen könne „je nach dem Bereich, in dem sich Urheber und Verwerter befinden, z. B. in Kleinverlagen oder globalen Medienunternehmen, unterschiedlich sein".[31] Er ist nach dem Willen des Gesetzgebers weitgehend einzelfallbezogen zu bestimmen.[32]

---

[26] Beschlussempfehlung und Bericht des Rechtsausschusses, BT-Drs. 14/8058, S. 18.

[27] Beschlussempfehlung und Bericht des Rechtsausschusses, BT-Drs. 14/8058, S. 18.

[28] Beschlussempfehlung und Bericht des Rechtsausschusses, BT-Drs. 14/8058, S. 18; ähnlich Regierungsentwurf, BT-Drs. 14/6433, S. 14 und Stellungnahme des Bundesrates, BT-Drs. 14/7564, S. 7 sowie der Professorenentwurf, GRUR 2000, 765, 774.

[29] Regierungsentwurf, BT-Drs. 14/6433, S. 14 f.; ähnlich schon der Professorenentwurf, GRUR 2000, 765, 774.

[30] Regierungsentwurf, BT-Drs. 14/6433, S. 14. Ebenso schon der Professorenentwurf, GRUR 2000, 765, 774.

[31] Regierungsentwurf, BT-Drs. 14/6433, S. 14.

[32] Regierungsentwurf, BT-Drs. 14/6433, S. 12.

III. Die Bestimmung der Angemessenheit
in der Rechtsprechung des BGH

Mit diesen gesetzgeberischen Vorgaben ausgestattet, standen die Gerichte in den letzten Jahren vielfach vor der schwierigen Aufgabe, die angemessene Vergütung von Urhebern im Einzelfall zu bestimmen. Mittlerweile wurden in den ersten Urteilen des BGH einige Leitlinien zur Bestimmung der Angemessenheit aufgezeigt. Dabei ging es größtenteils um Fälle des § 32 UrhG, in einem relativ neuen Urteil aber auch um § 32a UrhG. Diese Entscheidungen sollen im Folgenden kurz dargestellt werden. Der Schwerpunkt liegt hierbei nicht auf der Angemessenheit bestimmter Vergütungsarten für einzelne Gruppen von Urhebern, sondern auf allgemeinen – für alle Fälle gleichermaßen relevanten – Kriterien zur Ermittlung der angemessenen Vergütung sowie auf der praktischen Umsetzung des Vergütungsanspruchs.

1. Prozessuale Aspekte

Für den Anspruch auf Anpassung der Vergütung nach § 32 Abs. 1 S. 3 UrhG hat der BGH einige praktisch wichtige prozessuale Fragen geklärt.

Er geht von der Prämisse aus, dass bei einem Antrag im Sinne des § 32 Abs. 1 S. 3 UrhG auf Abänderung des Vertrags zur Gewährung einer angemessenen Vergütung die Abänderung des Vertrags nach richterlichem Ermessen entsprechend § 287 Abs. 2 ZPO erfolgt.[33] Der Tatrichter habe die angemessene Vergütung unter Würdigung aller Umstände des Einzelfalls nach freier Überzeugung und billigem Ermessen zu bestimmen.[34]

Für die Fassung des Klageantrags sieht es der BGH mit Blick auf § 253 Abs. 2 Nr. 2 ZPO als hinreichend an, wenn bei einem Antrag im Sinne des § 32 Abs. 1 S. 3 UrhG auf Änderung einer Vereinbarung über eine Urhebervergütung mit dem Ziel der Gewährung einer angemessenen Vergütung von einer Bezifferung des Antrags abgesehen wird. Es sei ausreichend, die Grundlagen für die Ermessensausübung und eine Größenordnung des Anspruchs anzugeben.[35] Diese prozessuale Erleichterung dürfte in Zukunft bedeutsam sein, denn bisher hatten die Kläger regelmäßig bezifferte Hauptanträge gestellt – denen meist nicht vollständig stattgegeben wurde – und hilfsweise die Abänderung des Vertrags nach richterlichem Ermessen beantragt. Allerdings ist zu beachten, dass der BGH die Grundlagen für die Ermessensausübung und die Angabe der Größen-

---

[33] BGH, ZUM 2010, 48 Rn. 13 – Talking to Addison; BGH, ZUM-RD 2010, 16 Rn. 14; BGH, ZUM 2011, 316 Rn. 11 – Destructive Emotions.

[34] BGH, ZUM 2010, 48 Rn. 31 – Talking to Addison; BGH, ZUM-RD 2010, 16 Rn. 30.

[35] BGH, ZUM 2010, 48 Rn. 13 – Talking to Addison; BGH, ZUM-RD 2010, 16 Rn. 14; BGH, ZUM 2011, 316 Rn. 11 – Destructive Emotions.

ordnung des Anspruchs jeweils aus den – gescheiterten – Hauptanträgen ent-
nahm. Daher werden die Beteiligten auch künftig um eine detaillierte Begründung ihres Antrags und um die Angabe konkreter Zahlen nicht herumkommen.
Zumindest das Prozesskostenrisiko – und möglicherweise auch die Hemm-
schwelle bei der Klageerhebung – dürfte allerdings durch die Erleichterung bei
der Fassung des Klageantrags gemindert sein.

Auch zur Überprüfbarkeit der tatrichterlichen Entscheidung über die angemessene Vergütung des Urhebers hat der BGH wichtige Feststellungen getroffen. Überprüfbar sei jedenfalls, ob das Berufungsgericht bei der Bestimmung
der Vergütung von zutreffenden rechtlichen Maßstäben ausgegangen sei und
sämtliche für die Bemessung der Vergütung bedeutsamen Tatsachen berücksichtigt habe, die von den Parteien vorgebracht worden seien oder sich aus der
Natur der Sache ergäben.[36] Speziell mit Bezug auf die Entwicklung von Leitlinien für die angemessene Vergütung bestimmter Berufsgruppen (in den konkreten Entscheidungen der Übersetzer) hält der BGH zudem fest, dass die Beurteilung des Berufungsgerichts insofern „nicht zuletzt im Interesse der Einheitlichkeit der Rechtsprechung der uneingeschränkten Überprüfung durch
das Revisionsgericht" unterliege.[37] Dieser an die Grenzen der revisionsgericht-
lichen Überprüfungsbefugnis gehende Ansatz erklärt die detailgenauen Entscheidungen des BGH zu Übersetzervergütungen. Er müsste allerdings bei genauer Betrachtung zur Konsequenz haben, dass Rechtssicherheit im Interesse
der Rechtseinheitlichkeit immer erst nach einer letztinstanzlichen Entscheidung zu erreichen ist.

2. Ermittlung der redlichen branchenüblichen Vergütung

Zur Ermittlung der redlichen branchenüblichen Vergütung als erster Variante
der angemessenen Vergütung im Sinne des § 32 Abs. 2 S. 2 UrhG hält der BGH
– in Übereinstimmung mit den Gesetzesmaterialien – fest, dass auch eine branchenübliche Honorierung nicht notwendig redlich sei. Sie sei vielmehr nur dann
redlich, wenn sie die Interessen des Urhebers neben den Interessen des Verwerters gleichberechtigt berücksichtige.[38] Die Interessen des Urhebers seien grundsätzlich nur dann ausreichend gewahrt, wenn er an jeder wirtschaftlichen Nutzung seines Werkes angemessen beteiligt sei.[39] Der BGH rekurriert also – im
Rahmen der übergeordneten Frage der angemessenen Vergütung – für die Bestimmung der Redlichkeit auf die Angemessenheit. Damit soll nicht nur ein
unbestimmter Rechtsbegriff durch einen anderen präzisiert werden, sondern

---

[36] BGH, ZUM 2010, 48 Rn. 31 – Talking to Addison; BGH, ZUM-RD 2010, 16 Rn. 30.
[37] BGH, ZUM 2010, 48 Rn. 35 – Talking to Addison; BGH, ZUM-RD 2010, 16 Rn. 35.
[38] BGH, ZUM 2010, 48 Rn. 22 – Talking to Addison; BGH, ZUM-RD 2010, 16 Rn. 23.
[39] BGH, ZUM 2010, 48 Rn. 23 – Talking to Addison; BGH, ZUM-RD 2010, 16 Rn. 24.

die Argumentation dreht sich letztlich im Kreis: Die Redlichkeit als Element der Angemessenheit soll unter Rückgriff auf die Angemessenheit konkretisiert werden. Auch wenn man stärker auf die angemessene „Beteiligung" als Element der Redlichkeit abstellt, gerät die Rechtsanwendung hier letztlich in eine Sackgasse, sofern man – naheliegenderweise – davon ausgeht, dass die angemessene Beteiligung jedenfalls größer als null ist. Bildlich könnte man sich am Ende der Sackgasse eine Wendeplatte vorstellen, auf der man sich von der Redlichkeit zur Angemessenheit und von dort wieder zur Redlichkeit bewegen kann. Um hier wieder herauszugelangen, muss versucht werden, sich der Konkretisierung der Angemessenheit im Einzelfall weiter zu nähern.

3. *Richterliche Festsetzung der angemessenen Vergütung nach billigem Ermessen*

Der Großteil der Ausführungen in den Urteilen des BGH betrifft folgerichtig auch die richterliche Festsetzung der angemessenen Vergütung nach billigem Ermessen.

a) *Allgemeines*

Hierzu finden sich zunächst einige allgemeine Ausführungen des BGH, wie etwa, dass es der Billigkeit in der Regel entsprechen werde, den Urheber an den aus der Nutzung seines Werkes resultierenden Erträgen und Vorteilen angemessen zu beteiligen.[40] Hier wird also wiederum bei der Konkretisierung der Angemessenheit der zu präzisierende Begriff erneut verwendet. Auch der Rückgriff auf den Beteiligungsgrundsatz allein hilft bei der Bestimmung der Vergütung noch nicht wesentlich weiter. Es finden sich aber noch etwas stärker konkretisierende Hinweise.

b) *Konkretisierung*

aa) *Relevanter Zeitpunkt*

Zunächst stellt der BGH klar, dass die Bestimmung der Angemessenheit im Rahmen des § 32 UrhG aus einer Perspektive *ex ante* – mit Blick auf den Vertragsschluss –, bei § 32a UrhG dagegen nach einer *ex post*-Betrachtung zu erfolgen hat.[41] Er unternimmt also den Versuch einer möglichst klaren Trennung zwischen beiden Anspruchsgrundlagen.

---

[40] BGH, ZUM 2010, 48 Rn. 33 – Talking to Addison; BGH, ZUM-RD 2010, 16 Rn. 32.
[41] BGH, ZUM 2010, 48 Rn. 19 – Talking to Addison; BGH, ZUM-RD 2010, 16 Rn. 20. Ebenso Schricker/Loewenheim-*Schricker/Haedicke* (Fn. 18), § 32 UrhG Rn. 27 m.w.N., § 32a Rn. 9; Wandtke/Bullinger-*Wandtke/Grunert* (Fn. 19), § 32 UrhG Rn. 43; Dreyer/Kott-

bb) *Branchenübliche nach redlicher Übung geleistete Vergütungen als Vergleichsmaßstab*

Weiterhin hält der BGH fest, dass in derselben Branche oder in anderen Branchen für vergleichbare Werknutzungen nach redlicher Übung geleistete Vergütungen als Vergleichsmaßstab herangezogen werden können.[42] Das wird jeweils als Erstes zu prüfen sein und war auch Ausgangspunkt der ersten Leitentscheidungen des BGH. Das Gericht zog die Vergütungsregeln für Autoren heran, nahm aber für Übersetzer deutliche Abschläge vor.[43] Der Rückgriff auf redliche Vergütungen in vergleichbaren Branchen dürfte praktikabel sein, soweit die Redlichkeit solcher Vergütungen nicht in Frage steht. Dann müssen nur noch Vergleichbarkeit bzw. etwaige Differenzierungsgründe analysiert werden. Sobald aber Zweifel an der Redlichkeit einer branchenüblichen Vergütung bestehen, ist man wegen der zirkulären Argumentation bei der Redlichkeit wieder auf die Frage der Ermittlung der Angemessenheit selbst zurückgeworfen.

cc) *Einzelfallbezogene Bestimmung der Angemessenheit*

Zur Bestimmung der Angemessenheit hält der BGH weiterhin fest, dass diese – anders als zuvor teilweise von Oberlandesgerichten angenommen[44] – stets einzelfallbezogen zu erfolgen habe.[45] Das ist – trotz der damit zwangsläufig verbundenen gewissen Rechtsunsicherheit – grundsätzlich zu begrüßen, denn Angemessenheit lässt sich gerade nicht pauschal für Gruppen urheberrechtlich geschützter Werke feststellen. Diese Einzelfallbetrachtung muss auch keinen Widerspruch zur Einheitlichkeit der Rechtsprechung, die der BGH gewährleisten will, begründen: Vielmehr erscheint es denkbar, dass der BGH einheitliche Grundlinien für angemessene Vergütungen in bestimmten Bereichen festlegt – wie jetzt für die Übersetzer in einer Reihe von Urteilen geschehen[46] –, gleichzeitig aber noch Spielräume bleiben, um die Vergütung im Einzelfall nach oben

---

hoff/Meckel-*Kotthoff* (Fn. 5), § 32 UrhG Rn. 28. Einschränkend für bestimmte Fälle *von Becker/Wegner*, Offene Probleme der angemessenen Vergütung, ZUM 2005, 695, 696; Dreier/Schulze-*Schulze* (Fn. 19), § 32 UrhG Rn. 45.

[42] BGH, ZUM 2010, 48 Rn. 33 – Talking to Addison; BGH, ZUM-RD 2010, 16 Rn. 32.

[43] BGH, ZUM 2010, 48 Rn. 41 ff. – Talking to Addison; BGH, ZUM-RD 2010, 16 Rn. 41; BGH, ZUM 2011, 316 Rn. 21 ff. – Destructive Emotions; zustimmend *Berger*, ZUM 2010, 90, 93; *Jacobs*, GRUR 2011, 306, 307.

[44] Insbesondere OLG München, ZUM 2007, 308, 314; ZUM 2007, 317, 324 f.; ZUM-RD 2007, 166, 175; ZUM-RD 2007, 182, 188.

[45] BGH, ZUM 2010, 48 Rn. 31 – Talking to Addison; BGH, ZUM-RD 2010, 16 Rn. 30. Ebenso Dreier/Schulze-*Schulze* (Fn. 19), § 32 UrhG Rn. 43; Dreyer/Kotthoff/Meckel-*Kotthoff* (Fn. 5), § 32 UrhG Rn. 39; a. A. (generalisierende Betrachtungsweise) z. B. Schricker/Loewenheim-*Schricker/Haedicke* (Fn. 18), § 32 UrhG Rn. 29; *von Becker*, Die angemessene Übersetzervergütung – Eine Quadratur des Kreises? Eine Zwischenbilanz aus Anlass der ersten OLG-Urteile, ZUM 2007, 249, 254. Für einen Mittelweg Fromm/Nordemann-*Czychowski* (Fn. 2), § 32 UrhG Rn. 38.

[46] Siehe die Nachweise Fn. 10.

oder unten zu modifizieren, beispielsweise bei besonders schwierigen und aufwändigen Übersetzungen. So hielt der BGH etwa fest, dass bei einer besonders schwierigen Übersetzung eines Sachbuchs ein Seitenhonorar von 14,32 € pro Manuskriptseite trotz einer zusätzlichen Recherchepauschale von 1.024,00 € zu niedrig sein könnte.[47] Zu dieser einzelfallbezogenen Differenzierung passt es, dass der BGH – in Anknüpfung an die Gesetzesmaterialien – betont, dass die angemessene Vergütung kein fester Wert sei, sondern vielmehr eine Bandbreite von möglichen angemessenen Vergütungen zulasse.[48]

dd) Einzelne Wertungselemente

All dies bleibt zur Bestimmung der Angemessenheit im Einzelfall aber immer noch recht abstrakt. Zusätzlich nennt der BGH eine Reihe von Kriterien. Neben den bereits in § 32 Abs. 2 S. 2 UrhG beispielhaft genannten Wertungselementen von Art und Umfang der eingeräumten Nutzungsmöglichkeit, insbesondere Dauer und Zeitpunkt der Nutzung, seien weiterhin in Betracht zu ziehen: die Markverhältnisse, Investitionen, Risikotragung, Kosten, die Zahl der hergestellten Werkstücke oder öffentlichen Wiedergaben oder die Höhe der zu erzielenden Einnahmen.[49] Darüber hinaus könnten Struktur und Größe des Verwerters, die geringe Verkaufserwartung, das Vorliegen eines Erstlingswerkes, die beschränkte Möglichkeit der Rechteverwertung, der außergewöhnliche Lektoratsaufwand, die Notwendigkeit umfangreicher Lizenzeinholung, der niedrige Endverkaufspreis, genrespezifische Entstehungs- und Marktbedingungen sowie ein besonders hoher Aufwand bei Herstellung, Werbung, Marketing, Vertrieb oder bei wissenschaftlichen Gesamtausgaben zu berücksichtigen sein.[50]

Zudem stellt der BGH klar, dass die angemessene Vergütung nach § 32 Abs. 1 S. 1 UrhG anders als die Vergütung des Werkunternehmers nicht für die erbrachte Leistung und die damit verbundene Arbeit, sondern für die Einräumung von Nutzungsrechten und die Erlaubnis zur Werknutzung geschuldet werde.[51] Sie hänge daher in erster Linie vom Ausmaß der Nutzung des Werkes ab. Der Arbeitsaufwand könne bei der Bemessung der angemessenen Vergütung nicht unmittelbar berücksichtigt werden, sondern allenfalls mittelbare Auswirkungen auf deren Bemessung haben, etwa bei der Berechnung des Sei-

---

[47] BGH, ZUM-RD 2010, 16 Rn. 58.
[48] BGH, ZUM 2010, 48 Rn. 61 – Talking to Addison; BGH, ZUM-RD 2010, 16 Rn. 65.
[49] BGH, ZUM 2010, 48 Rn. 54 – Talking to Addison; BGH, ZUM-RD 2010, 16 Rn. 53.
[50] BGH, ZUM 2010, 48 Rn. 54 – Talking to Addison; BGH, ZUM-RD 2010, 16 Rn. 53.
[51] BGH, ZUM 2010, 48 Rn. 55 f. – Talking to Addison; BGH, ZUM-RD 2010, 16 Rn. 54 f.; BGH, ZUM 2011, 316 Rn. 29 f. – Destructive Emotions; BGH v. 22.09. 2011 – I ZR 127/10 Rn. 28. Zustimmend z. B. *Berger*, ZUM 2010, 90, 93; *Hertin*, Werklohn und angemessene Vergütung, GRUR 2011, 1065, 1066 ff.; kritisch *Czychowski*, GRUR 2010, 793.

tenhonorars eines Übersetzers.[52] Damit reagiert das Gericht offenbar – allerdings ohne explizit darauf Bezug zu nehmen – auf Stimmen in der Literatur, die dazu tendierten, zwischen urheberrechtlicher Vergütung und Werklohn zu differenzieren.[53] Diese Klarstellung durch den BGH ist zu begrüßen, weil sie eine Umgehung der §§ 32 ff. UrhG vermeidet. Nicht in allen Fällen lassen sich die Vergütung für die Einräumung von Nutzungsrechten und eine etwaige Vergütung für die ursprüngliche Tätigkeit des Urhebers klar trennen, weil sich die ursprüngliche Leistung des Urhebers auch im Gegenstand der Einräumung von Nutzungsrechten widerspiegelt. Wollte man hingegen § 632 BGB neben § 32 UrhG anwenden, müsste der Werklohn bei der Bemessung der angemessenen Vergütung in Abzug gebracht werden, könnte aber seinerseits im Falle einer Unangemessenheit mangels einer dem § 32 UrhG entsprechenden Regelung in § 632 BGB nicht angepasst werden.[54] Damit könnte der Schutzzweck des § 32 UrhG konterkariert werden. Daher sollte – jedenfalls bei Identität der Vertragspartner – der Werklohn nicht gesondert nach § 632 BGB bestimmt, sondern in die Berechnung der angemessenen Vergütung mit einbezogen werden.

Der BGH konkretisiert weiterhin den allgemeinen urheberrechtlichen Beteiligungsgrundsatz, indem er festhält, dass bei einer fortlaufenden Nutzung des Werkes diesem Grundsatz am besten durch eine erfolgsabhängige Vergütung entsprochen werde.[55] Aber auch eine Pauschalvergütung könne der Redlichkeit entsprechen, wenn sie – bei objektiver Betrachtung zum Zeitpunkt des Vertragsschlusses – eine angemessene Beteiligung am voraussichtlichen Gesamtertrag der Nutzung gewährleiste.[56] Unter dieser Voraussetzung könne auch eine Kombination von Absatz- und Pauschalvergütung angemessen sein. Hier bestehe eine Wechselwirkung in dem Sinne, dass eine höhere Pauschalvergütung eine geringere Absatzvergütung ausgleichen könne und umgekehrt.[57] Der BGH entwickelt also eine Art „Bewegliches System" für die Beurteilung der Angemessenheit im Einzelfall. Diese Grundregeln hat er später noch weiter konkreti-

---

[52] BGH, ZUM 2010, 48 Rn. 55 f. – Talking to Addison; BGH, ZUM-RD 2010, 16 Rn. 54 f.; BGH, ZUM 2011, 316 Rn. 29 f. – Destructive Emotions; i. Erg. bestätigt durch BVerfG, ZUM 2011, 396 Rn. 10.

[53] Fromm/Nordemann-*Czychowski* (Fn. 2), § 32 Rn. 17, 150; *Czychowski*, GRUR 2010, 793, 794; Fromm/Nordemann-*Schaefer* (Fn. 2), § 79 UrhG Rn. 15; siehe auch OLG Hamm, GRUR-RR 2003, 124; ähnlich Wandtke/Bullinger-*Wandtke/Grunert* (Fn. 19), § 32 UrhG Rn. 35; *Wandtke*, Der Anspruch auf angemessene Vergütung für Filmurheber nach § 32 UrhG. Beitrag zum Symposium „Bildgestaltung und Urhebervertragsrecht" des Bundesverbandes Kamera (bvk) am 23. Januar 2010 in Berlin, GRUR Int. 2010, 704, 706; kritisch *Hertin*, GRUR 2011, 1065, 1066 ff.; *Jacobs*, GRUR 2011, 306, 307.

[54] Siehe auch *Hertin*, GRUR 2011, 1065, 1066.

[55] BGH, ZUM 2010, 48 Rn. 23 – Talking to Addison; BGH, ZUM-RD 2010, 16 Rn. 24.

[56] BGH, ZUM 2010, 48 Rn. 24 – Talking to Addison; BGH, ZUM-RD 2010, 16 Rn. 25. Siehe jetzt auch BGH, ZUM 2012, 793 Rn. 32 f. – Honorarbedinungen für freie Journalisten.

[57] BGH, ZUM 2010, 48 Rn. 24 – Talking to Addison; BGH, ZUM-RD 2010, 16 Rn. 25. Kritisch zum Fehlen konkreter Zahlen in Bezug auf das Seitenhonorar *Schimmel*, ZUM 2010, 95, 105.

siert: Nutze ein Verwerter das Werk fortlaufend durch den Vertrieb von Vervielfältigungsstücken, entspreche es dem Beteiligungsgrundsatz am ehesten, die Vergütung des Urhebers an die Zahl und den Preis der verkauften Exemplare zu binden, da die Leistung durch den Verkauf eines jeden Exemplars wirtschaftlich genutzt werde.[58] Konkret bedeutet dies nach Ansicht des BGH für die Übersetzervergütung, dass dem Übersetzer grundsätzlich eine Absatzvergütung in Höhe von 2% des Nettoladenverkaufspreises bei Hardcover-Ausgaben bzw. 1% bei Taschenbuchausgaben zustehe.[59] Erhalte er allerdings ein übliches und angemessenes Seitenhonorar als Garantiehonorar, sei die Absatzvergütung im Normalfall auf 0,8% für Hardcover-Ausgaben bzw. 0,4% für Taschenbuchausgaben herabzusetzen und jeweils[60] erst ab dem 5.000 Exemplar zu zahlen.[61] Zudem sei der Urheber zur Hälfte an dem um bestimmte Abzüge geminderten Erlös[62] durch die Verwertung von Nebenrechten zu beteiligen,[63] soweit dabei von der Leistung des Übersetzers Gebrauch gemacht werde.[64] Mag man über konkrete Zahlen auch streiten – und ich wage es als Branchenexterne nicht, sie zu beurteilen –, bleibt doch festzuhalten, dass der vom BGH verfolgte Ansatz einer Gesamtbetrachtung aller unterschiedlichen Honorararten und ihrer Wechselwirkung richtig erscheint. Das Gericht etabliert hier eine Art „Bewegliches System", mit dessen Hilfe der Komplexität der Leistungen des Urhebers bei der Einräumung von Nutzungsrechten einigermaßen Rechnung getragen werden kann.

Auf der anderen Seite geht der BGH – in Anknüpfung an die Argumentationen im Prozess – auch auf Umstände auf Seiten der Verwerter ein. Er hält fest, dass bei der Bemessung der Höhe der Vergütung zwar der wirtschaftlichen Situation der Verwerter Rechnung zu tragen sei. Diese könne es aber nicht rechtfertigen, Urhebern (in den konkreten Fällen: Übersetzern) das angemessene Entgelt für die Nutzung ihrer Werke vorzuenthalten.[65] Besondere Umstände

---

[58] BGH, ZUM 2011, 316 Rn. 17 – Destructive Emotions.
[59] BGH, ZUM 2010, 48 Rn. 36 ff. – Talking to Addison; BGH, ZUM-RD 2010, 16 Rn. 36 ff.; BGH, ZUM 2011, 316 Rn. 18 ff. – Destructive Emotions.
[60] Klarstellend insoweit BGH, ZUM 2011, 316 Rn. 27 – Destructive Emotions.
[61] BGH, ZUM 2010, 48 Rn. 36 ff. – Talking to Addison; BGH, ZUM-RD 2010, 16 Rn. 36 ff.; BGH, ZUM 2011, 316 Rn. 18 ff. – Destructive Emotions. Zustimmend insoweit *Wegner*, Erste Übersetzerurteile des BGH – „Tarifdekret" mit Licht und Schatten, AfP 2010, 32, 33; kritisch *Czychowski*, GRUR 2010, 793, 795; *Jacobs*, GRUR 2011, 306, 307; *Schimmel*, ZUM 2010, 95, 105.
[62] Zur Differenzierung zwischen den vom BGH vorgenommenen Abzügen und dem Nettoerlös insb. *Reber*, Der „Ertrag" als Grundlage der angemessenen Vergütung/Beteiligung des Urhebers (§§ 32, 32a, 32c UrhG) in der Film- und Fernsehbranche – Keine „monkey points" nach Art US-amerikanischer Filmvertragsklauseln –, GRUR Int. 2011, 569, 571.
[63] BGH, ZUM 2010, 48 Rn. 36 ff. – Talking to Addison; BGH, ZUM-RD 2010, 16 Rn. 36 ff.; BGH, ZUM 2011, 316 Rn. 18 ff. – Destructive Emotions. Kritisch *Wegner*, AfP 2010, 32, 33 f.; *Reber*, GRUR Int. 2011, 569 ff.
[64] Ausführlich BGH, ZUM 2011, 316 Rn. 35 ff. – Destructive Emotions.
[65] BGH, ZUM 2010, 48 Rn. 29 – Talking to Addison; BGH, ZUM-RD 2010, 16 Rn. 28.

könnten sich auf die Bemessung der angemessenen Vergütung unmittelbar nur insoweit auswirken, als sie die Dauer oder den Umfang der Verwertung des Werkes beeinflussten.[66] Positiver für die Verwerter ist, dass der BGH in Bezug auf § 32 UrhG festhält, dass nach der Vorstellung des Gesetzgebers Quersubventionierungen und Mischkalkulationen zulässig bleiben sollen, wenn hierbei den Interessen des Urhebers hinreichend Rechnung getragen werde.[67] Diese weitgehende Berücksichtigung der Interessen der Verwerter lässt allerdings auch noch einige Fragen offen, vor allem diejenige nach den Grenzen der Quersubventionierung innerhalb großer Unternehmen. In Bezug auf § 32a UrhG hat der BGH hingegen kürzlich entschieden, dass bei der Bestimmung der angemessenen weiteren Beteiligung lediglich Verluste des Verwerters aus der Beziehung zum Urheber selbst berücksichtigt werden dürfen.[68] Die Abweichung zur Beurteilung bei § 32 UrhG wurde dabei vom BGH gesehen, aber nicht begründet.[69] Hier ergibt sich daher für einen Einzelaspekt ein Unterschied bei der Beurteilung der Angemessenheit nach § 32 und § 32a UrhG. Die weniger weit reichende Berücksichtigung von Quersubventionen bei § 32a UrhG erscheint insgesamt überzeugend, weil bei dieser Regelung der konkrete Erfolg bei der Verwertung eines einzigen Werkes im Vordergrund steht. Dies sollte zum Anlass genommen werden, die weit reichenden Möglichkeiten einer Berücksichtigung von Quersubventionen im Rahmen des § 32 UrhG nochmals zu hinterfragen. Solange dies nicht geschieht, kommt es an dieser Stelle zu einer schwer erklärbaren Aufspaltung des Angemessenheitsbegriffs, welche die Rechtsanwendung nicht unbedingt erleichtern dürfte.

ee) Voraussetzungen des Anspruchs auf Vertragsanpassung nach § 32 Abs. 1 S. 2 UrhG

Im Übrigen nimmt der BGH noch zu den Voraussetzungen des Anspruchs auf Vertragsanpassung nach § 32 Abs. 1 S. 2 UrhG Stellung. Er hält zum einen fest, dass der Anspruch auf Einwilligung in eine Vertragsänderung nicht voraussetze, dass die vereinbarte Vergütung die angemessene Vergütung wesentlich – beispielsweise um mehr als 10 % – unterschreite. Ein Anspruch auf Vertragsanpassung bestehe vielmehr bereits bei einer geringfügigen Unterschreitung der möglichen Bandbreite der angemessenen Vergütung.[70] Weiterhin hält der BGH fest, dass das Gericht im Rahmen des billigen Ermessens bei der Festsetzung der angemessenen Vergütung nicht gehalten sei, die Vergütung nur gerade so weit

---

[66] BGH, ZUM 2011, 316 Rn. 53 – Destructive Emotions.
[67] BGH, ZUM 2010, 48 Rn. 43 – Talking to Addison; BGH, ZUM-RD 2010, 16 Rn. 42. So i. Erg. auch Fromm/Nordemann-*Czychowski* (Fn. 2), § 32 UrhG Rn. 57 f.
[68] BGH, GRUR 2012, 496 Rn. 34 – Das Boot.
[69] BGH, GRUR 2012, 496 Rn. 34 – Das Boot.
[70] BGH, ZUM 2011, 316 Rn. 44 – Destructive Emotions.

anzuheben, dass sie nicht mehr unangemessen sei.[71] Hier wird die frühere Rechtsprechung zu § 36 UrhG a. F.[72] in einer Weise erweitert, die sich für die Urheber positiv auswirken könnte und auch auf § 32a UrhG übertragen werden sollte.[73]

Letztlich macht es sich hier wiederum bemerkbar, dass die Angemessenheit nicht einen bestimmten Punkt, sondern eine Bandbreite möglicher Vergütungen bezeichnet, innerhalb derer sich das richterliche Ermessen bewegen kann.[74] Sie beginnt mit dem Überschreiten der Schwelle der Unangemessenheit für den Urheber, denn das, was nicht mehr unangemessen ist, muss letztlich wohl angemessen sein. Auch ein Stück oberhalb dieser Schwelle kann die Vergütung aber immer noch angemessen sein. Die Obergrenze dürfte dort erreicht sein, wo die Vergütung in die andere Richtung hin – also zu Lasten des Verwerters – unangemessen wird. Dieser Aspekt wurde in den Entscheidungen bisher – abgesehen von der Frage der Wirtschaftlichkeit einer Anhebung der Vergütung – noch nicht weiter problematisiert. Er sollte aber im Sinne eines gerechten Interessenausgleichs künftig mit in den Blick genommen werden.

IV. Folgerungen

Betrachtet man diese Grundlagen der Angemessenheitsprüfung, ohne die konkreten Fallentscheidungen mit ihren detaillierten Festlegungen für angemessene Übersetzervergütungen hinzuzunehmen, erscheint es auf den ersten Blick fraglich, ob gegenüber dem, was bereits der Gesetzgeber als wesentlich ansah, durch die zahlreichen BGH-Urteile viel für die Rechtsanwendung im Einzelfall hinzugewonnen ist. Einige Eckpunkte der Rechtsprechung mit Bedeutung auch über die Übersetzerbranche hinaus lassen sich dennoch festhalten.

---

[71] BGH, ZUM 2010, 48 Rn. 61 – Talking to Addison; BGH, ZUM-RD 2010, 16 Rn. 65. Siehe auch Wandtke/Bullinger-*Wandtke/Grunert* (Fn. 19), § 32 UrhG Rn. 17.

[72] BGHZ 115, 63, 68 – Horoskop-Kalender und insbesondere BGH, ZUM 2002, 144, 146 f. – Kinderhörspiele.

[73] Zu einer entsprechenden Betrachtung bei § 32a UrhG auch Schricker/Loewenheim-*Schricker/Haedicke* (Fn. 18), § 32a UrhG Rn. 27; Wandtke/Bullinger-*Wandtke/Grunert* (Fn. 19), § 32a UrhG Rn. 25; Dreier/Schulze-*Schulze* (Fn. 19), § 32a UrhG Rn. 41 f.; einschränkend hingegen Fromm/Nordemann-*Czychowski* (Fn. 2), § 32a UrhG Rn. 26; teilweise anderer Ansatz bei Dreyer/Kotthoff/Meckel-*Kotthoff* (Fn. 5), § 32a UrhG Rn. 21 f.

[74] Siehe dazu auch etwa Fromm/Nordemann-*Czychowski* (Fn. 2), § 32 UrhG Rn. 26, 43; Dreyer/Kotthoff/Meckel-*Kotthoff* (Fn. 5), § 32 UrhG Rn. 12 – allerdings einschränkend für das Anspruchsziel, das bei der durchschnittlichen Vergütung innerhalb der Bandbreite liege.

1. Urheberrechtsspezifische Bestimmung der Angemessenheit

Zunächst hat sich gezeigt, dass die Angemessenheit im Urhebervertragsrecht urheberrechtsspezifisch zu bestimmen ist. Ein Rückgriff auf Grundlagen des allgemeinen Zivilrechts erscheint wegen der Besonderheiten des Urheberrechts in diesem Bereich nicht möglich. Eine unmittelbare Anknüpfung an Grundsätze der Kontrolle Allgemeiner Geschäftsbedingungen scheitert schon daran, dass im Rahmen der §§ 305 ff. BGB der Preis gerade kontrollfrei ist. Und einen Rückgriff auf die Regeln über die Vergütung etwa im Dienst- oder Werkvertragsrecht (§§ 612, 632 BGB) hat der BGH für den Bereich des Urhebervertragsrechts zu Recht ausgeschlossen. Der „Wert" des Werkes selbst wird nach der Rechtsprechung des BGH zu Recht nicht unmittelbar als Faktor bei der Ermittlung der angemessenen Vergütung des Urhebers berücksichtigt, sondern lediglich mittelbar, soweit er auf die eingeräumten Rechte fortwirkt.

2. Abstellung auf die Umstände des Einzelfalles und Bandbreite der Angemessenheit

Bei dieser urheberrechtspezifischen Bestimmung der Angemessenheit kommt es – wie schon vom Gesetzgeber vorgesehen und auch vom BGH hervorgehoben – entscheidend auf die Umstände des Einzelfalles an. Die mögliche Bandbreite der angemessenen Vergütung ist allerdings relativ groß. Sie reicht von der unteren Schwelle der Unangemessenheit der Vergütung für den Urheber bis zur oberen Schwelle der Unangemessenheit für den Verwerter. Das erschwert die Bestimmung im Einzelfall, die wegen des Fehlens kollektiver Vergütungsregeln heute noch immer der praktische Regelfall ist. Daher dürfte auch der vom BGH zugelassene Rückgriff auf Vereinbarungen in ähnlichen Branchen häufig nicht weiterhelfen. Und die Bezugnahme auf eine redliche branchenübliche Vergütung, die ebenfalls die Rechtsanwendung erleichtern könnte, bereitet in der praktischen Anwendung gleichermaßen Probleme. Zwar dürfte sich eine solche Vergütung in der Regel ermitteln lassen, aber die Anknüpfung an die Marktverhältnisse reicht zur Bestimmung der Angemessenheit in diesem Bereich eben noch nicht aus. Daher können auch die Erfahrungen mit gesetzlichen Vergütungsregeln und mit der Lizenzanalogie hier letztlich nicht fruchtbar gemacht werden. Vielmehr muss in jedem Fall ermittelt werden, ob die branchenübliche Vergütung redlich ist, und hierfür wird der Rechtsanwender nach der Rechtsprechung des BGH wiederum auf die Bestimmung der Angemessenheit zurückgeworfen. Mit diesem Zirkelschluss des BGH, der für die Ermittlung der Redlichkeit als Voraussetzung der Angemessenheit wiederum auf die Angemessenheit rekurriert, dürfte die Rechtsanwendung regelmäßig „stecken bleiben". Dann bleibt nur die Bestimmung der Angemessenheit im Einzelfall anhand der genannten Kriterien – und damit weiterhin ein nicht geringes Maß an Rechtsunsicherheit.

3. Offene Fragen

Diese Rechtsunsicherheit wird durch weitere bislang noch offene Fragen verstärkt. Immerhin hatte sich der BGH bislang nur mit der angemessenen Vergütung für eine bestimmte Berufsgruppe – bei der die Bestimmung der Vergütung allerdings auch besonders komplex ist – zu befassen. Wenn dafür schon eine zweistellige Zahl höchstrichterlicher Urteile erforderlich war, drängt sich die Frage auf, wie die Entwicklung weitergehen soll. Ob man in Zukunft auf mehr gemeinsame Vergütungsregeln zurückgreifen kann, wird abzuwarten sein. Ansonsten könnte die Prozesslawine auch in anderen Bereichen kreativer Leistungen größer werden. Dabei werden sich nicht nur branchenspezifische Fragen stellen – die hier im Einzelnen nicht ausgelotet werden können –, sondern auch einige allgemeine Probleme. Auf drei davon soll abschließend noch kurz hingewiesen werden.

Zum einen ist die Frage der Berechnung der Erträge des Verwerters noch nicht abschließend geklärt.[75] Für die Verwertung von Nebenrechten hat der BGH bestimmte Abzüge von den Erträgen berücksichtigt, aber auch hier können sich – vor allem wegen der vom BGH zugelassenen Möglichkeit der Quersubventionierung – noch etliche Detailprobleme stellen. Hier ist noch vieles offen.

Gewichtig erscheint auch die Frage unentgeltlicher Einräumungen von Nutzungsrechten. Wenn § 32 Abs. 3 S. 3 UrhG, mit dem vor allem die *Open Source*-Bewegung gestärkt werden sollte,[76] im Gesamtkontext des § 32 UrhG betrachtet wird, reicht die Bandbreite der Angemessenheit bis hin zur Unentgeltlichkeit. Dann könnte man sich aber auf den ersten Blick viele der vorangegangenen Überlegungen sparen. Daher muss die Angemessenheit einer unentgeltlichen Einräumung von Nutzungsrechten an die in § 32 Abs. 3 S. 3 UrhG vorgesehenen zusätzlichen Voraussetzungen gebunden und auf diese Fälle beschränkt werden.[77] Entscheidend ist, dass einfache Nutzungsrechte vom Urhe-

---

[75] Siehe dazu allgemein etwa Schricker/Loewenheim-*Schricker/Haedicke* (Fn. 18), § 32 UrhG Rn. 33 m. w. N.; Dreier/Schulze-*Schulze* (Fn. 19), § 32 UrhG Rn. 54 ff.; Dreyer/Kotthoff/Meckel-*Kotthoff* (Fn. 5), § 32 UrhG Rn. 40; *Berger*, ZUM 2010, 90, 94; *Schwarz*, Die Vereinbarung angemessener Vergütungen und der Anspruch auf Bestsellervergütungen aus Sicht der Film- und Fernsehbranche, ZUM 2010, 107, 111 ff.; *Reber*, GRUR Int. 2011, 569, 571 ff.; *Wegner*, AfP 2010, 32, 33.

[76] Regierungsentwurf, BT-Drs. 14/6433, S. 15; Beschlussempfehlung des Rechtsausschusses, BT-Drs. 14/8058, S. 19.

[77] So i. Erg. auch Wandtke/Bullinger-*Wandtke/Grunert* (Fn. 19), § 32 UrhG Rn. 11. Weiter hingegen Schricker/Loewenheim-*Schricker/Haedicke* (Fn. 18), § 32 UrhG Rn. 22.

ber freiwillig an „jedermann" eingeräumt werden. Sie kommen also den Endnutzern und nicht Verwertern zugute. In solchen Sonderfällen ist also auch die
Vereinbarung von Unentgeltlichkeit als angemessen anzusehen. Maßgeblich
dafür, dass keine Umgehung des § 32 Abs. 1 und 2 UrhG vorliegt, sind die Freiwilligkeit auf Seiten des Urhebers und die Einräumung lediglich einfacher Nutzungsrechte, und zwar ausschließlich gegenüber Endnutzern. Ob diese Abgrenzung aber im Einzelfall immer klar gelingt, ist zumindest nicht zweifels-
frei. Teilweise wird darüber hinaus angenommen, dass auch in anderen Fällen
gegebenenfalls die angemessene Vergütung auf Null schrumpfen könne.[78] Hier
wird der Beteiligungsgrundsatz sehr weit ausgedehnt; die Gerichte sollten bei
der Annahme von Unentgeltlichkeit in Konstellationen, in denen eine derartige
vertragliche Vereinbarung wegen § 32 Abs. 3 UrhG unzulässig wäre, zurückhaltend sein.

Offen ist schließlich auch die in einem neueren Urteil des BGH zur angemessenen Vergütung angesprochene Frage des Verhältnisses der Ansprüche mehrerer Miturheber zueinander.[79] Der BGH konnte insoweit etliche Aspekte offen
lassen, weil jedenfalls ein vorbereitender Auskunftsanspruch eines Miturhe-
bers, um den es im konkreten Fall in erster Linie ging, nicht im Widerspruch
zu § 8 Abs. 2 S. 1 und S. 3 UrhG stand und daher auch von einem Urheber allein
für seinen Anteil am Gesamtwerk geltend gemacht werden konnte.[80] Der BGH
ging davon aus, dass dies – jedenfalls bei Abschluss eigenständiger Verwertungsverträge durch die Miturheber – auch für Ansprüche aus § 32a Abs. 1
UrhG gelte.[81] Ob aber in allen Fällen einer Miturheberschaft eine derart klare
Trennung der Verwertungsverträge möglich ist wie im konkreten Fall – es ging
um die Leistung des Chefkameramannes für den Film „Das Boot" –, mag bezweifelt werden. Bei einem engeren Zusammenwirken mehrerer Urheber dürfte die Bestimmung der Angemessenheit schon deswegen schwieriger werden,
weil dabei auch die Gesamtbelastung des Verwerters im Blick behalten werden
muss und insofern die potentiellen Vergütungen sämtlicher beteiligten Urheber
zu berücksichtigen sein können. Auch hier bleiben daher noch etliche Fragen
offen.

---

[78] Z.B. Regierungsentwurf, BT-Drs. 14/6433, S. 15; Schricker/Loewenheim-*Schricker/
Haedicke* (Fn. 18), § 32 UrhG Rn. 36; Wandtke/Bullinger-*Wandtke/Grunert* (Fn. 19), § 32
UrhG Rn. 34; Dreier/Schulze-*Schulze* (Fn. 19), § 32 UrhG Rn. 27, 61; einschränkend hingegen
Beschlussempfehlung des Rechtsausschusses, BT-Dr. 14/8058, S. 18: Unentgeltlichkeit kann
in gemeinsamen Vergütungsregelungen vorgesehen werden.

[79] BGH, GRUR 2012, 496 Rn. 12 ff. – Das Boot. Siehe jetzt auch BGH, GRUR 2012, 1022
Rn. 21 ff. – Kommunikationsdesigner – zum Anspruch einer Miturhebergesellschaft bürgerlichen Rechts auf Vertragsänderung zur Gewährung einer angemessenen Vergütung analog
§ 32 Abs. 1 S. 3 UrhG.

[80] BGH, GRUR 2012, 496 Rn. 17 – Das Boot.

[81] BGH, GRUR 2012, 496 Rn. 17 ff. – Das Boot. Zur Problematik der Anspruchsberechti-
gung in der Filmbranche insb. *Schwarz*, ZUM 2010, 107, 109 ff. m. w. N.

V. Fazit

Als Fazit lässt sich festhalten, dass die Angemessenheit im Urhebervertragsrecht bislang überwiegend normativ zu bestimmen ist. Eine empirische Herangehensweise kommt nur dort in Betracht, wo tarifvertragliche Vereinbarungen oder gemeinsame Vergütungsregeln existieren, also nur in einem vergleichsweise kleinen Bereich. Der vom Ansatz her ebenfalls empirische Rückgriff auf die branchenübliche Vergütung wird durch das normative Erfordernis der Redlichkeit einer solchen Vergütung überlagert – mit allen Problemen einer Bestimmung der Redlichkeit im Einzelfall, wie sie bereits dargestellt wurden. Insgesamt ist der BGH um eine umfassende Abwägung der Interessen beider Vertragspartner bemüht. Die von ihm entwickelten und für weitere Bereiche voraussichtlich noch zu entwickelnden „Leitlinien" dürften eine gewisse Hilfe für die Praxis bieten. Wegen der Einzelfallbezogenheit der Betrachtung und der Bandbreite, innerhalb derer sich die angemessene Vergütung bewegen kann, wird aber bei der Ausübung des richterlichen Ermessens nach § 287 ZPO wohl auch in Zukunft mit Divergenzen bei einzelnen Gerichtsentscheidungen zu rechnen sein, solange keine einschlägigen tarifvertraglichen Vereinbarungen oder gemeinsamen Vergütungsregeln vorliegen.

Die verbleibende Rechtsunsicherheit sollte jedoch nicht darüber hinwegtäuschen, dass mit den Regelungen der §§ 32 ff. UrhG jedenfalls eines erreicht wurde: Die Höhe der Vergütung von Urhebern wird in zahlreichen Prozessen hinterfragt und genauer abgewogen als zuvor. Und das kann – wenn man der gesetzgeberischen Prämisse vom strukturellen Ungleichgewicht von Urhebern und Verwertern folgt – im Ergebnis trotz aller Einschränkungen der Privatautonomie durch gesetzliche und richterliche Vorgaben zu mehr Vertragsgerechtigkeit führen. Insofern möchte ich eine vorsichtig positive Bilanz ziehen: Das negative Bild von der Büchse der Pandora passt meiner Auffassung nach nicht, auch wenn noch einige Rätsel zu lösen bleiben. Nimmt man die Bemühungen der Rechtsprechung um eine sorgsame Abwägung der beteiligten Interessen beider Seiten in den Blick, dürften letztlich alle Beteiligten Grund haben, das heutige Jubiläum der Verabschiedung des Gesetzes zur Stärkung der vertraglichen Stellung von Urhebern und ausübenden Künstlern zumindest ein wenig zu feiern.

Eva Strippel

Die Angemessenheit im Urhebervertragsrecht, §§ 32 ff. UrhG

Diskussionsbericht zu § 5

Dr. Nikolaus Reber (Rechtsanwalt, München) eröffnete die von *Dr. Gernot Schulze* (Rechtsanwalt, München) geleitete Diskussion mit der Anmerkung, er könne die von *Schaub* dargestellte „Sackgasse"[1] bei der richterlichen Definition der Angemessenheit nicht erkennen. Zwar definiere der BGH die Angemessenheit letztlich über die redliche Branchenübung. Anders als von *Schaub* dargestellt liege aber bei dem im Rahmen der Definition der redlichen Branchenübung wiederum verwendeten Begriff der Angemessenheit die Betonung auf der angemessenen Beteiligung aus der Werknutzung. Die Definition sei demnach nicht zirkelschlüssig; dem pflichtete auch *Prof. Dr. Adolf Dietz* (Max-Planck Institut für Immaterialgüter- und Wettbewerbsrecht, München) bei. *Schaub* entgegnete, ein gewisser Zirkelschluss bliebe, da auch eine angemessene Beteiligung größer als Null sein müßte. Dem stimmte *Dietz* insofern zu, als dass er ausführte, eine ideale europäische Regelung sei für ihn eine Kombination aus dem französischen Ansatz, wonach der Urheber proportional an den Einnahmen zu beteiligen ist und der bereits bei einer Proportionalität von 0,01% gewahrt ist, und dem deutschen Ansatz, wonach die Beteiligung zumindest angemessen sein muss.

Für *Reber* lag die entscheidende Frage darin, was unter den „Erträgen" zu verstehen sei, an denen der Urheber gem. § 32 UrhG angemessen zu beteiligen ist. Der BGH stelle im Buchbereich auf den Ladenverkaufspreis als Bezugspunkt ab, welcher in der Verwendungskaskade ganz am Ende steht. Bei den Nebenrechten setze der BGH[2] jedoch nicht bei der letzten Kaskade an, sondern beim Vertragspartner. Das Problem liege aber darin, dass sich der Anspruch aus § 32 UrhG anders als der aus § 32a UrhG nur gegen den Vertragspartner richtet, der Ladenverkaufspreis aber nicht bei dem Verlag als Vertragspartner ankommt, da dieser Rabatte und weitere Händler zwischenschaltet. Es werde also eine Basis auf einer nachgelagerten Wertstufe geschaffen. Letztlich belaste man den Vertragspartner mit einer Vergütung, die dieser weitergeben müsste. Dies sei im

---

[1] Vgl. *Schaub*, in diesem Band, § 5 III. 2.
[2] BGH, ZUM 2011, 316 – Destructive Emotions.

Gesetzgebungsverfahren vom Professorenentwurf[3] über den Referentenent-
wurf[4], die noch einen Durchgriffsanspruch gegenüber dem Nutzer gaben, nicht
ausreichend berücksichtigt worden. *Schaub* bestätigte, dass noch einige offene
Fragen bestünden. Insbesondere sei bei der Berechnung der Erträge noch nicht
klar, welche Abzüge vorgenommen werden und welche nicht. Sie sei sich nicht
sicher, ob man allgemein für alle Branchen eine bestimmte Nutzungsstufe als
Bezugspunkt festlegen kann, da vor allem bei den Nebenrechten die letzte Stufe
nicht klar sei. Zudem müsse man auch Quersubventionen berücksichtigen, die
nicht erst beim Endverkauf eine Rolle spielen.

Dietz stimmte *Schaub* zu, die Entwicklung der letzten zehn Jahre habe das
Regel-Ausnahme-Verhältnis umgekehrt. Ursprünglich sollte die angemessene
Vergütung durch gemeinsame Vergütungsregeln etabliert werden und nicht
durch einzelfallbezogene Bestimmung. Diese Entwicklung sei auf die Schwierigkeit der Handhabung des Verfahrens nach § 36 UrhG zurückzuführen. Der
Professorenentwurf[5] habe das Verfahren effizienter gedacht, sei jedoch unter
dem Gesichtspunkt der verfassungsrechtlich garantierten Koalitionsfreiheit in
die Kritik geraten. Allerdings diskutiere man heute im Arbeitsrecht über Mindestlöhne auch in den Bereichen, in denen keine Vertragspartner zur Verfügung
stehen, sodass das verfassungsrechtliche Bedenken nicht mehr so schwer zu
wiegen scheine. Dann könnte man *de lege ferenda* auch im urhebervertragsrechtlichen Bereich wieder zu einer Vereinfachung des Verfahrens gelangen;
dies erfordere allerdings einen Eingriff des Gesetzgebers. Schließlich bedauerte
Dietz die Verfahrensverzögerungen, die dadurch entstehen, dass das Oberlan-
desgericht – nach einer jüngeren Entscheidung des BGH –[6] die Fragen nach dem
Vorliegen der Voraussetzungen für die Ingangsetzung eines Verfahrens nach
§ 36 UrhG nicht abschließend entscheiden kann.

Ein Teilnehmer kam in seinem Wortbeitrag auf das Problem zu sprechen, inwieweit in einem Verfahren nach § 36 UrhG die Vorschrift des § 32 Abs. 2 S. 2
UrhG berücksichtigt werden könne und müsse, oder ob der Schlichter sich allein daran zu halten hätte, dass gemeinsame Vergütungsregelungen gem. § 32
Abs. 2 S. 1 UrhG angemessen sind. Die beiden Vorschriften berücksichtigten
nämlich unterschiedliche Kriterien, bei § 36 UrhG könne insbesondere die
„Größe des Verwerters" berücksichtigt werden. Im Gesetzgebungsverfahren sei
zunächst eine Vermutung für die Angemessenheit gemeinsamer Vergütungsregelungen formuliert worden, so *Schaub*. Diese sei dann in eine unwiderlegliche
Vermutung geändert worden, da man nicht im Klaren darüber war, wie die Vermutung hätte widerlegt werden können. Ob diese historische Auslegung alle

---

[3] GRUR 2000, 765–778.
[4] Abrufbar unter http://www.bitkom.org/files/documents/BMJ_Referentenentwurf_
27.09.2004.pdf.
[5] GRUR 2000, 765–778.
[6] BGH, GRUR 2011, 808 – Aussetzung eines Schlichtungsverfahrens.

anderen überlagere, auch eine systematische, sei eine andere Frage, bei der es Argumentationsspielraum in mehrere Richtungen gebe.

Schulze gab zu bedenken, dass bei der Vergütung zwischen Herstellungs- und Nutzungshonorar unterschieden werden könnte. Bei einem auffälligen Missverhältnis oder bei der Bestimmung der Angemessenheit müsse dann bei der Gegenleistung das abgezogen werden, was für die Herstellung anzurechnen ist, mit der Folge, dass sich der Betrag für die Nutzungsvergütung reduziert. Dies habe jedenfalls im Ergebnis auch der BGH gemacht, der in den Übersetzer-Fällen die prozentuale Höhe der angemessenen Beteiligung davon abhängig macht, ob ein Seitenhonorar gezahlt wurde oder nicht. Dieses Seitenhonorar könne man als eine Art in Abzug gebrachten Werklohn ansehen. Diesem Ansatz widersprach *Schaub*. Wie für den BGH sei auch für sie der werkvertragliche Aspekt nicht entscheidend; wollte man ihn einbeziehen, ergäben sich daraus erhebliche Berechnungsprobleme. Letztlich diene das werkvertragliche Argument dazu, die §§ 32 ff. UrhG zu umgehen, indem dargelegt wird, dass schon viel geleistet wurde. Die Ausführungen des BGH zum Seitenhonorar seien ihrer Ansicht nach eher als Berechnungsmodus zu verstehen. Das bezweifelte ein Teilnehmer: Würde man sagen, sobald ein angemessenes Nutzungsentgelt gefordert wird, spielt der Werklohn keine Rolle mehr, würde das im Umkehrschluss heißen, die Arbeitsleistung wäre unentgeltlich erbracht worden. In den meisten Fällen, in denen keine Vergütung für die Nutzungseinräumung versprochen wurde, sei jedoch zumindest ein Arbeitsentgelt vereinbart. Allerdings sei vielleicht auch nach Branchen zu unterscheiden, da sich das Problem der Umgehung vor allem in den Bereichen stelle, in denen die Vergütung insgesamt hoch und die Nutzungsrechtsvergütung niedrig ist.

Thomas Pfeiffer

§6 Die Angemessenheit allgemeiner Geschäftsbedingungen in urheberrechtlichen Verträgen[1]

I. Einleitung

Guten Morgen meine Damen und Herren, vielen Dank Herr Riesenhuber und Herr Schulze für die freundliche Einladung und Einleitung. Wenn ich gleich die Gelegenheit nutzen darf: Ich möchte darauf hinwirken, dass die Anforderungen nicht zu hoch geschraubt werden. Deshalb danke ich zugleich dafür, dass ich als urheberrechtlicher Laie – vom allgemeinen Vertrags- und AGB-Recht kommend – etwas zu dieser Tagung beitragen darf. Die Tagung steht unter der Überschrift „Die Angemessenheit im Urheberrecht" und ein Blick auf das Recht der Allgemeinen Geschäftsbedingungen ist aus mehreren Gründen sinnvoll und notwendig.

Erstens zeigt die allgemeine Entwicklung des Vertragsrechts, dass ein großer Teil unseres vertragsrechtlichen Entscheidungsmaterials sich heute in AGB-rechtlicher Einkleidung zeigt. Zweitens stellt das AGB-Recht u.a. durch die Bezugnahme auf das Leitbild der dispositiven gesetzlichen Regelung auf den Wertungsgehalt allgemeiner zivilrechtlicher Vorschriften ab. Es fördert und fordert den Blick auf die Wertungen, die hinter gesetzlichen Regelungen des Vertragsrechts liegen. Es ist deshalb in besonderem Maße geeignet, diese zutage zu fördern. Und drittens wird derzeit heftigst über Grundfragen der AGB-Kontrolle bei urheberrechtlichen Verträgen diskutiert.

Ich werde Ihnen zunächst in einem ersten Durchgang einige allgemeine Fragestellungen AGB-rechtlicher Art vorstellen. Ich werde dann mich mit Fragen einesteils des Verlagsvertragsrechts und andernteils des Urhebervertragsrechts beschäftigen. Ein gewisser Schwerpunkt liegt nach dem Gegenstand der Tagung auf der AGB-rechtlichen Bedeutung des urhebervertragsrechtlichen Angemessenheitsprinzips.

---

[1] Der Text beruht auf einem Ton-Mitschnitt des frei gehaltenen Vortrags, der für die Zwecke dieser Publikation nur geringfügig überarbeitet und um einige Nachweise ergänzt wurde.

II. Allgemeine Lehren des AGB-Rechts

1. AGB-Begriff

Ich fange an mit allgemeinen Lehren des AGB-Rechts. Eine der Grundten-
denzen der Entwicklung des kodifizierten AGB-Rechts seit 1977 liegt in der
Ausweitung des AGB-Begriffs durch die Rechtsprechung.[2] Ursprünglich hatte
man, vereinfacht formuliert, bei der AGB-Inhaltskontrolle das berühmte Klein-
gedruckte im Blick. Als AGB zählt aber heute alles, was vorformuliert zur
mehrfachen Verwendung von einer Seite bei den Vertragsverhandlungen gestellt
wird. Das Merkmal der Vorformulierung stellt nicht auf das Medium der Vorformulierung ab. Das bedeutet: Alles, über die Speicherung auf der Festplatte
bis hin, nach einer bekannten BGH-Rechtsprechung, zur berühmten Speicherung im Kopf, erfüllt die definitorischen Voraussetzungen des AGB-Begriffs.
    Was die Verwendung anbelangt, geht der Bundesgerichtshof seit langen Jah-
ren davon aus, dass im Sinne einer Faustregel ab einer vorgesehenen dreifachen
Verwendung AGB vorliegen. Wenn eine dreifache Verwendung intendiert ist,
fällt bereits die erste der dreifachen Verwendungen unter den AGB-Begriff.
    Demgegenüber, und das ist ein weiterer Bestandteil der Position des BGH,
sind die Anforderungen an das Aushandeln allgemeiner Geschäftsbedingungen
so hoch, dass sie nur sehr schwer überwunden werden können. Aushandeln ist
nach der ständigen Rechtsprechung des Bundesgerichtshofs mehr als ein bloßes
Verhandeln. Es setzt voraus, dass der Verwender bereit ist, vom gesetzesfrem-
den Kerngehalt der Klausel abzuweichen. Und dann fügt der BGH meist hinzu:
In der Regel manifestiere sich diese Bereitschaft in eine Änderung der Klausel
während der Verhandlung.
    Es gibt zwar eine viel zitierte Entscheidung aus dem Jahre 1992, die ich für
völlig richtig halte, der zu entnehmen ist, dass selbst im Falle einer für unab-
dingbar erklärten Klausel eine Aushandlung im Einzelnen gegeben sein kann.[3]
Dafür muss es aber wirklich so liegen, dass der Adressat sich aus freien Stücken
mit dieser Klausel einverstanden erklärt. Allerdings ist diese Entscheidung ver-
einzelt geblieben, weil ihre Voraussetzungen so streng sind, dass sie nur höchst
selten oder praktisch nie vorliegen. Dieser Befund ist sicherlich auch dadurch
begründet, dass Verträge mit Einzelaushandlung vielfach nicht vor den staatlichen Gerichten, sondern vor Schiedsgerichten verhandelt werden. Deren Entscheidungen werden nicht publiziert und stehen deswegen nur eingeschränkt
für eine Auswertung des *status quo* zur Verfügung. Es gilt natürlich trotz all
dieser Grundsätze: Es ist stets eine Prüfung im Einzelfall erforderlich. Mein

---

[2] Eingehend und mit Nachweisen Wolf/Lindacher/Pfeiffer-*Pfeiffer*, AGB-Recht (5. Aufl.
2009), § 305 BGB Rn. 7 ff.
[3] BGH, NJW 1992, 2283, 2285.

Eindruck ist aber: In großem Umfang haben wir es bei den Verträgen, die vor die Gerichte kommen, sowohl im verlagsvertraglichen Bereich als auch im Urhebervertragsrecht mit AGB zu tun.

2. *Vertragsparteien*

Eine weitere zentrale Weichenstellung AGB-rechtlicher Art ergibt sich aus der Person der Vertragsparteien. Die Schaffung des urheberrechtlich geschützten Werks kann eine hauptberufliche Betätigung oder Ergebnis einer Nebentätigkeit sein. Dazu muss man festhalten, dass die allgemeinen Definitionen der §§ 13 und 14 BGB, die dann auch für die Anwendung des AGB-Rechts die Weichen stellen, auch für Nebentätigkeiten gelten. Und die Definition des § 14 BGB, wonach Unternehmer ist, wer bei Vertragsabschluss in Ausübung ihrer gewerblichen oder selbständigen beruflichen Tätigkeit handelt , trifft eben in gleicher Weise auf denjenigen Urheber zu, der – wie vielfach – nicht hauptberuflich, sondern nebenberuflich etwa als Professor, einen Aufsatz oder eine Kommentierung vorlegt, aber damit doch selbständig beruflich handelt. Auch in diesem Falle geht es aber bei Vorliegen der sonstigen Voraussetzungen um unternehmerische Vertragszwecke. Wir bewegen uns bei der AGB-Inhaltskontrolle deswegen überwiegend im Bereich des § 310 Abs. 1 BGB, also im Bereich des klassischen Unternehmensverkehrs, für den an sich ein großzügigerer Maßstab bei der Inhaltskontrolle gelten soll als für Verbraucherverträge. Ich sage bewusst „gelten soll", weil ein Blick auf die herrschende Praxis zu der Beurteilung führen muss, dass diese Unterschiede praktisch in erheblichem Umfang verwischt sind. Man kann also mit anderen Worten sagen: Der BGH geht davon aus, dass zahlreiche Klauselverbote, die gegenüber Verbrauchern gelten, in vergleichbarer Weise auch gegenüber unternehmerischen Vertragsparteien angewandt werden müssen.

Eine Frage, zu der ich kraft eigener Sachkunde nur begrenzt Stellung nehmen kann, besteht darin, ob in bestimmten Fällen freie Mitarbeiter in arbeitsrechtlicher Hinsicht als Arbeitnehmer zu behandeln sind. Das ist eine Frage, die das Arbeitsvertragsrecht zu beantworten hat. Wenn dies der Fall ist, bleiben wir gleichwohl im Anwendungsbereich des AGB-Rechts, weil seit der Schuldrechtsreform auch Arbeitsverträge der AGB-Inhaltskontrolle unterliegen. Und man kann dazu lesen, letztlich sei es egal, wie der Urheber oder Autor oder der Künstler als Vertragspartner einzuordnen sei, letztlich laufe alles auf eine AGB-Inhaltskontrolle hinaus.[4]

Zwar sprechen gewichtige Gründe dafür, stärker zwischen dem Unternehmens- und Verbraucherverkehr zu differenzieren, als dies gegenwärtig ge-

---

[4] Wolf/Lindacher/Pfeiffer-*Stoffels* (Fn. 1), „Klauseln" Rn. U 23.

schieht. Die Rechtsprechung wird aber ohne Tätigwerden des Gesetzgebers, das oftmals gefordert wird, ihren Standpunkt nicht ändern.

III. Inhaltskontrolle und Existenz eines Leitbilds

1. Ausgangspunkt

Für das AGB-Recht liegt die inhaltlich zentrale Weichenstellung alsdann in der Frage, existiert ein gesetzliches Leitbild? Das ist aus verschiedenerlei Gründen von Bedeutung.

Erstens ist Voraussetzung jeder AGB-Inhaltskontrolle nach § 307 Abs. 3 BGB, dass die betreffende Klausel vom Inhalt des dispositiven Rechts abweicht. Nur wenn eine Maßgabe des dispositiven Rechts existiert, kann jenseits der immer möglichen Transparenzkontrolle eine AGB-rechtliche Inhaltskontrolle erfolgen. Für Verlagsverträge ist das seit langem anerkannt. Die maßgebende gesetzliche Regelung findet sich im Verlagsgesetz. Man kann jede Klausel darauf überprüfen, ob sie hiervon abweicht.

Allerdings ist dann in einem zweiten Schritt maßgebend, ob die betreffende dispositive Vorschrift Leitbildfunktion im Sinne des § 307 Abs. 2 Nr. 1 BGB hat: Mitunter versucht man, die Leitbildfunktion durch eine Unterscheidung zwischen bloßen Zweckmäßigkeitsregeln einerseits und solchen mit eigenständigem Gerechtigkeitsgehalt andererseits vorzunehmen. Von bloßen Zweckmäßigkeitsvorschriften kann man in AGB abweichen. Verfüge dagegen die Vorschrift über einen besonderen Gerechtigkeitsgehalt, dann sei das nicht der Fall.

Man ist sich heute weitgehend einig, dass man mit dieser Unterscheidung das Problem nicht wirklich erfassen kann Es kommt letztlich auf die Wertigkeit des im dispositiven Recht geregelten Inhalts an. Ist dieser so hochrangig, ist er wertungssystematisch so bedeutsam, ist die darin zum Ausdruck kommende Interessenbewertung so gewichtig, dass eine AGB-Abweichung nicht mehr toleriert werden kann? Das ist also die Frage.

2. Wahrnehmungsgesetz

Für den Sonderfall der Wahrnehmungsverträge haben wir das Wahrnehmungsgesetz. Anzuerkennen ist es etwa für § 6 Wahrnehmungsgesetz, dass ihm Leitbildfunktion für die Inhaltskontrolle zukommt.[5] Es steht in § 6 Wahrnehmungsgesetz, dass die Wahrnehmungsgesellschaften ihre Verträge mit ange-

---

[5] Im Ergebnis BGH, NJW 2002, 1713; eingehend Riesenhuber, Die Auslegung und Kontrolle des Wahrnehmungsvertrags (2004).

messenem Inhalt abzuschließen haben. Und damit ist klar: Es findet auch eine AGB-Kontrolle statt. Sie wird jedenfalls durch § 6 Wahrnehmungsgesetz, das ist meine Einschätzung, nicht ausgeschlossen.

3. Verlagsverträge

Für Verlagsverträge ist die grundsätzliche Eignung des Verlagsgesetzes als AGB-rechtliches Leitbild anerkannt, doch wird man die AGB-rechtliche Bedeutung seiner Vorschriften im Einzelnen prüfen müssen.

Es geht aber auch um Grundfragen: So hat etwa OLG München einmal entschieden, ein Wettbewerbsverbot, das über die gesamte Laufzeit eines Verlagsvertrags über ein Schulbuch in einem Formular enthalten war, sei unwirksam nach § 307 Abs. 1 S. 1 BGB.[6]

Hintergrund der Entscheidung war die Überlegung, was denn gelte, wenn nach drei, vier oder fünf Auflagen die Erkenntnisse, die in dem Schulbuch formuliert und enthalten sind, für ein anderes Werk, das sich mit dem Schulbuch überschneidet, genutzt werden sollen. Das Gericht war der Auffassung, dies könne man bei Vertragsschluss regelmäßig nicht sicher sagen. Deswegen sei die Klausel geeignet, den Autor zu einem späteren Zeitpunkt an der Nutzung seines geistigen Eigentums zu hindern und deswegen sei diese zu lange Bindungsfrist AGB-rechtlich bedenklich. Im Schrifttum findet man weitere Beispiele: *Schricker* in seiner Kommentierung bezweifelt sogar die formularmäßige Zulässigkeit eines Verlagsrechts für sämtliche Auflagen.[7] Auch ein zu langer Abnahmevorbehalt für den Verlag wird als unwirksam angesehen (§ 308 Nr. 1 BGB).[8]

Ein gewisser Leitgedanke, der sich in alledem offenbart, liegt darin, dass Klauseln, die zum Ergebnis haben, dass dem Autor in zu großem Maße die Möglichkeit genommen wird, sein eigenes geistiges Eigentum zu nutzen, bedenklich sind.[9] Wie sich das auf die Klauselkontrolle im Einzelnen auswirkt, ist natürlich stark situationsabhängig, weil auf der anderen Seite für den Verlag die Notwendigkeit besteht, über sichere Kalkulationsgrundlagen zu verfügen. Und der Verlag kann praktisch seine Verträge ja nicht anders abschließen als durch AGB. Deswegen spielt bei der Klauselkontrolle eine erhebliche Rolle, wie vorhersehbar in den von den Klauseln typischerweise erfassten Situationen das Erscheinen und die Marktsituation verschiedener Auflagen sind. Außerdem muss man immer fragen, ob eine hinreichende Nutzungsmöglichkeit auf andere Weise gewährleistet ist. Denn für den Autor ergeben sich beispielsweise dann freiere Nutzungsmöglichkeiten für sein geistiges Eigentum, wenn er nach einer be-

---

[6] OLG München, OLGR 2007, 737.
[7] *Schricker*, Verlagsrecht (3. Aufl. 2001), § 5 VerlG Rn. 8.
[8] Wolf/Lindacher/Pfeiffer-*Stoffels* (Fn. 1), „Klauseln" Rn. U 27.
[9] Dazu auch BGH, NJW 2005, 596 – Oceano Mare.

stimmten Zahl von Auflagen beispielsweise befugt ist, den Verlagsvertrag zu kündigen.

Bei vielen anderen Fragen geht es um Einzelprobleme:

Kürzlich war ich z.B. gebeten, einen Festschriftenbeitrag für einen Kollegen zu verfassen in einem Werk, das im Ausland erschienen ist. Und der Verlag war sichtlich überrascht, als ich mich keineswegs als einzelner Autor an den Verlag wegen der Zusendung von Sonderdrucken gewandt habe. Darauf erhielt ich erst einmal die kurze Email-Antwort: bei diesem Werk nicht. Da ich aber nicht der einzige Autor war, der diese Frage gestellt hat und sich ein gewisser Unmut darüber breit zu machen drohte, dass weder ein Autorenexemplar noch die in Deutschland vorgesehene Zahl von Sonderdrucken zur Verfügung gestellt werden sollte, hat man doch eine Lösung gefunden.

In jenem Fall war wohl deutsches Recht unanwendbar, so dass § 25 VerlG nicht galt. Die AGB-rechtliche Frage kann man aber gleichwohl stellen: Jedenfalls bei einem Festschriftenaufsatz dürfte die Überlassung der Freiexemplare Teil des Äquivalenzverhältnisses zwischen Verlag und Autor sein. Durch AGB wird man daher die Pflicht zur Lieferung derselben auch im Unternehmensverkehr nicht ohne weiteres abbedingen können. Wer möchte, mag sich der Übung unterziehen, sämtliche Einzelvorschriften des Verlagsgesetzes durchzudeklinieren und auf ihre AGB-rechtliche Abdingbarkeit zu prüfen.

4. Urheberrechtsverträge

a) Problemstellung und Grundlagenfragen

Als problematisch, und darauf will ich mich deswegen im Schwerpunkt konzentrieren, hat sich die Frage erwiesen, wo wir im allgemeinen Bereich des Urhebervertragsrechts stehen. Existiert auch für urheberrechtliche Verträge über die Übertragung und Einräumung von Rechten ein gesetzliches Leitbild? Das werde ich im Folgenden weiter vertiefen.

Ich werde zunächst auf diejenigen Punkte eingehen, die derzeit am meisten diskutiert werden: Rechtsübertragung und Honorarklauseln – sowie dann noch einige andere Aspekte ansprechen. Ein Klauselbeispiel aus der Rechtsprechung zeigt, worin der Kern der Kontroverse liegt:[10]

---

[10] Entnommen aus OLG Hamburg, GRUR-RR 2011, 293; die Klausel lag den Zuhörern als Begleitmaterial vor und lautet vollständig wie folgt:

„5. Der Fotograf räumt dem Verlag an den im Rahmen des Vertragsverhältnisses geschaffenen Werken und allen Objekten, die Gegenstand verwandter Schutzrechte sein können (im folgenden für beides nur : „Werk"), vom Zeitpunkt der Rechtsentstehung an das einfache, übertragbare, zeitlich, inhaltlich und örtlich unbeschränkte Recht zur umfassenden Auswertung in allen Medien ein. Eine Nutzung erfolgt in jedem Falle im Zusammenhang mit dem Kennzeichen (z.B. Zeitschriftentitel) unter dem das Werk veröffentlich wird.

Der Photograph räumt dem Verlag, so heißt es – und Sie können statt Photograph natürlich auch einen anderen Urheber setzen – in Abs. 1 der Klausel, nach Maßgabe dieser Vereinbarung, Nutzungsrechte ein. Das Entscheidende liegt in der zeitlich, räumlich und inhaltlich unbeschränkten Rechtsübertragung. Zwar handelt es sich um ein einfaches Nutzungsrecht; es soll aber in allen Medien gelten und wird typischerweise mit einem Pauschalhonorar verbunden, mit dem alles abgegolten ist.

Der Fotograf räumt dem Verlag insbesondere das Recht zur Vervielfältigung und Verbreitung in allen Druckerzeugnissen in allen Auflagen und Ausgaben ein. Die Nutzungsrechte beziehen sich insbesondere auf Zeitungen, Zeitschriften, Sonder- und Fortdrucke, andere Sammelwerke, Reprint, Buchformate, (z.B. Artikelsammlungen), e-paper sowie sämtliche Formate auch als Print on demand.

Der Fotograf räumt dem Verlag das Recht zur Vervielfältigung, Verbreitung und Wiedergabe des Werkes auf allen körperlichen elektronischen Speichermedien – einschließlich interaktiver Ausgaben – ein. Die Nutzungsrechte beziehen sich insbesondere auf Kassette, CD, Mini-CD, Diskette, Video, DVD und E-Book sowie Audiodateiträger (Digitales Offline-Recht).

Der Fotograf räumt dem Verlag das Recht ein, unabhängig vom Speicherformat das Werk und/oder Teile des Werkes vor allem auch in einer Datenbank zu speichern, um Nutzern das Werk mittels digitaler oder anderweitiger Speicher- bzw. Datenübertragungstechnik, mit oder ohne Zwischenspeicherung, derart zugänglich zu machen, dass diese von einem von ihnen individuell gewählten Ort und zu einer von ihnen individuell gewählten Zeit Zugang zu dem Werk haben und dieses z.B. mittels TV, PC, Handy oder sonstigen Geräten mit oder ohne Draht, via Kabel, Satellit oder anderer Übertragungswege unabhängig von der technischen Ausgestaltung speichern und/oder wiedergeben können, einschließlich der interaktiven Nutzung des Werkes. Die Nutzungsrechte (Digitales Online-Recht) beziehen sich insbesondere auf Online-Produkte wie z.B. webbasierte Vertriebsplattformen, elektronische Pressespiegel, Datenbank- und Cross Linking Produkte.

Der Fotograf überträgt dem Verlag außerdem die folgenden Rechte: das Recht zur Bearbeitung und das Recht, das Werk ganz oder in Teilen oder Teile des Werkes in anderen Publikationen, einschließlich in denen des Verlags, weiter zu verwerten.

Der Verlag ist berechtigt, Objekte, die Gegenstand verwandter Schutzrechte sind, auch für noch unbekannte Nutzungsarten zu nutzen.

Der Verlag ist berechtigt, sämtliche vorstehend geregelten Rechte ganz oder teilweise auch außerhalb der eigenen Publikationen im In- und Ausland auswerten zu lassen, insbesondere auf Dritte im In- und Ausland zu übertragen und/oder Dritten diese Rechte einzuräumen. Dritte im Sinne dieser Vorschrift sind auch die Gesellschafter des Verlags sowie Tochter-, Schwester- und Beteiligungsunternehmen. Sämtliche Rechte berechtigen insbesondere zur ganzen oder ausschnittsweisen Nutzung sowie zur Vor- oder Nachveröffentlichung.

Der Verlag ist zur Auswertung der übertragenen Rechte nicht verpflichtet. Die Ausübung des Rechts des Fotografen, das Nutzungsrecht an seinen Werken zurückzurufen, wenn der Verlag keinen Gebrauch von den Werken gemacht hat, wird für die Dauer von fünf Jahren ausgeschlossen.

Der Verlag ist nicht verpflichtet, die Werke an bestimmten Positionen (z.B. Titel- Heftrückseite oder Homepage) zu veröffentlichen. Der Verlag ist berechtigt, die Werke umzugestalten und zu bearbeiten, insbesondere um sie den redaktionellen oder sonstigen Vorgaben anzupassen. Der Verlag darf zudem die Werke für werbliche Zwecke in Printmedien, Lichtspieltheatern, Fernsehen, Internet und sonstigen Medien (auch Plakatierung) nutzen.

Der Verlag ist zur Namensnennung des Fotografen berechtigt, aber nicht verpflichtet, wenn nicht Fotograf und Verlag etwas anderes schriftlich vereinbaren."

Die Parteien haben, so sollen die AGB-Bestimmungen zum Pauschalhonorar[11] bekunden, das Pauschalhonorar gemeinsam im Hinblick darauf festgelegt, was zum Zeitpunkt der Auftragserteilung nach Art und Umfang üblich und redlich ist. Man fragt sich, welcher Regelungsgehalt dieser Bestimmung zukommen soll. Sie klingt nach einer Beschreibung von Tatsachen. Tatsachenbeschreibungen können aber wahr oder unwahr sein; ihre Wahrheitsgemäßheit ergibt sich allerdings nicht ohne weiteres daraus, dass sie in AGB enthalten sind. Anders formuliert: Die Tatsachenbestätigung ist eine Art Quittung. AGB-rechtlich ist jede Tatsachenbestätigung nur dann wirksam, wenn sie einzeln und gesondert unterzeichnet ist. Das war hier ersichtlich nicht der Fall.

Die Klausel geht aber noch weiter: Mit der Zahlung des Honorars sollen außerdem sämtliche Nutzungen (aufgezählt werden ersichtlich alle, die dem Klauselverfasser eingefallen sind) abgegolten sein. Und wiederum am Ende folgt nochmals eine Tatsachenfeststellung, für die dasselbe gilt wie bei der vorstehenden Klausel. Das Renommee komme auch dem Urheber zugute und sei bei der Festlegung der Vergütung angemessen berücksichtigt. Die Frage, inwieweit und nach welchem Maßgaben ein solches Klauselkonzept der Inhaltskontrolle unterliegt, berührt Kernfragen des AGB-Rechts.

Das AGB-Recht geht von der Philosophie aus, dass richterliche Inhaltskontrolle von Vertragsklauseln einer Rechtfertigung bedarf. Diese Rechtfertigung ruht auf verschiedenen Säulen. Die erste Säule besteht darin, dass in aller Regel keine Bereitschaft auf der Seite des Verwenders besteht, von seinen AGB abzuweichen, und dass die einseitige Durchsetzung der AGB Ausdruck des Umstands ist, dass für den Klauseladressaten keine reale Entscheidungsfreiheit bestand. Zweitens ist es in aller Regel weder den Umständen noch dem Aufwand nach möglich und sinnvoll, AGB auszuhandeln. Man schließt einen Vertrag ab

---

[11] Diese lautet:

2. Der Verlag vergütet den Fotografen mit einem Pauschalhonorar (ggf. zzgl. MwSt.), welches je Auftrag gesondert vereinbart wird und mit dem sämtliche vertraglich vereinbarten Leistungen, Pflichten und Rechtsübertragungen abgegolten sind. Die Honorarzahlung wird vier Wochen nach Abnahme der Auftragsproduktion fällig. Ist der Fotograf mehrwertsteuerpflichtig, zahlt der Verlag die gesetzliche Mehrwertsteuer auf das Honorar. Die Parteien haben das Pauschalhonorar gemeinsam im Hinblick darauf festgelegt, was zum Zeitpunkt der Auftragserteilung nach Art und Umfang üblich und redlich ist.

Die Abrechnung etwaiger Spesen und Auslagen erfolgt nur gegen gesonderte Vereinbarung und auf der Basis der Reisekosten- und Spesen-Richtlinie der Bauer Media Group.

Mit der Zahlung des Honorars sind außerdem sämtliche gegenwärtigen Rechte und zukünftigen verwandten Schutzrechte des Verlages, insbesondere die Übertragung sämtlicher Nutzungsrechte durch den Verlag und sämtlicher Nutzungen der Werke des Fotografen unabhängig davon, ob durch den Verlag selbst, durch seine Gesellschafter, durch verbundene Unternehmen oder durch Dritte abgegolten. Zwischen den Parteien besteht Einvernehmen, dass bei der Abgeltung der Rechte durch das Honorar auch berücksichtigt wurde, dass das Renommee des Objektes bzw. die Marke/ der Titel des Objektes als zentraler Wertbildungsfaktor für die Vermarktbarkeit der Werke bedeutsam ist. Das Renommee kommt dabei auch dem Urheber zugute und wurde bei der Festlegung der Vergütung angemessen berücksichtigt.

und erwartet in aller Regel, dass es schon gutgehen werde. Wer bei jedem Vertragsabschluss die AGB liest, dem bleibt für die restlichen Dinge im Leben, die auch noch zu erledigen sind, keine Zeit mehr. Von dieser ineffektiven Obliegenheit soll das AGB-Recht entlasten; mit einer Auseinandersetzung mit den AGB darf der Verwender redlicherweise nicht rechnen. Auch deswegen kann das Gericht die AGB kontrollieren.

Allerdings trifft diese Philosophie des Gesetzes typischerweise auf Hauptleistungsklauseln nicht zu. Wenn ich etwas im Laden kaufe, überlege ich mir in aller Regel, ob die Sache für mich ihren Preis wert ist. Dass es sich um diesen Gegenstand zu jenem Preis handelt ist damit, abgesehen von Sonderfällen, Ausdruck meiner gewollten Entscheidung. Und deswegen gibt es keine Inhaltskontrolle von Hauptleistungsklauseln. Damit korrespondiert auf einer überindividuellen Ebene, dass dies in einer marktverfassten Wirtschaft auch so sein muss. Einen Markt gibt es nur dann, wenn jeder anbieten kann, was er will und dafür den Preis, den er benötigt und den er am Markt durchsetzen kann, auch verlangen darf; und dann können sich die Nachfrager entscheiden, ob sie den Gegenstand oder die Leistung zu diesem Preis haben wollen oder nicht.

Dieser marktwirtschaftliche Aspekt spiegelt sich noch in einem weiteren, rechtlichen Grund, warum das AGB-Recht die Hauptleistung nicht kontrolliert: Es gibt in aller Regel keine gesetzliche Regelung des vertraglichen Entgelts. Eine solche gesetzliche Regelung ist außerhalb besonders regulierter Bereiche in einer marktwirtschaftlichen Ordnung schwer vorstellbar. Deswegen fehlt es beim Entgelt erstens an einer dispositiven Regel, von der abgewichen werden könnte, um die Inhaltskontrolle zu eröffnen (§ 307 Abs. 3 BGB); zweitens gibt es kein dispositives gesetzliches Leitbild, dem gegenüber eine Abweichung geeignet wäre, die Unwirksamkeit der Klausel zu begründen (§ 307 Abs. 2 Nr. 1 BGB); drittens fehlt es an Vorschriften des dispositiven Gesetzesrechts, die gemäß § 306 Abs. 2 BGB an die Stelle einer unwirksamen Klausel treten könnten.

Und aus all diesen Gründen gibt es grundsätzlich keine Inhaltskontrolle von Hauptleistungsklauseln.

Eine weitere, wesentliche Weichenstellung liegt darin, dass die Rechtsprechung das sog. Preisargument bei der AGB-Inhaltskontrolle grundsätzlich nicht gelten lässt. Vor allem in der Zeit nach Inkrafttreten des damaligen AGB-Gesetzes wurde der Versuch unternommen, nachteilige AGB mit einem (angeblichen) Preisvorteil für den Kunden zu rechtfertigen. Das konnte im Kern aus den gleichen Gründen nicht durchdringen, aus denen heraus sich der Preis im Allgemeinen einer Inhaltskontrolle entzieht. Wir wissen in den meisten Fällen nicht, und es gibt keinen rechtlichen Maßstab dafür, was ein angemessener, was ein hoher und was ein günstiger Preis ist.

b) Pauschale Rechteübertragung

All dies spiegelt sich in der AGB-rechtlichen Rechtsprechung zum Urhebervertragsrecht. Im Kern waren es die bereits genannten grundsätzlichen Erwägungen, die den BGH bewogen haben, in der Entscheidung „Honorarbedingungen: Sendevertrag" den Standpunkt einzunehmen, es gebe keinen gesetzlichen Leistungsinhalt und damit kein Leitbild für urheberrechtliche
Übertragungsverträge; insbesondere eine pauschale Rechtsübertragung sei zulässig.[12] Das war lange Zeit der AGB-rechtliche Stand der Dinge.

Allerdings deutete sich schon in den 90er Jahren an, dass man das möglicherweise noch einmal einem zweiten Blick unterwerfen muss. Schon in seiner Entscheidung „Pauschale Rechtseinräumung" sagt nämlich der BGH, in § 31 Abs. 5
UrhG komme „zum Ausdruck, daß die urheberrechtlichen Befugnisse die Tendenz haben, soweit wie möglich bei dem Urheber zu verbleiben, damit dieser in
angemessener Weise an den Erträgnissen seines Werkes beteiligt wird".[13]

Und weiter: „Nach der allgemeinen Zweckübertragungslehre, die ihren gesetzlichen Niederschlag in § 31 Abs. 5 UrhG gefunden hat, deren Anwendungsbereich aber über diese Bestimmung hinausgeht, bestimmt sich bei einer pauschal formulierten Einräumung urheberrechtlicher Nutzungsrechte der (inhaltliche, räumliche und zeitliche) Umfang der Rechtseinräumung nach dem mit
dem Vertrag verfolgten Zweck. Dies gilt auch dann, wenn der Wortlaut der
Rechtseinräumung eindeutig ist."

Ob darin zugleich die Formulierung eines gesetzlichen Leitbilds zum Ausdruck kommt, ist zwar eher eine urheberrechtliche als eine AGB-rechtliche Frage. Legt man übliche AGB-rechtliche Maßstäbe zugrunde, so liegt jedoch die
Deutung nahe, dass der tatsächliche Zweck der Rechtsübertragung nach Gesetz
und allgemeinen Auslegungskriterien auch den rechtlichen Vertragszweck der
Rechteeinräumung und damit die Vertragsauslegung prägt. Klauseln, die über
diesen Zweck hinaus gehen, weichen hiervon ab und müssen sich am Maßstab
der Inhaltskontrolle messen lassen.[14] So liegt es jedenfalls, wenn man die Behandlung wertungssystematisch vergleichbarer Tatbestände durch das AGB-
Recht zugrunde legt:

Zunächst zur Zweckübertragungslehre: Aus AGB-rechtlicher Perspektive
besteht eine Parallele zur Veranlassungsrechtsprechung des BGH im Bürg-

---

[12] BGH, GRUR 1984, 45; die Entscheidung v. 31.5. 2012, BGH, GRUR 2012, 1031 (für
BGHZ vorgesehen) lag bei Manuskriptschluß noch nicht vor. Der Beitrag kann zugleich als
kritische Auseinandersetzung mit dieser Entscheidung gelesen werden.

[13] BGHZ 131, 8.

[14] Wolf/Lindacher/Pfeiffer-*Stoffels* (Fn. 1), „Klauseln" Rn. U 24; Ulmer/Brandner/Hen-
sen-H. *Schmidt*, AGB-Recht (11. Aufl. 2011), Urheberrechtsverträge Rn. 4; vgl. ferner OLG
Hamburg, GRUR-RR 2011, 293; OLG München, GRUR-RR 2011, 401; OLG Zweibrücken,
ZUM 2001, 346; LG Hamburg v. 06.09. 2011 – 312 O 316/11; LG Braunschweig, ZUM 2012,
66; LG Mannheim, NJW-RR 2012, 564; LG Bochum, ZUM-RD 2012, 217; differenzierend
KG Berlin, ZUM 2010, 799.

schaftsrecht. Bei Bürgschaften fand sich bis in die 90er Jahre hinein vielfach das Phänomen, dass sie erteilt wurden aus einem bestimmten Anlass – aus Anlass der Gewährung, Verlängerung, Ausweitung eines bestimmten Darlehens. Die Parteien schließen einen Bürgschaftsvertrag, damit der Darlehensnehmer dieses Darlehen erhält. Die Vorstellung der Parteien über den Zweck der Bürgschaft ist von diesem Anlass geprägt und deswegen hat der BGH den Standpunkt eingenommen, dass jede Ausdehnung der Bürgschaft, die dem Betrag nach über diesen Zweck hinaus reicht, jedenfalls von dem was eigentlich ohne AGB gelten würde, abweicht und aus diesem Grund der Inhaltskontrolle unterfällt.[15] Eine solche Bürgschaft weicht – das ist das ausschlaggebende Merkmal – von dem ab, was Vertragsinhalt wäre, wenn die Parteien den Vertrag unter Weglassung der AGB geschlossen hätten. Denn ohne die AGB würde man nach §§ 133, 157 BGB die gemeinsamen Vorstellungen der Parteien über den Vertragszweck als prägend für den Vertragsinhalt ansehen. So liegt es auch im Urheberecht; und deswegen wird man in der Tat sagen müssen: AGB, die vom Zweck der Übertragung abweichen, weichen von dem ab, was ohne AGB als Vertragsinhalt gegolten hätte. Sie unterliegen der Inhaltskontrolle.

Und die zweite Frage ist: Ist die Zweckübertragungslehre für das Urhebervertragsrecht so bedeutsam, dass ihr zugleich Leitbildfunktion in dem Sinne zukommt, dass Abweichungen nach § 307 Abs. 2 Nr. 1 BGB zur Klauselunwirksamkeit führen? Hier liegt erneut eine Parallele zu einer anderen Linie in der AGB-rechtlichen Rechtsprechung des BGH, nämlich zu den revolvierenden Globalsicherheiten, nahe.

Hier hat der BGH die zu weitgehenden Sicherungsübertragungen neigende Klauselpraxis, beginnend schon in den späten siebziger Jahren des vorigen Jahrhunderts – und das setzt sich fort bis in die Mitte und bis zum Ende der neunziger Jahre – korrigiert. Bei der Einräumung revolvierender Sicherungsrechte durch AGB darf der Verwender nicht weiter gehen, als es der Zweck des Vertrags erfordert. Und das hat bei der Übertragung von Globalsicherheiten wegen deren potenziell unbegrenzter Reichweite dazu geführt, dass der BGH verlangt, dass es eine angemessene Freigaberegelung geben muss, die den Umfang der Sicherheitenbestellung an den Sicherungs-, also den Übertragungszweck knüpft. Nach anfänglichem Schwanken hat man allerdings keine Freigabeklausel mehr verlangt, sondern hat, um Nichtigkeit der Sicherungsübertragung zu vermeiden, den Freigabeanspruch bereits in den Vertrag hinein gelesen.[16] Eine Parallele zu unserer urhebervertragsrechtlichen Problematik ist das einmal deshalb, weil es sich auch bei diesen Sicherungsgeschäften um typologisch nicht durch das Gesetz durchgeformte Verträge handelt; methodische Anleihen für das Urhebervertragsrecht sind daher möglich. Inhaltlich geht es in beiden Fäl-

---

[15] S. nur BGHZ 130, 19, Anm. Pfeiffer, LM H. 11/1995, § 765 BGB Nr. 99–101.
[16] Abschließend und m. w. N. BGHZ 137, 212.

len um die Frage nach der zulässigen Reichweite formularmäßiger Rechtsübertragungen. Und als allgemeines Prinzip wird man der Rechtsprechung zu den
Sicherungsgeschäften entnehmen können, dass die vorsorgliche Einräumung
wirtschaftlich bedeutender, gegenwärtig noch überschießender Rechte zwar
nicht ausgeschlossen ist, dass sie aber – jedenfalls wenn sie auf formularmäßiger
Grundlage erfolgt – dem Grundsatz der zweckentsprechenden Reichweite der
Rechtsübertragung, jedenfalls einer hierauf bezogenen Verhältnismäßigkeits-
prüfung unterliegt. Legt man dies zugrunde, so sprechen jedenfalls in AGB-
rechtlicher Perspektive überwiegende Gründe dafür, dass der Umfang der urhe-
bervertraglichen Rechteübertragung insoweit unzulässig ist, als er von dem
durch Übertragungszweck geprägten individuell vereinbarten Vertragsinhalt
unangemessen abweicht.

Dieses Ergebnis hängt nicht unmittelbar von der vereinbarten Vergütung ab.
Allerdings kann die Vergütung indirekt Bedeutung erlangen, soweit sie tatsächlich und rechtlich einen Rückschluss auf den von den Parteien verfolgten Übertragungszweck erlaubt. Soweit einzelne Gerichte davon sprechen, dass eine unbeschränkte Rechtsübertragung dann AGB-rechtlich unwirksam sei, wenn sie
ohne angemessene Vergütung vorgesehen sei, mag das gefundene Ergebnis jeweils zutreffen. Der dogmatischen Begründung nach liegt in diesem Standpunkt eine zwar in die richtige Richtung weisende, aber doch verkürzende und
insofern so nicht im Ganzen zustimmungswürdige These.

Einige weitere Überlegungen will ich deshalb noch formulieren: Immer hat
die Individualvereinbarung über den Zweck der Rechtsübertragung Vorrang.
Der Zweck der Rechteübertragung bestimmt zugleich den Maßstab, an dem
sich die Formularvereinbarung auch ohne Individualvereinbarung messen lassen muss. Zweckferne, übermäßige Rechteeinräumungen sind unwirksam. Die
Wirklichkeitsnähe der vorgesehenen Nutzungs- und Übertragungszwecke und
die Vorhersehbarkeit der Nutzung sind wesentliche Kriterien bei der Frage, ob
die Klausel im Einzelfall angemessen ist. Auch Risikogeschäfte sind zulässig;
der Risikocharakter darf aber nicht durch AGB fingiert werden, wenn er dem
Zweck der Übertragung tatsächlich gar nicht entspricht. Schließlich wird man
auch im Urheberrecht über Freigabeklauseln als Begrenzungsinstrument für
eine weitreichende Nutzungsrechteübertragen nachdenken müssen.

c) Vergütung

Von der Bedeutung der Vergütung bei der Beurteilung der Rechtsübertra-
gungsklausel muss man ein anderes Problem trennen, nämlich die Frage: Kann
ich die Vergütung kontrollieren?

Grundsätzlich ist die Vergütung aus den Gründen, die ich bereits dargelegt
habe, kontrollfrei. Die Parteien entscheiden sich, ob die Vergütung akzeptabel
ist oder nicht. Wenn das nicht der Fall ist, dann schließen sie den Vertrag nicht.

Die Rechtsprechung macht von der Kontrollfreiheit von Entgeltklauseln allerdings bestimmte Ausnahmen. Der größte Fundus an Entscheidungen findet sich im Bereich der Entgelte für Banken, auch für Kreditkarten und andere Verträge aus dem Bereich des Zahlungsverkehrs. Daraus haben sich als allgemeine Leitlinien entwickelt: Eine Entgeltkontrolle findet statt

– erstens, immer im Hinblick auf die Transparenz von Klauseln, das ergibt sich aus dem Gesetz (§ 307 Abs. 1 S. 2 und Abs. 3 S. 2 BGB);

– zweitens, dann, wenn das Gesetz ausnahmsweise zur Frage, wie das Entgelt zu bemessen ist und wofür es ein Entgelt gibt, einen Maßstab enthält;

– drittens gibt es – allerdings ist das für unseren Bereich weniger einschlägig – eine Inhaltskontrolle dann, wenn sich jemand für Handlungen, die ihm nach dem Gesetz als ohne Weiteres obliegen, ein Entgelt durch AGB einräumen lassen möchte;

– viertens unterliegen Preisnebenabreden, die die eigentliche Preisabrede verändern, einer Inhaltskontrolle.

Insbesondere die Frage – Gibt es einen gesetzlichen Maßstab für das Entgelt? – hat für das AGB-Recht ausschlaggebende Bedeutung. Und das gilt auch für das Urhebervertragsrecht. Wenn die Regelungen in § 11 und § 32 UrhG einen Maßstab für das Entgelt enthalten, dann schlägt dieser auf das AGB-Recht durch. Das ist nach der Rechtsprechung des BGH nach meinem Dafürhalten eine zwangsläufige Folge. Mein Eindruck als urhebervertragsrechtlicher Laie, der sich diesen Fragen vom allgemeinen Vertrags- und AGB-Recht her nähert, ist, dass §§ 11 und 32 UrhG mit dem Angemessenheitsprinzip jedenfalls einen Angemessenheitsrahmen für das Entgelt formulieren.[17] Abweichungen von diesem Rahmen unterliegen der Inhaltskontrolle und können unwirksam sein.

Vielleicht noch eine weitere Bemerkung aus der Sicht des AGB-Rechts. § 32 UrhG steht jedenfalls einer AGB-Inhaltskontrolle nicht entgegen. Der Umstand, dass der Urheber kraft Gesetzes das Angemessene verlangen kann, macht eine AGB-Inhaltskontrolle nicht überflüssig. Niemand kann sich gegenüber dem Inhalt seiner eigenen AGB darauf berufen, dass diese ohnehin etwas vom Gesetz unzulässig Abweichendes vorsehen und deshalb keine Wirkung entfalten. Beide Kontrollsysteme stehen deshalb, und das mag man rechtsästhetisch als unschön, rechtssystematisch als unnötig und nicht hinreichend koordiniert ansehen, nebeneinander.

Neben der Angemessenheitskontrolle der Höhe nach spielen auch die üblichen AGB-rechtlichen Transparenzkriterien eine Rolle. So wurde entschieden, dass eine Klausel wirksam ist, wonach kein Sendehonorar gezahlt wird, wenn die Sendung nicht erfolgt ist. Das ist sicherlich richtig, wenn der Umstand, dass keine Sendung erfolgt, vorhersehbar ist und hierfür durch ein Aus-

---

[17] BGH, NJW 2010, 771 – Talking to Addison.

arbeitungshonorar Vorsorge getroffen wurde, so dass die verbleibende Unsicherheit erträglich ist. Gerade bei vielen Klauseln, die noch unklare Nutzungen vorsehen, wird berücksichtigt, in wessen Sphäre, durch wessen Verhalten und aufgrund wessen Verschulden bestimmte Nutzungen unterbleiben. Wenn das in der Klausel berücksichtigt wird, spricht dies für ihre Angemessenheit.

5. Einzelne Klauseltypen

Nun gibt es noch eine Fülle einzelner urhebervertraglicher Klauseltypen, die Gegenstand der Erörterung in Rechtsprechung und Literatur waren. Diese sind zwar nicht in gleicher Weise konzeptionell bedeutsam wie die Fragen der Kontrolle von Rechtsübertragungs- und Entgeltklauseln. Dennoch sollen sie zur Abrundung ohne Anspruch auf Vollständigkeit angesprochen werden:

Ein Änderungs- und Bearbeitungsrecht des Verwerters kann einem berechtigten Interesse dienen, weil den Verwerter eine Verantwortlichkeit für die verbreiteten Inhalte trifft.[18] Allerdings muss die Art der Änderung oder Bearbeitung im Grundsatz vorhersehbar sein. Sie bedarf, auch aus Gründen des Transparenzgebots, im Rahmen des Möglichen und Zumutbaren der Konkretisierung. So können eine generelle Vertonungserlaubnis bei Filmmaterial oder eine generelle Werbenutzungserlaubnis unwirksam sein.

Zur Nutzung und Geheimhaltung ist festzuhalten, dass gegen eine generelle Geheimhaltungsklausel dann Bedenken bestehen, wenn dadurch jede Nutzung selbst erarbeiteten Wissens verboten wird.[19]

Die Urheberbenennung darf nicht gänzlich in das Ermessen des Verwerters gestellt werden.[20] Auch hier zeigt sich wieder das Prinzip, dass mir mein geistiges Eigentum, auch wenn ich die Nutzung übertrage, erhalten bleiben soll.

Risiko und Haftung kann durch die Verwerter geregelt werden.[21] Es kann namentlich bestimmt werden, dass der Urheber den Verwerter von Drittrechten und Drittinanspruchnahmen freistellen muss. Das liegt ähnlich wie bei der frühere Garantiehaftung im allgemeinen Schuldrecht für die Freiheit von Drittrechten. Aber die Klausel muss natürlich die Risikosphären berücksichtigen. Das bedeutet: Für den Fall, dass sich die Verletzung von Drittrechten aus der Bearbeitung durch den Verwerter ergibt, muss Vorsorge getroffen werden. Im Übrigen kann man solche Klauseln vereinbaren.

Weitergabeklauseln[22] – hierzu gibt es eine Fülle von Judikatur. Im Mittelpunkt steht auch dort eine Verhältnismäßigkeitsüberlegung und eine Fortset-

---

[18] Etwa LG Braunschweig, ZUM 2012, 66.
[19] LG Hamburg v. 06.09.2011 – 312 O 316/11.
[20] Z.B. LG Braunschweig, ZUM 2012, 66.
[21] Zum ganzen z.B. LG Bochum, ZUM-RD 2012, 21; LG Braunschweig, ZUM 2012, 66.
[22] Etwa LG Bochum, ZUM-RD 2012, 217.

zung der Rechtsprechung zur pauschalen Rechtseinräumung. Die Weiterüber-
tragung darf nicht unbegrenzt sein. Sie ist zulässig, soweit der Verwerter die
Rechte selbst wirksam erworben hat. Auch die Vorhersehbarkeit (Zweitaus-
strahlung durch andere ARD-Anstalt ist z.B. zulässig) spielt eine erhebliche
Rolle.

IV. Schluss

Mein Ergebnis ist relativ klar. Wenn man sagt, dass § 31 Abs. 5 UrhG und die
Zweckübertragungslehre ein wichtiges wertungssystematisches Leitbild des
Urhebervertragsrechts darstellen, dann muss das AGB-Recht die daraus sich
ergebenden Konsequenzen ziehen; und dasselbe gilt, wenn §§ 11 und 32 UrhG
einen gesetzlichen Maßstab für die Honorarhöhe oder einen Rahmen der Honorarhöhe vorsehen. Das AGB-Recht ist gewissermaßen nur der Diener anderer
Rechtsgebiete und in dieser Rolle höchst bescheiden. Vielen Dank.

Eva Strippel

Die Angemessenheit
Allgemeiner Geschäftsbedingungen
in urheberrechtlichen Verträgen

Diskussionsbericht zu § 6

Dr. Gernot Schulze (Rechtsanwalt, München) leitete die Diskussion als Moderator mit der Feststellung ein, dass der Grundgedanke der Zweckübertragungslehre als Leitbild erstmals von *Goldbaum*[1] im Jahre 1922 entwickelt worden sei. Werde dieses nun in Zukunft auch vom BGH stärker berücksichtigt, dann müsse die Inhaltskontrolle ausgeweitet werden. Daraus folge, dass die Rechteübertragung nicht mehr durch Auflistung in den AGB erfolgen solle, sondern im individuellen Vertrag.

Dem widersprach *Prof. Dr. Jan Hegemann* (Rechtsanwalt, Berlin) unter Hinweis auf die Vielzahl an Journalistenverträgen, die Zeitungsverlage schließen. Eine individualvertragliche Abrede sei in diesem Bereich praktisch nicht denkbar. Bezüglich des Leitbildcharakters des § 31 Abs. 5 UrhG sei die Gegenansicht, die bisher auch vom BGH vertreten werde,[2] dass es sich um eine Auslegungsregel handele. Anderes ließen auch die Sendevertragsentscheidung[3] oder die Entscheidung *Talking to Addison*[4] nicht erkennen. Der Leitbildcharakter der Regeln zur angemessenen Vergütung sei im Gegensatz zur Zweckübertragungslehre stärker gesetzlich verankert, er ergebe sich sowohl aus § 11 UrhG wie auch aus Systematik und Sinn und Zweck der §§ 32, 32a UrhG. Ist demnach eine AGB-Kontrolle möglich, so stelle sich die Frage, an welchem Maßstab diese erfolge. Dass es letztlich zu einer Preisfindung durch das Gericht komme, sei für ihn nicht vorstellbar. Der Maßstab könne aber sein, dass in AGB befindliche Preisregelungen dann unwirksam sind, wenn die gesamten AGB die Durchsetzung einer angemessenen Vergütung unzumutbar erschweren oder unmöglich machen. Die Durchsetzbarkeit sei zwar ein wesentliches Kriterium, betonte *Pfeiffer*, allerdings enthalte die gesetzliche Regelung der

---

[1] *Goldbaum*, Urheberrecht und Urhebervertragsrecht (1922), S. 47.
[2] BGH, GRUR 1984, 45, 48 – Honorarbedingungen Sendevertrag; s. jetzt BGH, BeckRS 2012, 15227 Rn. 16 – Honorarbedingungen Freie Journalisten.
[3] BGH, GRUR 1984, 45, 48 – Honorarbedingungen Sendevertrag.
[4] BGH, NJW 2010, 771 – Talking to Addison.

§§ 32, 11, 32a UrhG seiner Meinung nach einen darüber hinausgehenden inhaltlichen Maßstab. In der Entscheidung *Talking to Addison* verstehe er die Aussage, dass die Rechte die Tendenz haben, beim Urheber zu verbleiben, nicht nur als Auslegungsregel. Gebe es diese allgemeine Tendenz, dann habe diese auch Wertungsgehalt und besage, dass ich von dem abweiche, was ohne AGB gelten würde.

Riesenhuber hob hervor, dass sich die Zweckübertragungslehre nicht im § 31 Abs. 5 UrhG erschöpfe, sondern darüber hinaus in den §§ 11, 31 ff. UrhG Ausdruck finde. Er warf die Frage auf, wie weit die Unwirksamkeitsfolgen nach § 306 BGB reichten: Ist die Übertragung eines einzelnen Rechts unwirksam, sei dann die gesamte Rechteübertragung unwirksam oder die aller weiteren Rechte, die regelmäßig in derselben Klausel stünden? *Pfeiffer* stellte bezüglich der Rechtsfolgen klar, dass AGB-rechtlich gelte, wenn etwas unwirksam ist, beschränke sich die Unwirksamkeit auf den unwirksamen Teil, soweit dieser abtrennbar ist. Demnach würde er Klauseln vermeiden, die pauschal alles übertragen und die Klauseln vielmehr so gestalten, dass jede Übertragung formularmäßig und inhaltlich trennbarer Bestandteil der Gesamtübertragung ist.

Schaub bestätigte zunächst, dass ihr die AGB-Kontrolle von Preisnebenabreden nachvollziehbar sei. Allerdings sei die Differenzierung zwischen Preis- und Preisnebenabrede nicht evident. Stellten die Nebenrechte die Preisnebenabrede dar, dann müsse man im Rahmen der Angemessenheit doch alles kontrollieren. Unklar seien auch noch die Rechtsfolgen. Wenn der Maßstab mit dem des § 32 UrhG übereinstimmte, dann hätte der Urheber im Fall einer unwirksamen AGB-Klausel zunächst gar keinen Vergütungsanspruch. In individualvertraglichen Fällen würde er seinen Vergütungsanspruch behalten und dieser würde über § 32 UrhG aufgestockt. Der vollständige Verlust eines Anspruchs im Gegensatz zum Aufstockungsanspruch sei wertungsmäßig ein Unterschied, sodass sich die Frage stelle, ob im Rahmen der AGB-Kontrolle ein anderer Maßstab als der des § 32 UrhG gelte. Denkbar wäre, dass nur extreme Klauseln unwirksam sind, bei denen dann die zuvor genannte Rechtsfolge eintrete. In Fällen, in denen nur Teilbestandteile unwirksam sind, könne man eine Art Aufstockung vorsehen, so *Pfeiffer*. Bei Gesamtunwirksamkeit greife § 32 Abs. 1 S. 2 UrhG, denn es liege dann überhaupt keine Bestimmung über die Vergütungshöhe vor.

Heine gab aus Sicht der ökonomischen Analyse des Rechts zu bedenken, dass es sinnvoll und wünschenswert sei, mehr Heterogenität in die zur Zeit sehr homogenisierten AGB-Klauseln zu bringen. Dies würde das „Ausbeutungspotential" der Urheber erhöhen, da diese bei den AGB eine wirklich Auswahl hätten, mit der Folge, dass eine Aufstockung der Vergütung über das Ventil des § 32 UrhG hinfällig würde. Diesem Anliegen stimmte *Pfeiffer* in rechtspolitischer Hinsicht zu. Allerdings sei dies praktisch schwer zu erreichen, da die Erfahrung zeige, dass in diesem Bereich nur wenige Punkte beim Vertragsschluss im Fokus der Parteien stehen. Die meisten AGB-Bestimmungen würden nicht zur Grundlage der Vertragsentscheidung gemacht und unterlägen somit keiner Kontrolle durch den Markt.

Dr. Nikolaus Reber (Rechtsanwalt, München) warf für den Bereich des Films die Frage auf, ob nicht zwischen der Rechtseinräumung, die AGB-rechtlich anders zu bewerten sei als im Verlagsrecht, und der Frage der angemessenen Vergütung, für die die gleichen Grundsätze gelten würden, zu differenzieren sei. Dies könne sich aus den speziellen Vorschriften der §§ 88 ff. UrhG ergeben, in denen insbesondere geregelt ist, dass im Zweifel die ausschließlichen Rechte zur filmischen Verwertung auf den Filmhersteller übergehen (§ 89 Abs. 1 S. 1 UrhG). Dies führe zu einer Erweiterung des Zweckübertragungsgedankens. *Pfeiffer* merkte an, im Filmbereich stelle sich zunächst das Problem, ab wann eine unterschiedliche Nutzung vorliege, insbesondere ob dies bereits bei der Nutzung als echter Film, als DVD und als Download schon zu bejahen sei. Dies sei im Printbereich aufgrund der Vielzahl unterschiedlicher Medien anders. Außerdem würden die Bestimmungen inhaltlich kontrolliert, die vom gesetzlich vorgesehen Grundsatz abweichen. Zu fragen sei, was gelten würde, wenn die Parteien vergessen hätten, die AGB wirksam in den Vertrag einzubeziehen. Ändert sich der Vertrag in dem Fall, dann unterliegen die AGB der Inhaltskontrolle.

Prof. Dr. Paraskevi Paparseniou (Athen) kam auf die Unzulässigkeit des Preisarguments[5] zu sprechen. Sie erläuterte dies anhand eines Beispiels aus dem allgemeinen Vertragsrecht: Eine Operating-Leasing-Gesellschaft stelle dem Verbraucher zwei verschiedene Formularverträge zur Auswahl – einmal trägt der Vermieter die Instandsetzungs und -haltungspflicht, einmal der Mieter. Der eine Vertrag ist teurer als der andere. Sie stelle sich die Frage, ob auch in diesem Fall der Preisdifferenzierung das Preisargument unzulässig sei. *Pfeiffer* bekräftigte, die Auswahlmöglichkeit ändere nichts am Vorliegen von AGB. Allerdings könne es etwas an der inhaltlichen Beurteilung ändern, wenn es sich nicht um ein bloßes Scheinangebot handele.

---

[5] *Pfeiffer*, in diesem Band, § 6 III. 4. a).

Jörg Reinbothe

§ 7 Der „gerechte Ausgleich" im Europäischen Urheberrecht [*]

I. Einleitung

Der Begriff „gerechter Ausgleich" wurde im Jahre 2001 erstmalig in den urheberrechtlichen *acquis communautaire* eingeführt, und zwar in der Richtlinie zum Urheberrecht in der Informationsgesellschaft[1]. Dieser Begriff war nicht nur neu im europäischen Urheberrecht; es gab ihn zuvor im Urheberrecht überhaupt nicht. Nach der Informationsgesellschaft-Richtlinie soll ein gerechter Ausgleich gewährt werden im Rahmen bestimmter Ausnahmen vom Ausschließlichkeitsrecht, insbesondere für Vervielfältigungen zum privaten Gebrauch. Es kann also nicht überraschen, dass die Bedeutung dieses Begriffs überall dort besonders intensiv diskutiert wird, wo es bereits gesetzliche Vergütungssysteme zugunsten der Rechtsinhaber gibt, in Form der sogenannten *Levies* als Ansprüche auf angemessene Vergütung vor allem für private Vervielfältigungen.

Wenn von diesem Begriff des gerechten Ausgleichs die Rede ist, wird seit 2010 auch auf die sogenannte *Padawan*-Entscheidung des EuGH[2] Bezug genommen. Es soll aber nicht Aufgabe der folgenden Ausführungen sein, diese Entscheidung und ihre Auswirkungen zu interpretieren oder gar zu kritisieren. Vielmehr soll der Begriff des gerechten Ausgleichs von seinem Ursprung her erläutert und eine Auslegung versucht werden aus dem Zusammenhang heraus, in dem er steht – unvoreingenommen einerseits also von der erwähnten Entscheidung des EuGH, aber andererseits auf der Grundlage der Entstehungs- und Verhandlungsgeschichte der Richtlinie, die den Begriff eingeführt hat.

Dazu soll zunächst auf die Verwendung des vertrauten Begriffs der angemessenen Vergütung im urheberrechtlichen *acquis communautaire* eingegangen und dann dargelegt werden, warum nicht dieser Begriff, sondern der neue und bis dahin unvertraute Terminus des gerechten Ausgleichs in der Informations-

---

[*] Die folgenden Ausführungen stellen die persönliche Meinung des Verfassers dar und binden nicht die Europäische Kommission oder ihre Dienststellen.

[1] Richtlinie 2001/29/EG des Europäischen Parlaments und des Rates vom 22.5.2001 zur Harmonisierung bestimmter Aspekte des Urheberrechts und der verwandten Schutzrechte in der Informationsgesellschaft, ABl. 2001 L 167/10.

[2] EuGH v. 21.10.2010 – Rs. C-467/08 *Padawan*, Slg. 2010, I-10055.

gesellschaft-Richtlinie verwendet wurde – obwohl, wie noch zu zeigen sein wird, beide Begriffe doch wohl dasselbe Prinzip ausdrücken sollen: Dass den Rechtsinhabern bei bestimmten gesetzlichen Ausnahmen vom Ausschließlichkeitsrecht gewisse Mindestrechte verbleiben sollen.

II. Der Begriff „angemessene Vergütung" im Europäischen Urheberrecht

In mehreren Richtlinien des urheberrechtlichen *acquis communautaire* wird ausdrücklich erwähnt, dass dem angemessenen Schutz der Rechtsinhaber und einem hohen Schutzniveau für geistiges Eigentum grundlegende Bedeutung zukommen. Man kann sagen, dass sich derartige Bekenntnisse im Laufe der zehn Jahre der ersten Harmonisierungswelle verstärkt und konkretisiert haben: Beschränkt sich noch die Software-Richtlinie von 1991[3] in ihrer Begründungserwägung 15 darauf, wertneutral auf die „rechtmäßigen Interessen des Rechtsinhabers" hinzuweisen, spricht die Vermietrichtlinie[4] ein Jahr später in ihrer dritten und fünften Begründungserwägung bereits von der Notwendigkeit, den Rechtsinhabern „angemessenen Schutz" und „angemessenes Einkommen" zu gewährleisten. Und schließlich hebt die Informationsgesellschaft-Richtlinie gleich mehrfach hervor, dass von einem „hohen Schutzniveau"[5] ausgegangen werden müsse und den Rechtsinhabern eine „angemessene Vergütung"[6] zu gewährleisten sei.

Dennoch wird von den Begriffen „angemessene Vergütung" oder „angemessene Bedingungen" nur der erstere in den operationellen Bestimmungen (den Artikeln) der Richtlinien verwendet, und zwar zweimal und dies nur in der Vermietrichtlinie, sieht man einmal von der eher defensiven Erwähnung der „unangemessenen Bedingungen" in Art. 12 Abs. 2 der Satelliten- und Kabelrichtlinie[7] ab.

---

[3] Richtlinie 2009/24/EG des Europäischen Parlaments und des Rates vom 23. 4. 2009 über den Rechtsschutz von Computerprogrammen, ABl. 2009 L 111/16 (kodifizierte Fassung der Richtlinie 91/250/EWG des Rates vom 14. 5. 1991 über den Rechtsschutz von Computerprogrammen, ABl. 1991 L 122/42).

[4] Richtlinie 2006/115/EG des Europäischen Parlaments und des Rates vom 12. 12. 2006 zum Vermietrecht und Verleihrecht sowie zu bestimmten dem Urheberrecht verwandten Schutzrechten im Bereich des geistigen Eigentums, ABl. 2006 L 376/28 (kodifizierte Fassung der Richtlinie 92/100/EWG des Rates vom 19. 11. 1992 zum Vermietrecht und Verleihrecht sowie zu bestimmten dem Urheberrecht verwandten Schutzrechten im Bereich des geistigen Eigentums, ABl. 1992 L 346/61).

[5] BE 4 und 9 der Richtlinie 2001/29/EG (Fn. 2).

[6] BE 10 und 35 der Richtlinie 2001/29/EG (Fn. 2).

[7] Richtlinie 93/83/EWG des Rates vom 27. 9. 1993 zur Koordinierung bestimmter urheber- und leistungsschutzrechtlicher Vorschriften betreffend Satellitenrundfunk und Kabel-

In Art. 4 der Vermietrichtlinie wird der Begriff der angemessenen Vergütung nicht im klassischen Sinne gebraucht, also zur Bestimmung der Vergütung gegenüber den Nutzern, sondern um einen Interessenausgleich im Verhältnis der Rechtsinhaber untereinander herzustellen, damit „dem Umfang des Beitrages der beteiligten Urheber und ausübenden Künstler zum Tonträger bzw. Film Rechnung" getragen wird.[8] In Art. 8 Abs. 2 dieser Richtlinie wird das Recht auf angemessene Vergütung zwar im klassischen Sinne, also als Zahlungsanspruch an den Nutzer im Falle der Rundfunksendung oder öffentlichen Wiedergabe eines Tonträgers geregelt. Dies aber ist keine Erfindung des Gemeinschaftsrechts, sondern lediglich die Harmonisierung auf Gemeinschaftsebene des in Art. 12 des Rom-Abkommens genannten Anspruchs.[9]

Die Artikel der übrigen Richtlinien des urheberrechtlichen *acquis communautaire* aber erwähnen diesen Begriff der angemessenen Vergütung nicht. Dabei gab es schon mehrmals Überlegungen auf Seiten der EU-Kommission, den Anspruch auf angemessene Vergütung für private Vervielfältigungen, die sogenannten *Levies*, zu harmonisieren. So war schon eines der Kapitel des ersten Urheberrechts-Grünbuchs von 1988[10] diesem Thema gewidmet; es wurde dann aber im Arbeitsprogramm der Kommission von 1991[11] nicht wieder aufgegriffen. Und einige Jahre später scheiterte ein erneuter Anlauf für ein entsprechendes Harmonisierungsprojekt an seinem Potential, den Erfolg der Verhandlungen zum WTO/TRIPs-Abkommen[12] zu stören.

Für diese Vorsicht beim Umgang mit dem Begriff der „angemessenen Vergütung" gibt es mehrere Gründe. Zum einen ist der Begriff kontinentaleuropäischen Ursprungs und knüpft an die gesetzlichen Vergütungsansprüche an, die nach kontinentaleuropäischer Auffassung ursprünglich vor allem den Autoren zustanden. Damit aber hängt der Begriff eng mit der kollektiven Wahrnehmung zusammen, die sich traditionell in Kontinental-Europa und in erster Linie als Recht der Autoren entwickelt hat. Und schließlich war Katalysator der Unter-

---

weiterverbreitung, ABl. 1993 L 248/15; die Richtlinie 2006/115/EG verwendet außerdem in Art. 5 Abs. 1 den Begriff der „Vergütung".

[8] BE 13 der Richtlinie 2006/115/EG (Fn. 4).

[9] Vgl. *Reinbothe/v. Lewinski*, The E.C. Directive on Rental and Lending Rights and on Piracy (1993), S. 92, 98; zur Auslegung des Begriffs der angemessenen Bedingungen in Art. 8 Abs. 2 der Richtlinie 2006/115/EG EuGH v. 6. 2. 2003 – Rs. C-245/00 *Stichting ter Exploitatie van Naburige Rechten (SENA)/Nederlandse Omroep Stichting (NOS)*, Slg. 2003, I-1251.

[10] Mitteilung der Kommission v. 23. 8. 1988, Grünbuch über Urheberrecht und die technologische Herausforderung – Urheberrechtsfragen, die sofortiges Handeln erfordern, KOM(88) 172 endg., Kapitel 3: „Audiovisuelle Vervielfältigung für private Zwecke".

[11] Mitteilung der Kommission v. 17. 1. 1991, Initiativen zum Grünbuch – Arbeitsprogramm der Kommission auf dem Gebiet des Urheberrechts und der verwandten Schutzrechte, KOM(90) 584 endg.

[12] Zu den Forderungen der USA vgl. *Reinbothe*, Der Schutz des Urheberrechts und der Leistungsschutzrechte im Abkommenentwurf GATT/TRIPs, GRUR Int. 1992, 707, 714 f.; *Gervais*, The TRIPS Agreement (2. Aufl. 2003), Rn. 2.93 zum Störpotential der Einnahmen aus angemessener Vergütung.

schiede zwischen kontinentaleuropäischem und angloamerikanischem Urheberrecht stets die Diskussion um die *Levies*, die Vergütung für Privatkopien.[13] Ob im ersten bereits erwähnten urheberrechtlichen Grünbuch der Kommission von 1988, in der Endphase der Verhandlungen zum TRIPs-Abkommen im Rahmen der Uruguay-Runde des GATT, oder bei den bisher erfolglosen Harmonisierungsversuchen der Kommission – es konnte auch innerhalb der EU kein gemeinsamer Nenner gefunden werden zur Frage, wer diese *Levies* zahlen, wer sie bekommen und wer sie verwalten sollte. Ganz allgemein hatten die *Levies* den für viele unangenehmen oder sogar unakzeptablen Beigeschmack einer Kollektivierung des Urheberrechts zulasten der Nutzer, waren aber auch ungeliebt bei den *corporate rightholders*, den Produzenten. Der Begriff der „angemessenen Vergütung" galt nun einmal als Angelpunkt dieser Diskussion, war damit innerhalb der EU vor allem den Mitgliedstaaten ohne *Levies* ein Dorn im Auge, und wurde daher vom stets um Harmonie bemühten europäischen Gesetzgeber[14] gemieden.

III. Der „gerechte Ausgleich" in der Informationsgesellschaft-Richtlinie

1. Die Hintergründe für die Einführung des Begriffs

a) Die Vorgaben der Mitteilung der Kommission von 1996

Mit den Herausforderungen des digitalen Umfelds an das Urheberrecht setzte sich die Europäische Kommission bereits in ihrem Grünbuch von 1995[15] auseinander. Und in ihrer darauf folgenden Mitteilung von 1996[16] bezeichnete die Kommission die Harmonisierung der Ausnahmen vom Vervielfältigungsrecht als besonders wichtig. Vor allem für digitale Vervielfältigungen zum privaten Gebrauch dachte sie daran, in mehr Fällen als bisher Verbotsrechte vorzusehen, und in anderen Fällen eine gesetzliche Lizenz in Verbindung mit Vergütungsansprüchen oder auch „eng begrenzte *fair use*-Ausnahmen" zu harmonisieren. Auch wies die Kommission darauf hin, dass private Vervielfältigungen „zweifellos" eine wirtschaftliche Bedeutung für die Nutzung von Urheberrechten

---

[13] Zum Begriff der *Levies* und zum „Glaubenskrieg" der Rechtssysteme vgl. *Melichar*, Besprechung von *Lauber-Rönsberg*, Urheberrecht und Privatgebrauch (2011), UFITA 2012, 307 f.

[14] Zu den jüngsten Initiativen der Europäischen Kommission in diesem Bereich s. unten, Fn. 70.

[15] Vorlage der Kommission v. 19. 7. 1995, Grünbuch Urheberrecht und verwandte Schutzrechte in der Informationsgesellschaft, KOM(95) 382 endg.

[16] Mitteilung der Kommission v. 20. 11. 1996, Initiativen zum Grünbuch über Urheberrecht und verwandte Schutzrechte in der Informationsgesellschaft, KOM(96) 568 endg.

hätten und bestimmte Privatkopien daher gegen Zahlung einer „angemessenen Vergütung" erlaubt werden sollten.[17]

b) Die Vorgaben der WIPO-Abkommen WCT und WPPT

Nur wenige Wochen nach Veröffentlichung dieser Mitteilung wurden die beiden WIPO-Abkommen WCT und WPPT[18] angenommen. Aber diese Abkommen enthielten keinerlei Vorgaben darüber, welche Verpflichtungen der Vertragsstaaten es bezüglich der Vervielfältigungen zum privaten Gebrauch geben und ob hierfür etwa Vergütungsansprüche eingeführt werden sollten. Tatsächlich waren das Vervielfältigungsrecht und die darauf anwendbaren Ausnahmen eines der besonders kontroversen Themen der Diplomatischen Konferenz vom Dezember 1996 – mit dem bekannten Ergebnis, dass diese Thematik schlichtweg ausgeklammert wurde: Im WCT gibt es überhaupt keine eigenständige Bestimmung zum Vervielfältigungsrecht; Art. 1 Abs. 4 WCT verweist insoweit lediglich auf Art. 9 der Revidierten Berner Übereinkunft (RBÜ) und hält in einer Erklärung fest, dass Art. 9 RBÜ und die hierzu erlaubten Ausnahmen auch im digitalen Umfeld Anwendung finden. Außerdem ist natürlich der Dreistufentest in Art. 10 WCT auch für Ausnahmen vom Vervielfältigungsrecht zu beachten.[19] Der WPPT gewährt zwar ausübenden Künstlern in Art. 7 und Tonträgerherstellern in Art. 11 ausdrücklich ein Vervielfältigungsrecht, enthält aber ebenfalls keine besonderen Ausnahmen davon. In einer Erklärung wird hierzu auf den Dreistufentest in Art. 16 WPPT verwiesen und festgestellt, dass beides, Vervielfältigungsrecht und nach dem Dreistufentest zulässige Ausnahmen, auch im digitalen Umfeld Anwendung finden.[20]

c) Der Ansatz des Richtlinienvorschlags von 1997 zur angemessenen Vergütung

Damit, dass die WIPO-Abkommen die Thematik der Ausnahmen vom Vervielfältigungsrecht ausklammerten, war sie aber für die Europäische Union nicht vom Tisch. Die notwendigerweise allgemein gehaltenen völkerrechtlichen Abkommen WCT und WPPT stellten einen Kompromiss unter 128 Verhandlungspartnern (127 verhandelnden Staaten und der EG) dar.[21] Die Informationsgesellschaft-Richtlinie aber musste den damals 15 EU-Mitgliedstaaten konkretere

---

[17] Mitteilung der Kommission (Fn. 16), Kapitel 1, S. 11 f.

[18] WIPO-Urheberrechtsvertrag (WIPO Copyright Treaty, WCT), ABl. 2000 L 89/6, BGBl. II 2003, 754, und WIPO-Vertrag über Darbietungen und Tonträger (WIPO Performances and Phonograms Treaty, WPPT), ABl. 2000 L 89/6, BGBl. II 2003, 754, 770.

[19] *Reinbothe/von Lewinski*, The WIPO Treaties 1996 (2002), Annex to Article 1 (4) WCT Rn. 1 ff.; Art. 10 WCT Rn. 30 ff.

[20] *Reinbothe/von Lewinski* (Fn. 19), Art. 7 WPPT Rn. 17 ff.; Art. 11 WPPT Rn. 17 ff.; Art. 16 WPPT Rn. 26 ff.

[21] Vgl. *Reinbothe/v. Lewinski* (Fn. 19), Chapter 1 Rn. 18.

Vorgaben liefern als diese Abkommen. Denn sie diente der Rechtsangleichung und sollte daher nicht nur die WIPO-Abkommen, sondern auch die Forderungen des Grünbuchs von 1995 zum Urheberrecht in der Informationsgesellschaft[22] umsetzen. Sie musste daher von den Mitgliedstaaten zu beachtende und letztendlich vom EuGH durchsetzbare Verpflichtungen enthalten. In diesem Rahmen musste sich die Richtlinie nicht nur sehr viel deutlicher als die WIPO-Abkommen und ausdrücklich zum Umfang des Vervielfältigungsrechts äußern, sondern auch zu den darauf anzuwendenden oder dafür erlaubten Ausnahmen.

In Art. 5 des ursprünglichen Richtlinienvorschlags[23] waren insgesamt neun Ausnahmen aufgelistet. Dabei war für das Vervielfältigungsrecht lediglich in Art. 5 Abs. 1 eine obligatorische Ausnahme vorgesehen für vorübergehende Vervielfältigungshandlungen als Teil eines technischen Verfahrens, die etwa für Akte des *Caching* oder *Browsing* notwendig sind. Die anderen acht Ausnahmen, die in Art. 5 Abs. 2 und 3 vorgesehen waren, hatten keinen obligatorischen Charakter; ihre Anwendung sollte den Mitgliedstaaten freigestellt sein: So etwa die Ausnahmen vom Vervielfältigungsrecht in Art. 5 Abs. 2 a) für Fotokopien und in Art. 5 Abs. 2 b) für private Vervielfältigungen. Aus den bekannten Gründen wurde dabei bewusst davon abgesehen, diese Ausnahmetatbestände mit einem obligatorischen Anspruch auf angemessene Vergütung zu koppeln. In ihrer Begründung des Richtlinienvorschlags stellte die Europäische Kommission ausdrücklich fest, dass die Mitgliedstaaten insoweit einen „beträchtlichen Umsetzungsspielraum" behalten sollten.[24] Insbesondere sollten die Mitgliedstaaten diese Ausnahmen „nach ihrem Ermessen" in Verbindung mit einer Vergütungsregelung oder einem „Abgabesystem" beibehalten können, während andere Mitgliedstaaten nicht verpflichtet sein sollten, „diesem Ansatz zu folgen", soweit die in Art. 5 Abs. 2 enthaltenen Bedingungen und insbesondere der Dreistufentest beachtet würden.[25]

Der Richtlinienvorschlag entwickelte also kein eigenes Konzept zur angemessenen Vergütung für private Vervielfältigungen oder Fotokopien. Vor dem Hintergrund der bisher fehlgeschlagenen Harmonisierungsversuche sollte es den Mitgliedstaaten überlassen bleiben, die *Levies* beizubehalten oder einzuführen; es erschien der Kommission verfrüht, harmonisierte Lösungen für digitale private Vervielfältigungen vorzusehen, und nicht gerechtfertigt, den Handlungsspielraum der Mitgliedstaaten bei analogen privaten Vervielfältigungen

---

[22] S. o. Fn. 15.
[23] Richtlinienvorschlag der Kommission v. 10. 12. 1997, Vorschlag für eine Richtlinie des Europäischen Parlaments und des Rates zur Harmonisierung bestimmter Aspekte des Urheberrechts und der verwandten Schutzrechte in der Informationsgesellschaft, KOM(1997) 628 endg.
[24] Richtlinienvorschlag (Fn. 23), S. 33 (unter 4.).
[25] Richtlinienvorschlag (Fn. 23), S. 33 f. (unter 5. und 6.).

einzuengen. Allerdings stellte die Kommission auch ausdrücklich fest, dass der Dreistufentest diesem Handlungsspielraum möglicherweise Grenzen zieht.

d) Die Interessenlage bei den Verhandlungen über den Richtlinienvorschlag

Es ist bezeichnend, dass der Richtlinienvorschlag zu diesen Punkten besonders ausführliche Begründungen enthält – schon damals das Ergebnis einer überaus schwierigen Interessenabwägung. Aber als der Richtlinienvorschlag im Rat und im Europäischen Parlament verhandelt wurde, stellte sich schon sehr bald heraus, dass der vorsichtige Ansatz der Kommission nicht den erforderlichen Harmonisierungseffekt erzielen konnte und wohl auch nicht konsensfähig war. Dabei wurden die Vergütungssysteme, zumindest indirekt, zum allgegenwärtigen Thema. Es entwickelte sich ein Spannungsfeld zwischen den genannten Ausnahmen, vor allem derjenigen für die Privatkopie, einerseits und dem Schutz von technischen Maßnahmen andererseits. Dabei gab es große Interessengegensätze, vor allem zur Frage, wie in dieser Richtlinie zwischen digitaler und analoger Privatkopie unterschieden werden sollte, ob die Richtlinie insoweit Verbotsrechte oder Vergütungsansprüche vorsehen, und wer die entsprechenden Rechte verwalten oder von ihnen profitieren sollte.

In den meisten Mitgliedstaaten gab es ja bereits zu diesem Zeitpunkt Ausnahmen vom Verbotsrecht für Vervielfältigungen zum privaten Gebrauch, die mit Ansprüchen der Rechtsinhaber auf angemessene Vergütung kompensiert wurden, und diese gesetzlichen Vergütungsansprüche hatten sich durchaus bewährt. Das machte sie aber auf europäischer Ebene keineswegs konsensfähig. Als gemeinsamer Nenner bildete sich erst während der Verhandlungen über die Richtlinie die Einsicht heraus, dass sich die Informationsgesellschaft-Richtlinie zur Privatkopie präziser würde äußern müssen als dies im Richtlinienvorschlag der Kommission vorgesehen war. Dabei setzten die einen – und sie waren wohl die Mehrheit – auf eine EU-weite Regelung der gesetzlichen Lizenz mit Ansprüchen der Rechtsinhaber auf angemessene Vergütung, die anderen auf Verbotsrechte mit weitgehenden Ausnahmen, etwa für das *time-shifting*. Die jeweiligen Erwartungshaltungen entsprachen der Interessenlage, die man etwa wie folgt zusammenfassen kann:

Die Schuldner der in den meisten Mitgliedstaaten geltenden Vergütungssysteme, vor allem die Gerätehersteller, sahen in einer Verlagerung auf Verbotsrechte für die Privatkopie die Chance eines *phasing out* dieser Vergütungsansprüche, der *Levies*, durch die Richtlinie: Würden den Rechtsinhabern nämlich möglichst durch *fair use*-Ausnahmen beschränkte Verbotsrechte auch für private Vervielfältigungen gewährt und diese mit Hilfe technischer Maßnahmen beim Verbraucher durchgesetzt, bliebe kein Raum mehr für die Erhebung kollektiver Vergütungsansprüche auf der Grundlage einer gesetzlichen Lizenz.

Die *Levies* wären Vergangenheit, und deren bisherige Schuldner keinen Ansprüchen mehr ausgesetzt.

Diejenigen der damals 15 Mitgliedstaaten der Europäischen Gemeinschaft, die keine gesetzlichen Vergütungsansprüche kannten und diese auch nicht einführen wollten,[26] konnten ebenfalls auf deren *phasing out* zugunsten von mit Hilfe technischer Maßnahmen beim Verbraucher durchgesetzter Verbotsrechte hoffen – und vielleicht sogar darauf, dass eben diese Durchsetzung in vielen Fällen technisch nicht möglich oder nicht opportun wäre, wie etwa im Falle des *time-shifting*.

Aber auch einer Gruppe von Rechtsinhabern, insbesondere der Tonträger- und Filmhersteller, waren die von den Verwertungsgesellschaften verwalteten *Levies* ein Dorn im Auge. So störten sich insbesondere die US-amerikanischen Produzenten seit langem daran, dass der Löwenanteil der Vergütungen an Urheber und ausübende Künstler ausgeschüttet wurde, also an Personen, die nach US-amerikanischem Rechtsverständnis gar keine originären Rechtsinhaber sind, und dass die Vergütung daher zum großen Teil in Europa verblieb.

Andererseits fürchteten die Mehrheit der Mitgliedstaaten, sowie die Urheber und ausübenden Künstler und ihre Verwertungsgesellschaften, dass in Zukunft nur noch Verbotsrechte an privaten Vervielfältigungen bestünden, diese – falls überhaupt durchsetzbar – von Produzenten mit Hilfe technischer Maßnahmen wie des *Digital Rights Management* wahrgenommen und die Urheber und ausübenden Künstler in jedem Fall leer ausgehen würden.

e) Wie der Begriff des „gerechten Ausgleichs" entstanden ist

Bei dieser komplexen Interessenlage ging es bei den Verhandlungen über die Richtlinie darum, den Postulaten Rechnung zu tragen, die sich schon in verschiedenen Begründungserwägungen des ursprünglichen Richtlinienvorschlags widerspiegelten: Ein Mindestmaß an Harmonisierung für das „reibungslose Funktionieren des Binnenmarktes"[27] sollte erreicht werden, und dies auf „hohem Schutzniveau für die Rechtsinhaber"[28], denen für die Nutzung eine „angemessene Vergütung"[29] zu gewährleisten ist. Außerdem sollte die Richtlinie einen „angemessenen Rechts- und Interessenausgleich zwischen den verschiedenen Kategorien von Rechtsinhabern sowie zwischen Rechtsinhabern und Nutzern"[30] sicherstellen.

---

[26] Damals waren dies das Vereinigte Königreich, Irland und, jedenfalls de facto, Luxemburg; zur Rechtslage in Luxemburg vgl. *Melichar*, UFITA 2012, 307, 309. Von den nach 2004 beigetretenen neuen Mitgliedstaaten gehören zu dieser Gruppe auch Malta und Zypern.

[27] Insbesondere BE 6 des Richtlinienvorschlags (Fn. 23); BE 7 der Richtlinie 2001/29/EG (Fn. 1).

[28] BE 8 des Richtlinienvorschlags (Fn. 23); BE 9 und 4 der Richtlinie 2001/29/EG (Fn. 1).

[29] BE 9 des Richtlinienvorschlags (Fn. 23); BE 10 der Richtlinie 2001/29/EG (Fn. 1).

[30] BE 21 des Richtlinienvorschlags (Fn. 23); BE 31 der Richtlinie 2001/29/EG (Fn. 1).

Hierzu musste zunächst eine Schnittstelle zwischen dem Schutz von technischen Maßnahmen und den Ausnahmen gefunden werden. Das Ergebnis der Diskussionen über diese Schnittstelle hat in der Informationsgesellschaft-Richtlinie seinen Niederschlag gefunden: Insbesondere Art. 6 Abs. 4 und die sieben Begründungserwägungen 47 bis 53 sind die Grundlage für eine Konstruktion, die sich bei aller Subtilität in der Praxis bewährt haben dürfte.[31] Dabei verbleibt den Mitgliedstaaten notwendigerweise erheblicher Umsetzungsspielraum, denn die in Art. 5 Abs. 2 und 3 aufgeführten Ausnahmen sind recht allgemein formuliert und können in den nationalen Gesetzen unterschiedlich ausgestaltet werden.

Daneben waren aber auch die Diskussionen über die Ausnahmen vom Vervielfältigungsrecht für Privatkopien besonders intensiv und kontrovers. Niemand konnte abschätzen, ob, und wenn dann wann, die analoge Privatkopie von der digitalen verdrängt werden würde. Aus der Sicht des europäischen Gesetzgebers war damit der Übergang von der analogen zur digitalen Privatkopie ein klassisches *moving target*.[32]

Aber obwohl es insoweit jedenfalls vor zehn Jahren noch keine Gewissheit geben konnte, musste die Richtlinie sich doch darum bemühen, schon von vornherein für Gerechtigkeit zu sorgen, nämlich dafür, dass bei der Handhabung bestimmter Ausnahmen im digitalen Umfeld den Interessen aller beteiligten Rechtsinhaber und Nutzer Rechnung getragen wird. Dies war besonders wichtig bei der Ausnahme für digitale private Vervielfältigungen vor dem Hintergrund der hier besonders komplexen Interessenlage. Darüber hinaus musste aber auch sichergestellt werden, dass diese Erwägungen der Gerechtigkeit und des Interessenausgleichs überall dort in der Richtlinie angesprochen wurden, wo es eine ähnlich komplexe Interessenlage im analogen Bereich gab. Besonders relevant war dies für die Reprographie-Ausnahme, aber auch für analoge Privatkopien, die, obwohl möglicherweise Auslaufmodell, auch in der Übergangsphase nicht vergessen werden sollten.

Es war dem Europäischen Parlament vorbehalten, dieses Streben nach Gerechtigkeit in den Ausnahmebestimmungen zu konkretisieren. Zum einen wurde vorgeschlagen, den Übergang von den pauschalen Vergütungssystemen zur Kontrolle der privaten Vervielfältigung mit Hilfe digitaler Technologien von der Effizienz und Durchsetzungsfähigkeit in der Praxis eben dieser Technologien abhängig zu machen.[33] Und zum anderen war es der Berichterstatter des

---

[31] *Reinbothe*, Die EG-Richtlinie zum Urheberrecht in der Informationsgesellschaft, GRUR Int. 2001, 733, 741 f.; Hinweise auf diese Schnittstelle finden sich auch in den BE 38 und 39 der Richtlinie 2001/29/EG (Fn. 1).

[32] Vgl. *Reinbothe*, GRUR Int. 2001, 733, 739 zur Forderung von Industriekreisen, angesichts der fortschreitenden technologischen Entwicklung die Abschaffung der Vergütungssysteme für die Privatkopie in der Richtlinie selbst zu verankern.

[33] Vgl. die Vorschläge des Europäischen Parlaments in Erster Lesung für einen geänderten

federführenden Binnenmarktausschusses des Europäischen Parlaments, *Roberto Barzanti*, der darauf bestand, zumindest in die Ausnahmebestimmung für Vervielfältigungen zum privaten Gebrauch eine Bestimmung aufzunehmen, die alle Mitgliedstaaten verpflichten sollte, dafür zu sorgen, dass die Rechtsinhaber im Rahmen einer solchen Ausnahme – und zwar unabhängig davon, ob sie nur für analoge oder auch für digitale Vervielfältigungen zum privaten Gebrauch galt – nicht leer ausgingen. Natürlich wusste *Barzanti*, dass eine Verpflichtung zur Zahlung einer angemessenen Vergütung angesichts des Widerstandes einiger Mitgliedstaaten nicht mehrheitsfähig, und dieser Begriff also zu vermeiden war. Eine flexible Mindestvorschrift musste her, die auch für ein Land wie Großbritannien akzeptabel sein konnte – da nur Ausdruck einer gewissen Minimalgerechtigkeit –, zugleich aber die etablierten Vergütungssysteme nicht in Frage stellte. Das Ergebnis dieser Überlegungen war der Begriff *equo compenso* – italienisch im Original, denn die wohl entscheidenden informellen Diskussionen, die in diesem Begriff mündeten, wurden auf Italienisch geführt. Und dabei wurde klar unterschieden zwischen dem *compenso*, einem eher generischen Ausgleich also, und der *compensazione*, dem Ersatz eines Schadens. Im Deutschen wurde aus *equo compenso* wohl am passendsten der „gerechte Ausgleich", im Französischen *compensation equitable*, im Spanischen *compensación equitativa* und im Englischen *fair compensation*.

Die Stellungnahme des Europäischen Parlaments zum Richtlinienvorschlag in Erster Lesung enthielt *Barzantis* Vorschläge, bestimmte Ausnahmen mit der Verpflichtung zu verknüpfen, den Rechtsinhabern für die erlaubte Nutzung einen „gerechten Ausgleich" zu gewähren.[34]

2. Der „gerechte Ausgleich" im Geänderten Richtlinienvorschlag von 1999

In ihrem Geänderten Richtlinienvorschlag vom Mai 1999[35] übernahm die Kommission die Vorschläge des Europäischen Parlaments zum „gerechten Ausgleich". Dabei stimmte sie ausdrücklich dem Grundsatz zu, dass ein Ausgleich für die Rechtsinhaber sicherzustellen ist in den meisten Fällen, in denen der Richtlinienvorschlag eine gesetzliche Ausnahme von den Ausschließlichkeitsrechten erlaubte. Der Geänderte Richtlinienvorschlag selbst sah den gerechten

---

Art. 5 Abs. 2 b) (a) und (b), Bericht des Europäischen Parlaments v. 10. 2. 1999, ABl. 1999 C 150/171.

[34] Bericht des Europäischen Parlaments (Fn. 33).

[35] Änderungsvorschlag der Kommission v. 21. 5. 1999, geänderter Vorschlag für eine Richtlinie des Europäischen Parlaments und des Rates zur Harmonisierung bestimmter Aspekte des Urheberrechts und der verwandten Schutzrechte in der Informationsgesellschaft, KOM(1999) 250 endg., ABl. 1999 C 180/6.

Ausgleich als Bedingung vor für vier Ausnahmen: Reprographie, analoge und digitale Vervielfältigungen, sowie Ausnahmen vom Vervielfältigungsrecht und vom Recht der öffentlichen Wiedergabe, einschließlich des Rechts der öffentlichen Zugänglichmachung, für den Unterricht oder Zwecke der wissenschaftlichen Forschung.

Definiert wurde der Begriff des „gerechten Ausgleichs" im Geänderten Richtlinienvorschlag nicht. Aber Ergänzungen in der Begründungserwägung 26 und eine neue Begründungserwägung 29a enthielten zumindest einige, wenn auch nur recht allgemeine, Hinweise darauf, was darunter zu verstehen sein sollte.

Begründungserwägung 26 stellte schon in seiner ursprünglichen Fassung fest, dass die Mitgliedstaaten die Möglichkeit haben sollten, eine Ausnahme für private Vervielfältigungen vorzusehen, und dass dazu auch „die Einführung oder Beibehaltung von Vergütungsregelungen gehören [kann], um Nachteile für Rechtsinhaber auszugleichen". Im Geänderten Richtlinienvorschlag wurden nun lediglich die Wörter „unter Sicherstellung eines gerechten Ausgleichs" hinzugefügt und am Ende dieser Begründungserwägung 26 festgestellt, dass es im Falle der digitalen privaten Vervielfältigung „von besonderer Bedeutung" sei, „dass alle Rechtsinhaber einen gerechten Ausgleich erhalten".

Einmal erscheint damit klar, dass der „gerechte Ausgleich" kein Ersatz für die bestehenden Vergütungssysteme sein sollte, diese also weiter sollten bestehen können, zumal, wie Begründungserwägung 26 – insoweit unverändert – feststellte, die zwischen diesen Vergütungssystemen bestehenden Unterschiede hinnehmbar seien. Zum anderen wurde nun ausdrücklich hervorgehoben, dass zwischen analoger und digitaler Privatkopie unterschieden werden müsse und es besonders wichtig sei, *allen* Rechtsinhabern für letztere einen gerechten Ausgleich zukommen zu lassen. Dies ist ein Hinweis auf die Notwendigkeit, insoweit Gerechtigkeit für die Rechtsinhaber auch untereinander zu gewährleisten – ganz im Sinne der bereits erwähnten Begründungserwägung zum Interessenausgleich auch unter den Rechtsinhabern.[36]

Begründungserwägung 29a wurde neu eingefügt. Er stellte fest, dass die gesetzliche Verpflichtung zur Zahlung eines gerechten Ausgleichs vertraglichen Regelungen nicht entgegenstehen darf, und gab damit vertraglichen Regelungen zwischen den Beteiligten einen gewissen Vorrang, zumindest, wie es in der Begründung heißt, um „umfassende Lösungen" zu finden.

Daraus ergibt sich, dass der „gerechte Ausgleich" nach dem Wortlaut der Bestimmungen des Geänderten Richtlinienvorschlags, aber auch im Lichte seiner Erwähnung in den entsprechenden Begründungserwägungen, nach dem Willen des europäischen Gesetzgebers als eine Art Mindestvergütung für Rechtsinha-

---

[36] So schon BE 21 des ursprünglichen Richtlinienvorschlags (Fn. 23); BE 31 der Richtlinie 2001/29/EG (Fn. 1).

ber eingeführt wurde, um ein Mindestmaß von Gerechtigkeit zu gewährleisten. Die bestehenden Vergütungsansprüche sollten davon unberührt bleiben, und die Herstellung von Gerechtigkeit auf vertraglicher Grundlage sollte möglich bleiben, wenn nicht sogar Vorrang haben.

3. Reichweite und Auslegung des Begriffs „gerechter Ausgleich" in der Richtlinie 2001/29/EG

a) Der „gerechte Ausgleich" in Bestimmungen und Begründungserwägungen der Richtlinie

Die Informationsgesellschaft-Richtlinie sieht den gerechten Ausgleich als Bedingung nur vor für die Anwendung von drei Ausnahmen vom Vervielfältigungsrecht. Alle drei Ausnahmen sind im Katalog der nicht obligatorischen Schranken aufgeführt. Wenn die Mitgliedstaaten also Ausnahmen vom Vervielfältigungsrecht beibehalten oder einführen wollen für reprographische Vervielfältigungen nach Art. 5 Abs. 2 a), Vervielfältigungen zum privaten Gebrauch nach Art. 5 Abs. 2 b), oder für Vervielfältigungen von Sendungen durch nicht kommerzielle soziale Einrichtungen gemäß Art. 5 Abs. 2 e), so können sie dies nur unter der Bedingung tun, dass „die Rechtsinhaber einen gerechten Ausgleich erhalten". Diese Formulierung lautet im Italienischen *ricevano un equo compenso*, im Englischen *receive fair compensation*, und im Französischen *reçoivent une compensation équitable*.

Direkte Hinweise auf die Auslegung des Begriffs ergeben sich aus dem Wortlaut dieser Bestimmungen nicht. Aber immerhin lässt sich daraus ableiten, dass es nicht notwendigerweise um die Einführung eines direkten Zahlungsanspruchs geht, denn die hierfür üblicherweise verwendeten Bezeichnungen wie „Vergütung", *remuneration* oder *rémunération* wurden offenbar bewusst nicht verwendet. Und zumindest die deutschen und italienischen Sprachfassungen („gerechter Ausgleich", *equo compenso*) weisen auch darauf hin, dass der neue Begriff wohl als eine Art generisches Gerechtigkeitspostulat gedacht ist.

Aber zu allen anderen Fragen, wie etwa dem Ziel des gerechten Ausgleichs, seiner Form und seinem Umfang, nehmen die Bestimmungen der Richtlinie nicht Stellung. Antworten auf die meisten dieser Fragen geben, abgesehen von dem Hinweis auf die Anwendung technischer Maßnahmen in Art. 5 Abs. 2 b) letzter Halbsatz, nur die Begründungserwägungen, und zwar vor allem, aber nicht nur, Begründungserwägung 35. Dabei ist natürlich zu beachten, dass Begründungserwägungen nicht die Gesetzeskraft der Richtlinien-Artikel zukommt, sie allenfalls als Auslegungshilfe herangezogen werden können, und sie überdies das Ergebnis von Kompromissen sind – und zwar meist noch mehr als die Richtlinienbestimmungen selbst. Mit diesem Vorbehalt ergibt sich aus den Bestimmungen und Begründungserwägungen der Richtlinie das folgende Bild.

aa) Zum Anwendungsbereich des „gerechten Ausgleichs"

Die Fälle, in denen der gerechte Ausgleich Bedingung für die Anwendung von Ausnahmen ist, sind in Art. 5 Abs. 2 festgelegt. Darüber hinaus enthält Begründungserwägung 52 den Hinweis, dass der gerechte Ausgleich auch zu beachten ist bei freiwilligen Maßnahmen zur Umsetzung der Ausnahme für Vervielfältigungen zu privaten Zwecken. Ohnehin ist es den Mitgliedstaaten freigestellt, auch andere Ausnahmen mit der Bedingung zu verknüpfen, dass Rechtsinhaber einen gerechten Ausgleich erhalten.[37] Zum Verhältnis dieser Bedingung des gerechten Ausgleichs zu bestehenden Vergütungssystemen enthalten lediglich die Begründungserwägung 38 und 39 Hinweise: Nach Begründungserwägung 38 steht es den Mitgliedstaaten frei, im Rahmen von Ausnahmen für private Vervielfältigungen Vergütungsregelungen, die Nachteile für Rechtsinhaber ausgleichen sollen, einzuführen oder beizubehalten. Es wird hier auch ausdrücklich darauf hingewiesen, dass bei analogen Privatkopien die Unterschiede zwischen diesen Vergütungssystemen für den Binnenmarkt hinnehmbar seien, den Unterschieden zwischen analogen und digitalen Vervielfältigungen allerdings „gebührend Rechnung" getragen werden sollte.[38] Und Begründungserwägung 39 fordert die Mitgliedstaaten auf, darauf zu achten, dass die Vergütungssysteme – also alle Systeme einschließlich des „gerechten Ausgleichs", aber eben nicht darauf beschränkt – den Einsatz und die Durchsetzung technischer Kopierkontrollsysteme nicht verhindern oder beeinträchtigen. Man könnte diese Forderung als Restbestand des weiter gehenden Vorschlags des Europäischen Parlaments ansehen, der den Übergang von pauschalen Vergütungssystemen zu Ausschließlichkeitsrechten für die private Vervielfältigung in der Richtlinie regeln, aber von der Effizienz und Durchsetzungsfähigkeit der digitalen Kontrollsysteme abhängig machen wollte.[39]

bb) Zum Zweck des „gerechten Ausgleichs"

Ziel des gerechten Ausgleichs ist es offensichtlich, den Rechtsinhabern eine angemessene Vergütung für die Nutzung ihrer Werke zu gewährleisten.[40] Diese

---

[37] Dies ergibt sich schon aus der Natur der Richtlinie als Mindestharmonisierung (hierzu unten, III.3. b) und Fn. 48), wird aber in BE 36 auch ausdrücklich bestätigt.
[38] Vgl. hierzu mit ähnlichem Wortlaut BE 26 des Geänderten Richtlinienvorschlags (Fn. 35); s. o., III.2.
[39] *Reinbothe*, GRUR Int. 2001, 733, 739.
[40] BE 35 S. 1 i. V. m. BE 10 S. 1.

Bedingung für die Anwendung bestimmter Ausnahmen soll demnach den Rechtsinhabern nützen.[41]

cc) Zur Form, den Einzelheiten und der Höhe des „gerechten Ausgleichs"

Zu Form und Höhe des gerechten Ausgleichs weist Begründungserwägung 35 S. 2 zunächst lediglich darauf hin, dass „die besonderen Umstände eines jeden Falles berücksichtigt werden ... sollten". Aus dieser recht offenen Formulierung wird sich vor allem schließen lassen, dass für die Mitgliedstaaten bei der Umsetzung der Bedingung des gerechten Ausgleichs Spielraum besteht, es ihnen also weitgehend freigestellt ist, wie sie der Verpflichtung nachkommen wollen, allerdings unter der Voraussetzung, dass in jedem Anwendungsfall für die bereits zitierte Gerechtigkeit gesorgt ist.

Auch Satz 3 von Begründungserwägung 35 knüpft an diesen Grundsatz an, wenn er feststellt: „Für die Bewertung dieser Umstände [eines jeden Falles][42] könnte der sich aus der betreffenden Handlung für die Rechtsinhaber ergebende etwaige Schaden als brauchbares Kriterium herangezogen werden". Zur Klärung seiner Bedeutung kann ein Blick auf die anderen Sprachfassungen dieses umstrittenen Satzes beitragen. Er zeigt, dass der etwaige, also ohnehin nicht genau zu berechnende, Schaden *eines* der möglichen Kriterien oder *einer* der „Umstände"[43] sein soll, die für die Berechnung der Höhe des gerechten Ausgleichs herangezogen werden können – aber eben nicht das einzige Kriterium oder der einzige Umstand. So ist im Englischen von „a valuable criterion would be the possible harm..." die Rede, im Französischen von „un critère utile serait le préjudice potentiel...", und im Italienischen heißt es „un valido criterio sarebbe quello dell' eventuale pregiudizio...". In allen diesen Sprachfassungen wird also dieser auf den Schaden bezogene Hinweis für die Bewertung der Umstände des Einzelfalls und damit für die Frage, wie und gegebenenfalls in welcher Höhe der gerechte Ausgleich zu leisten ist, mit dem unbestimmten Artikel und dem Konjunktiv verbunden. Außerdem ist vom „etwaigen Schaden", dem *possible harm*, dem *préjudice potentiel* und vom *eventuale pregiudizio* die Rede. Angesichts dieser Formulierungen wird man nicht davon ausgehen können, dass der „etwaige Schaden" Bedingung dafür sein soll, dass ein gerechter Ausgleich herzustellen ist, es also einen gerechten Ausgleich nur dann geben muss,

---

[41] Vgl. hierzu die gemeinsame Erklärung Italiens, Spaniens und Frankreichs für das Ratsprotokoll, wonach diese Delegationen sicherstellen wollen, „dass die Umsetzung der Richtlinie nicht zum Schaden der Rechtsinhaber erfolgt", und sie die Kommission ermutigen, dafür zu sorgen, „dass die legitimen Interessen der Rechtsinhaber geschützt werden"; ähnlich die Einlassungen Frankreichs und Deutschlands im *Padawan*-Verfahren, vgl. GA Trstenjak, Schlussanträge v. 11. 5. 2010 – Rs. C-467/08 *Padawan*, 2010, I-10055 Tz. 30.

[42] Ergänzung vom Verfasser.

[43] Andere Sprachfassungen sprechen insoweit von *circumstances*, *circonstances* oder *peculiaritá*.

wenn aufgrund der Ausnahme vom Verbotsrecht den Rechtsinhabern auch ein zumindest potentieller Schaden entsteht.

Ein weiterer Hinweis auf die Höhe des gerechten Ausgleichs findet sich in Satz 5 von Begründungserwägung 35: Soweit technische Schutzmaßnahmen eingesetzt wurden, soll keine Verpflichtung zur Zahlung eines gerechten Ausgleichs bestehen. Dahinter steht die Idee, dass Doppelzahlungen vermieden werden sollen, also nicht für ein- und denselben Vorgang sowohl direkt als auch über pauschale Vergütungssysteme gezahlt wird. Dieser Sachverhalt dürfte vor allem relevant sein im Rahmen der Ausnahme für private Vervielfältigungen gemäß Art. 5 Abs. 2 b) und ist deshalb in dieser Bestimmung selbst auch schon ausdrücklich angesprochen. Satz 5 von Begründungserwägung 35 ist also lediglich eine Wiederholung dieses Grundsatzes.[44]

Und schließlich beschreiben die Sätze 4 und 6 von Begründungserwägung 35 Fälle, in denen überhaupt kein gerechter Ausgleich geleistet werden muss. Nach Satz 4 besteht dazu keine Verpflichtung, wenn bereits Zahlungen in anderer Form geleistet wurden, etwa als Teil einer Lizenzgebühr. Satz 6 enthält eine Art Geringfügigkeitsklausel und bestimmt, dass keine Verpflichtung zur Leistung eines gerechten Ausgleichs besteht, soweit dem Rechtsinhaber nur ein geringer Nachteil entstünde. Beide Sätze kommen vor allem den Mitgliedstaaten entgegen, die keine pauschalen Vergütungssysteme für private Vervielfältigungen kennen und auch während der Verhandlungen über die Richtlinie stets darauf bestanden haben, für Akte wie *time-shifting* Ausnahmen vom Vervielfältigungsrecht ohne Vergütungspflicht beizubehalten.[45]

dd) Das Verhältnis des „gerechten Ausgleichs" zu vertraglichen Regelungen

Hierzu enthält Begründungserwägung 45 den Hinweis, dass die gesetzliche Verpflichtung zur Zahlung eines gerechten Ausgleichs vertraglichen Regelungen nicht entgegenstehen soll. Dieser Hinweis ist nahezu wortgleich mit Begründungserwägung 29a des Geänderten Richtlinienvorschlags.[46]

b) Die systematische Einordnung des Begriffs „gerechter Ausgleich"

Der Begriff des „gerechten Ausgleichs" ist also abgeleitet von demjenigen der „angemessenen Vergütung" und basiert wie dieser auf einem allgemeinen Gerechtigkeitsgebot, nämlich dem Prinzip, dass die Rechtsinhaber einen angemes-

---

[44] Vgl. *Reinbothe*, GRUR Int. 2001, 733, 739.

[45] Vgl. hierzu die Erklärung der Europäischen Kommission für das Ratsprotokoll: „Die Kommission ist der Auffassung, dass sich keine Zahlungsverpflichtung ergeben kann im Hinblick auf bestimmte einmalige vorübergehende Handlungen zur Vervielfältigung einer Sendung oder eines Schutzgegenstandes, die ausschließlich zu dem Zweck vorgenommen wurden, eine Betrachtung und/oder Anhörung zu einem geeigneten Zeitpunkt zu ermöglichen (,zeitversetzte Wiedergabe'), sofern die Bedingungen nach Artikel 5 Absatz 5 erfüllt sind".

[46] Dazu oben, III. 2.

senen Anteil am Markterfolg und an der wirtschaftlichen Nutzung ihrer Werke und Schutzgegenstände auch dann erhalten sollen, wenn ihre Verbotsrechte gesetzlich beschränkt werden.[47] Vor allem für Vervielfältigungen zum privaten Gebrauch wird dieser Gedanke in der Mehrzahl der EU-Mitgliedstaaten durch pauschale Vergütungssysteme bereits verwirklicht.

Der „gerechte Ausgleich" ist nicht identisch mit dem Begriff der „angemessenen Vergütung", er ist aber auch kein aliud, sondern sozusagen etwas allgemeiner, wenn nicht sogar weniger als dieser: Der Begriff des „gerechten Ausgleichs" ist ein neues Konzept insoweit, als er nicht etwa die existierenden pauschalen Vergütungssysteme, die *Levies*, harmonisieren will, sondern eine Art Sockelvergütungsverpflichtung schafft. Die Informationsgesellschaft-Richtlinie stellt insgesamt eine Mindest-, und nicht eine Vollharmonisierung dar.[48] So lässt sie den Mitgliedstaaten erhebliche Gestaltungsmöglichkeiten bei der Wahl der in Art. 5 Abs. 2 und 3 genannten Ausnahmen. Die Mitgliedstaaten sind nicht verpflichtet, diese Ausnahmen überhaupt vorzusehen, können aber andererseits einen gerechten Ausgleich auch in anderen als den in der Richtlinie genannten Fällen vorsehen. Sie können insoweit also über den von der Richtlinie vorgesehenen Schutz der Rechtsinhaber hinausgehen, jedenfalls soweit dies nicht das Funktionieren des Binnenmarktes beeinträchtigt.[49] Der „gerechte Ausgleich" als Bedingung für die Anwendung bestimmter Ausnahmen ist zugeschnitten auf die Mitgliedstaaten, die bei Inkrafttreten der Richtlinie noch keine Vergütungsregelungen für die in Art. 5 Abs. 2 a), b) und e) genannten Ausnahmen hatten und führt Vergütungsansprüche auf niedrigerem, und damit konsensfähigem Niveau ein.

---

[47] St. Rspr. für die angemessene Vergütung, vgl. Schricker/Loewenheim-*Loewenheim*, Urheberrecht (4. Aufl. 2010), Einl. Rn. 13 m. w. N.; für die EU-Ebene vgl. *Reinbothe*, Private Copying, Levies and DRMs against the background of the EU copyright framework, http://ec.europa.eu/internal_market/copyright/documents/2003-speech-reinbothe_en.htm; in diesem Sinne auch EuGH v. 6. 2. 2003 – Rs. C-245/00 *SENA/NOS*, Slg. 2003, I 1251 Rn. 37 zu Art. 8 Abs. 2 der Vermietrichtlinie 2006/115/EG.

[48] Diese Regel wird von den in der Richtlinie enthaltenen Elementen der Vollharmonisierung bestätigt: Eine Vollharmonisierung mit einer Begrenzung des Schutzes nach oben stellt die obligatorische Ausnahme in Art. 5 Abs. 1 dar, die von den Mitgliedstaaten vorgesehen werden muss; auch wurde Art. 4 Abs. 1 vor dem Hintergrund der besonderen Relevanz des Verbreitungsrechts für die Warenverkehrsfreiheit im Binnenmarkt als vollharmonisierte Regelung des Verbreitungsrechts angesehen, EuGH v. 17. 4. 2008 – Rs. C-456/06 *Peek & Cloppenburg/Cassina*, Slg. 2008, I-2731 Rn. 37 ff.; vgl. BVerfG, GRUR Int. 2011, 969 m. w. N.; vgl. auch die gemeinsame Erklärung von Italien, Spanien und Frankreich für das Ratsprotokoll, in dem das durch die Richtlinie erreichte Maß an Harmonisierung als nach Meinung dieser Länder zu gering bedauert wird: „Diese Delegationen sind der Auffassung, dass der Text, der vom Rat vorgelegt wurde, kein zufriedenstellendes Maß an Harmonisierung darstellt und ein Risiko erheblicher Ungleichheiten zwischen den Mitgliedstaaten mit sich bringt, was das System der Ausnahmen und Vergütung für Rechtsinhaber angeht".

[49] Vgl. BE 7 und 36 sowie, mit Bezug auf die Ausnahmen, BE 31 und 32.

Tatsächlich ist die Verpflichtung für die Mitgliedstaaten, einen „gerechten Ausgleich" herzustellen, weit flexibler und weniger streng, als es eine Verpflichtung zur Zahlung einer angemessenen Vergütung wäre. Die Tatsache, dass die Artikel der Richtlinie zur Ausgestaltung des gerechten Ausgleichs so gut wie keine Aussagen enthalten[50] und in den Begründungserwägungen nur sehr allgemeine Regeln für die Berechnung des gerechten Ausgleichs zu finden sind, vor allem aber Begründungserwägung 35, spiegeln diesen Ansatz wider. Diese Begründungserwägung, an deren endgültigem Wortlaut der Rat erheblichen Anteil hatte, „atmet" regelrecht Flexibilität – und eben auch den Kompromiss: Geht er noch im ersten Satz von dem Grundsatz aus, dass den Rechtsinhabern eine angemessene Nutzungsvergütung zukommen müsse und die Bedingung des gerechten Ausgleichs diesem Zweck dient, enthalten die folgenden Sätze dieser Begründungserwägung mehrere dehnbare Auslegungsregeln, die diesen Grundsatz relativieren, bis hin zur Feststellung, dass in bestimmten Fällen überhaupt nichts an die Rechtsinhaber gezahlt werden muss.

Im Ergebnis lässt also die Richtlinie einem Mitgliedstaat, der die Zahlung eines gerechten Ausgleichs für bestimmte Ausnahmen vorsieht oder seine bestehenden pauschalen Vergütungssysteme auf diesen Begriff umstellt, für die Auslegung dieses Begriffs einigen Spielraum.[51] Art. 5 Abs. 2 b) letzter Halbsatz und den Begründungserwägung 35, 38 und 39 in Verbindung mit Begründungserwägung 31 lässt sich lediglich entnehmen, dass im Rahmen des gerechten Ausgleichs eine Doppelbezahlung vermieden werden soll, den Unterschieden zwischen digitaler und analoger privater Vervielfältigung „gebührend Rechnung" zu tragen ist, insbesondere in Bezug auf die digitale Privatkopie die technologischen und wirtschaftlichen Entwicklungen „gebührend" zu berücksichtigen sind, und auf die berechtigten Interessen der Nutzer und Schuldner der Vergütung sowie auf das Funktionieren des Binnenmarktes Rücksicht zu nehmen ist. Konkretere Auslegungsmaßstäbe als diese allgemeinen Rahmenbestimmungen enthält die Richtlinie also nicht. Dies gilt auch für das Kriterium des „etwaigen Schadens" als Anknüpfungspunkt für die Höhe des gerechten Ausgleichs: Es kann den Mitgliedstaaten nicht verwehrt sein, für die Berechnung des gerechten Ausgleichs auch andere Kriterien als den in Begründungserwägung 35 erwähnten „etwaigen Schaden" heranzuziehen. Denn ohnehin ist dieses Kriterium des Schadens ein „falscher Verbündeter", wenn nicht sogar ein „Killer-Argument": Ob ein Schaden entsteht, etwa weil der Nutzer ohne die Ausnahmeregelung ein Werkexemplar erworben hätte,[52] ist bei der Fotokopie genauso wenig messbar wie bei der Kopie einer CD für private Zwecke oder der Ausleihe.

---

[50] Sieht man einmal von Art. 5 Abs. 2 b), letzter Halbsatz, ab; s. o., III. 3. a).
[51] Zum Spielraum bei der Bestimmung der vergütungspflichtigen Personen vgl. BVerfG, GRUR Int. 2011, 955, 957 Rn. 30.
[52] Schricker/Loewenheim-*Loewenheim* (Fn. 47), § 54a UrhG Rn. 4.

Ersetzt nun der Begriff des „gerechten Ausgleichs" denjenigen der „angemessene Vergütung" in den bestehenden pauschalen Vergütungssystemen, oder lässt er diese unberührt? Die Richtlinie selbst sagt hierzu bekanntlich nichts. Aber Begründungserwägung 38 stellt die „Sicherstellung eines gerechten Ausgleichs" Seite an Seite mit „Vergütungsregelungen" und geht dabei ausdrücklich davon aus, dass solche „Vergütungsregelungen" beibehalten oder sogar eingeführt werden können, soweit diese – man möchte ergänzen: zumindest – einen gerechten Ausgleich sicherstellen. Begründungserwägung 39 schließlich verwendet im Zusammenhang mit der digitalen Privatkopie nur den Oberbegriff „Vergütungssysteme" und scheint damit ebenfalls davon auszugehen, dass beide Systeme – „gerechter Ausgleich" und bestehende Systeme der angemessenen Vergütung – nebeneinander bestehen können. Dabei sollte, so Begründungserwägung 38 S. 5, „den Unterschieden zwischen digitaler und analoger privater Vervielfältigung gebührend Rechnung getragen und hinsichtlich bestimmter Punkte zwischen ihnen unterschieden werden". Diese Forderung, wie auch die Postulate in Art. 5 Abs. 2 b) letzter Halbsatz und in Begründungserwägung 39, den Einsatz technischer Maßnahmen zu berücksichtigen bzw. nicht zu behindern, dürfte aber eher als ein Hinweis auf das Verhältnis zwischen kollektiven Vergütungsregelungen und individueller Rechtewahrnehmung mit Hilfe technischer Maßnahmen zu verstehen sein, wie es auch an anderer Stelle angesprochen wird.[53] Dafür, dass das Konzept des „gerechten Ausgleichs" die nationalen Pauschalsysteme der angemessenen Vergütung für private Vervielfältigungen oder Reprographie nach dem Willen des EU-Gesetzgebers ersetzen soll, fehlen also die Anhaltspunkte. Genauso wenig ist erkennbar, dass es den Mitgliedstaaten verwehrt wäre, über den Sockel des „gerechten Ausgleichs" hinauszugehen, indem sie z. B. weiterhin auch Akte des *time-shifting* von der pauschalen angemessenen Vergütung erfassen, obwohl doch nach Begründungserwägung 35 die Richtlinie die Mitgliedstaaten nicht verpflichtet, hierfür einen „gerechten Ausgleich" vorzusehen.[54] Wäre dies anders, so käme es einer Harmonisierung „nach unten" gleich. Diese aber entspräche weder den Buchstaben noch dem Geist der Richtlinie und wäre möglicherweise auch verfassungsrechtlich problematisch.[55]

---

[53] Vgl. BE 52 für den „gerechten Ausgleich".

[54] Dementsprechend geht auch die Kommission in ihrer Erklärung zu BE 35 davon aus, dass es den Mitgliedstaaten freigestellt ist, für Akte des *time-shifting* keine Zahlungsverpflichtung vorzusehen; dies bedeutet aber nicht, dass die Mitgliedstaaten hierfür keine Zahlungsverpflichtung vorsehen *dürfen* (Fn. 45).

[55] Zu den verfassungsrechtlichen Vorgaben *Wolff*, in diesem Band, § 7; in diesem Zusammenhang ist auch zu beachten, dass die WIPO-Verträge WCT und WCCT in ihren Präambeln auf die Notwendigkeit hinweisen, die Rechte der Autoren, ausübenden Künstler und Tonträgerhersteller „zu erhalten und weiterzuentwickeln" und den Ausgleich zwischen den Rechten der Rechtsinhaber und dem öffentlichen Interesse „beizubehalten".

Auch bei rein semantischer Betrachtungsweise kommt man zu keinem anderen Ergebnis. Die „angemessene Vergütung" ist nicht weniger gerecht als der „gerechte Ausgleich" – dafür aber hinsichtlich beider Elemente („angemessen" statt „gerecht", „Vergütung" statt „Ausgleich") der präzisere Begriff. Während ein gerechter Ausgleich im Einzelfall auch ohne Zahlung einer separaten Vergütung hergestellt werden kann, wie dies ja auch Begründungserwägung 35 angibt, resultiert die angemessene Vergütung immer in einem Zahlungsanspruch – als konkrete Ausformung des Grundsatzes, dass der Urheber angemessen an dem wirtschaftlichen Nutzen zu beteiligen ist, der aus seinem Werk gezogen wird. Dabei beruht die Angemessenheit auf dem konkreten Ausgleich der beteiligten Interessen.[56]

Im Ergebnis muss daher davon ausgegangen werden, dass die Informationsgesellschaft-Richtlinie die Mitgliedstaaten nicht daran hindert, ihre bestehenden pauschalen Vergütungssysteme beizubehalten. Denn diese Vergütungssysteme konkretisieren bereits das schon erwähnte Prinzip, dass die Rechtsinhaber an jeder Form der wirtschaftlichen Auswertung ihrer Werke oder Schutzgegenstände zu beteiligen sind;[57] und dem stehen die Richtlinie und der Begriff des „gerechten Ausgleichs" nicht entgegen. Dabei ist allerdings zu beachten, dass die oben beschriebenen Aussagen der Begründungserwägungen 38 und 39 zur digitalen Privatkopie auch für die bestehenden pauschalen Vergütungssysteme der *Levies* Gültigkeit haben, obwohl diese nicht durch die Richtlinie harmonisiert werden.

4. Zur Auslegung des Begriffs in der Rechtsprechung des EuGH

Soweit also der Versuch einer Auslegung und systematischen Einordnung des Begriffs „gerechter Ausgleich" auf der Grundlage der Informationsgesellschaft-Richtlinie und ihrer Entstehungsgeschichte.

Bekanntlich hat sich auch der EuGH fast 10 Jahre nach Inkrafttreten der Informationsgesellschaft-Richtlinie zu diesem Begriff geäußert.[58] Wie eingangs festgestellt, soll es dem Leser überlassen bleiben, diese Entscheidung im Lichte der obenstehenden Ausführungen zu interpretieren. Die Entscheidung soll daher hier nicht gesondert bewertet werden. Dennoch erscheinen einige Anmerkungen dazu angebracht.

Zu beachten ist zunächst, dass sich der EuGH zu einer ganz spezifischen Situation zu äußern hatte: Der spanische Gesetzgeber hatte das bereits bestehende System der angemessenen Vergütung für private Vervielfältigungen offenbar

---

[56] Schricker/Loewenheim-*Schricker/Haedicke* (Fn. 47), § 32 UrhG Rn. 28 ff., 31 m. w. N.
[57] S. o., III. 3. b), Fn. 47.
[58] EuGH v. 21. 10. 2010 – Rs. C-467/08 *Padawan*, Slg. 2010, I-10055.

bewusst auf den „gerechten Ausgleich" umgestellt, den in der Richtlinie verwendeten Begriff also ausdrücklich als neue Basis für den Vergütungsanspruch
gewählt.[59] Damit ging es bei der Entscheidung nicht um die Frage, in welchem
Verhältnis die „angemessene Vergütung" zum „gerechten Ausgleich" steht,
sondern nur darum, wie der letztere Begriff, wenn denn vom nationalen Gesetzgeber gewählt, auszulegen ist.

Wenn der EuGH feststellt, dass der Begriff „gerechter Ausgleich" zu einem
Begriff des Unionsrechts geworden und daher kohärent auszulegen ist,[60] so erscheint dies angesichts seiner Rechtsprechung zur „angemessenen Vergütung"[61]
nur konsequent.

Dagegen muss man die Auffassung des EuGH, dass „Konzeption und Höhe
des gerechten Ausgleichs mit dem Schaden im Zusammenhang stehen"[62] und
daher „der gerechte Ausgleich zwingend auf der Grundlage des Kriteriums des
Schadens berechnet werden"[63] müsse, so nicht teilen.[64] Interessant ist in diesem
Zusammenhang, dass der EuGH selbst offenbar auch einen anderen Gesichtspunkt als den potentiellen Schaden als Rechtfertigung für die Zahlung des „gerechten Ausgleichs" gelten lässt, nämlich die Tatsache, dass der private Nutzer
von der „Vervielfältigungsleistung" „profitiert".[65]

Bemerkenswert sind die Ausführungen der Generalanwältin, obwohl der
EuGH ihnen nicht immer gefolgt ist. Aber auch hier könnten einige Feststellungen Anlass zu Missverständnissen sein, etwa wenn es heißt, die Wahl des
„neuen Konzepts" des „gerechten Ausgleichs" scheine „vom Bemühen des Ge-
meinschaftsgesetzgebers getragen zu sein, die bereits bestehenden, aus den unterschiedlichen Rechtsordnungen der Mitgliedstaaten entsprungenen nationalen Regelungen zu erfassen".[66] Sollte damit gemeint sein, dass diese Rege-

---

[59] Vgl. GA *Trstenjak*, Schlussanträge v. 11.5. 2010 – Rs. C-467/08 *Padawan*, Slg. 2010,
I-10055 Tz. 54 f.

[60] EuGH v. 21.10. 2010 – Rs. C-467/08 *Padawan*, Slg. 2010, I-10055 Rn. 33.

[61] EuGH v. 6.2. 2003 – Rs. C-245/00 *SENA/NOS*, Slg. 2003, I-1251.

[62] EuGH v. 21.10. 2010 – Rs. C-467/08 *Padawan*, Slg. 2010, I-10055 Rn. 40.

[63] EuGH v. 21.10. 2010 – Rs. C-467/08 *Padawan*, Slg. 2010, I-10055 Rn. 42, 50; auch laut
EuGH v. 16.6. 2011 – Rs. C-462/09 *Stichting de Thuiskopie / Opus Supplies Deutschland
GmbH, Mijndert van der Lee, Hananja van der Lee*, GRUR Int. 2011, 716 Rn. 24, müssen
„die Konzepte und die Höhe des gerechten Ausgleichs mit dem Schaden in Zusammenhang
stehen, der sich für den Urheber aus der Vervielfältigung seines geschützten Werkes ergibt".

[64] Dazu kritisch *Dreher*, Der urheberrechtliche Vergütungsanspruch für Privatkopien aus
europäischer Sicht, ELR 2010, 382, 385; *Walter*, Gerechter Ausgleich für die private Vervielfältigung, MR-Int 2010, 121 m. w. N.; *Dreier*, Padawan und die Folgen für die deutsche Kopiervergütung, ZUM 2011, 281 m. w. N.; differenzierter GA *Trstenjak*, Schlussanträge v. 11.5.
2010 – Rs. C-467/08 *Padawan*, Slg. 2010, I-10055 Tz. 79, 80; zustimmend offenbar *Frank*,
Urheberabgaben nach Padawan, CR 2011, 1, 4 ff.; s. auch EuGH v. 30.6. 2011 – Rs. C-271/10
Vereniging van Educatieve en Wetenschappelijke Auteurs (VEWA) / Belgische Staat, GRUR
Int. 2011, 850 Rn. 29, der auch den Begriff „Vergütung" als Entschädigung interpretiert.

[65] EuGH v. 21.10. 2010 – Rs. C-467/08 *Padawan*, Slg. 2010, I-10055 Rn. 48.

[66] GA *Trstenjak*, Schlussanträge v. 11.5. 2010 – Rs. C-467/08 *Padawan*, Slg. 2010, I-10055
Tz. 71.

lungen durch den „gerechten Ausgleich" ersetzt werden sollten, so wären Zweifel angebracht.

Insgesamt erscheint es ratsam, sich bei der Interpretation der Entscheidung(en) des EuGH, und vor allem bei der Bewertung ihrer Feststellungen zum Erfordernis des Schadens sowie den damit verbundenen Konsequenzen für die Vergütungspflicht und -höhe im Rahmen des deutschen Systems der Abgabe für Privatkopien,[67] von einer systematischen Einordnung des Begriffs „gerechter Ausgleich" leiten zu lassen.

IV. Zusammenfassung

Es war sicherlich nicht die Absicht des EU-Gesetzgebers, mit der Informationsgesellschaft-Richtlinie den Schutz der Rechtsinhaber zu reduzieren. Dies war bei keiner der bisherigen Urheberrechtrichtlinien gewollt, und darum kann es auch heute nicht gehen.[68] Im Gegenteil, in zahlreichen Begründungserwägungen der Informationsgesellschaft-Richtlinie wird die Notwendigkeit eines Urheberrechtschutzes auf hohem Niveau betont. Hierzu passt auch die Einführung der Bedingung des „gerechten Ausgleichs" für die Anwendung bestimmter Ausnahmen vom Vervielfältigungsrecht.

Dieser Begriff sollte zugunsten der Rechtsinhaber für mehr Gerechtigkeit sorgen – und nicht etwa das bestehende Schutzniveau senken. Den Mitgliedstaaten, deren Gesetze zum Zeitpunkt des Inkrafttretens der Richtlinie noch keine pauschalen Vergütungssysteme für private Vervielfältigungen oder die Reprographie vorsahen, sollte eine Brücke gebaut werden.[69] Der Begriff des „gerechten Ausgleichs" war als konsensfähiger generischer Sockel für die Einführung von Vergütungssystemen bei gesetzlichen Ausnahmen vom Verbotsrecht in allen Mitgliedstaaten der EU gedacht. In diesem Sinne lässt die Richtlinie den Mitgliedstaaten weitgehenden Spielraum für die Auslegung des Begriffs „gerechter Ausgleich" und seine Anwendung. Zugleich ist damit die große Mehrheit der Mitgliedstaaten, die zum Zeitpunkt des Inkrafttretens der Informationsgesellschaft-Richtlinie bereits pauschale Systeme der angemessenen Vergütung hatten, nicht verpflichtet, diese auf das System des „gerechten Ausgleichs" umzustellen; vielmehr hindert die Richtlinie sie nicht daran, ihre Abgabesysteme unter Berücksichtigung der Vorgaben der Begründungserwägungen 38 und 39 zur digitalen Technologie beizubehalten.

Würde der Begriff des „gerechten Ausgleichs" aber so interpretiert, dass er das Schutzniveau „nach unten" harmonisiert, indem die in den Begründungser-

---

[67] Hierzu ausführlich *Dreier*, ZUM 2011, 281, 283 ff. m. w. N.
[68] K.-N. *Peifer*, FAZ v. 28. 2. 2012, S. 15: „Wir sollten den Kuchen vergrößern, aber unter der Prämisse, dass die Schöpfer der Werke mehr vom Kuchen abbekommen".
[69] *Reinbothe*, GRUR Int. 2001, 733, 738.

wägungen enthaltenen Mindestkriterien als Obergrenze gelten, so wäre das im Jahre 2001 anvisierte Ziel verfehlt. Am Vorabend der Harmonisierung der kollektiven Wahrnehmung und zu Beginn der neuerlichen Bewertung der Vergütungssysteme für private und reprographische Vervielfältigungen[70] wäre dies für die Mehrzahl der Mitgliedstaaten mit ihren funktionierenden Systemen der angemessenen Vergütung nichts weniger als ein Eigentor des urheberrechtlichen *acquis communautaire*.

---

[70] Zu den Plänen der Europäischen Kommission vgl. http://ec.europa.eu/internal_market/copyright/levy_reform/index_en.htm; Erklärung von Antonio Vitorino vom 2.4. 2012 zum Sondierungsprozess http://ec.europa.eu/commission_2010–2014/barnier/headlines/speeches/2012/04/20120402_en.htm; zur kollektiven Wahrnehmung vgl. Richtlinienvorschlag der Kommission v. 11.7. 2012, Vorschlag für eine Richtlinie des Europäischen Parlaments und des Rates über kollektive Wahrnehmung von Urheber- und verwandten Schutzrechten und die Vergabe von Mehrgebietslizenzen für die Online-Nutzung von Rechten an Musikwerken im Binnenmarkt, KOM(2012) 372 endg.

Sandra Rösler

Der „gerechte Ausgleich"
im Europäischen Urheberrecht

Diskussionsbericht zu § 7

Dr. Stefan Müller (Rechtsanwalt, München) ergriff als Diskussionsleiter eingangs die Gelegenheit, *Reinbothe* in der Annahme beizupflichten, dass der Begriff des gerechten Ausgleichs einen Programmsatz darstelle, der die bestehenden Vergütungssysteme und insbesondere auch das System in Deutschland, welches auf dem Grundsatz der angemessenen Vergütung beruht, unberührt lasse. Leider gerieten die dieses Auslegungsergebnis unterstützenden Argumente[1] mit zunehmendem Zeitabstand immer mehr in Vergessenheit. Infolgedessen gelinge es denjenigen, die für ein Auslaufen der Vergütungssysteme sind, immer besser, bei der Frage der Bemessung des gerechten Ausgleichs den Aspekt des „Schadens" in den Vordergrund zu rücken, als enthielte die Richtlinie *expressis verbis* einen Schadensersatzanspruch. In der Diskussion werde insofern ignoriert, wie die Richtlinie formuliert ist. Begründungserwägung 35 der Informationsgesellschaft-Richtlinie[2] enthalte eben eine „Kann-Bestimmung", welche den Schaden nur als einen möglichen Gesichtspunkt bei der Berechnung des gerechten Ausgleichs nenne. Dieses Kriterium als ein „Muss" zu präsentieren, gehe fehl. Möglicherweise liege das daran, dass es den Parlamentariern im Rahmen von Lobby-Aktivitäten leichter zu vermitteln sei, was ein Schadensersatzanspruch ist, als den urheberrechtlichen Beteiligungsgedanken zu formulieren und zu vermitteln. Gerade im Hinblick auf den großen wirtschaftlichen Unterschied dieser beiden Ansätze zur Interpretation des gerechten Ausgleichs sehnt *Müller* eine Klärung durch den EuGH herbei, merkte jedoch an, dass die Entscheidungen der jüngeren Zeit – insbesondere die *Padawan*-Entscheidung[3] - nicht darauf hindeuteten, dass eine solche Klarstellung erfolgen werde.

Prof. Dr. Jürgen Becker (Rechtsanwalt, München) fragte, wie ein nationales Gericht nun an der Formulierung des EuGH in der *Padawan*-Entscheidung –

---

[1] Vgl. *Reinbothe*, in diesem Band, § 7 III. 3.

[2] Richtlinie 2001/29/EG des Europäischen Parlaments und des Rates vom 22. 5. 2001 zur Harmonisierung bestimmter Aspekte des Urheberrechts und der verwandten Schutzrechte in der Informationsgesellschaft, ABl. 2001 L 167/10.

[3] EuGH v. 21. 10. 2010 – Rs. C-467/08 *Padawan*, Slg. 2010, I-10055, GRUR Int. 2010, 1043.

dass der gerechte Ausgleich zwingend auf der Grundlage des Kriteriums des Schadens berechnet werden müsse[4] – vorbeikomme und ob es dem Gericht nicht möglich sei, diese Aussage beiseite zu lassen und sich auf eine wie hier vorgenommene Auslegung des Begriffs „gerechter Ausgleich" zu beziehen. Zudem interessierte *Becker*, ob und wenn ja wie die Kommission in dem Verfahren *Padawan* Stellung genommen habe.

Reinbothe entgegnete, dass es natürlich nicht möglich sei, die Entscheidung des EuGH formell zu verwerfen. Allerdings hätten die Entscheidungen des EuGH nicht das Gewicht eines Präzedenzfalles im *common law*. Folglich könne der EuGH in Zukunft durchaus auch anders entscheiden. Zudem sei es wichtig, sich genau anzuschauen, wozu der EuGH Stellung genommen habe, nämlich zu einem spanischen Gesetz, das den Begriff „gerechter Ausgleich" anstelle des bisher dort verwendeten Begriffs der angemessenen Vergütung als neue Grundlage gewählt hat. Hierzu sei der spanische Gesetzgeber im Rahmen der Umsetzung der Richtlinie nicht verpflichtet gewesen. Infolgedessen habe das Urteil nur einen begrenzten Anwendungsbereich. Man dürfe auch nicht vergessen, dass es sich bei den Entscheidungen des EuGH um Einzelfallentscheidungen handele. Auf *Beckers* Frage hinsichtlich einer etwaigen Stellungnahme seitens der Kommission wusste *Reinbothe* zu berichten, dass zumindest die sogenannten alten Mitgliedstaaten der Europäischen Union im *Padawan*-Verfahren Stellung genommen haben; diese Stellungnahmen seien zum Teil in den Schlussanträgen der Generalanwältin *Trstenjak* zitiert worden.[5] Vor allem die kontinentaleuropäischen Mitgliedstaaten seien sich weitgehend einig gewesen, dass die angemessene Vergütung neben dem gerechten Ausgleich weiterbestehen könne und insofern kein Zwang bestehe, die bestehenden Vergütungssysteme zu ändern. Diese Ansicht habe auch die Kommission bei den Verhandlungen der Richtlinie stets geteilt. *Reinbothe* bezweifelte allerdings den konkreten Nutzen der Stellungnahmen der Mitgliedstaaten bzw. der Kommission für die Auseinandersetzungen im geistigen Meinungskampf. Letztlich könne ein Verfechter der Gegenansicht immer einwenden, der EuGH habe die Ansicht der Mitgliedstaaten bzw. der Kommission eben verworfen. Abermals wies *Reinbothe* jedoch auf den begrenzten Anwendungsbereich der EuGH-Entscheidung hin und merkte an, er sehe darin gerade eine Chance dafür, dass sich eine Entscheidung in diese Richtung nicht zwingend wiederholen werde.

Müller ergänzte, dass man auch konkret betrachten müsse, worauf sich die *Padawan*-Entscheidung inhaltlich bezog. Die Entscheidung habe die Frage betroffen, ob für Speichermedien und Geräte, die an gewerbliche Abnehmer verkauft werden – also insofern nicht zur privaten Vervielfältigung gemäß § 53

---

[4] EuGH v. 21.10.2010 – Rs. C-467/08 *Padawan*, Slg. 2010, I-10055, GRUR Int. 2010, 1043, Ziff. 42, 50.
[5] GA *Trstenjak*, Schlussanträge v. 11.5.2010 – Rs. C-467/08 *Padawan*, Slg. 2010, I-10055.

UrhG genutzt würden – eine Vergütung zu bezahlen ist. Nach Ansicht *Müllers* sei die Frage leicht zu beantworten: Unabhängig davon, ob man auf einen etwaigen Schaden abstellt oder mit der angemessenen Vergütung arbeitet, müsse man zu dem Ergebnis kommen, dass sich da, wo eine Nutzung völlig ausgeschlossen ist, auch mit dem urheberrechtlichen Beteiligungsgrundsatz keine Vergütung begründen lasse. Im *Padawan*-Verfahren galt es eben nicht zu entscheiden, was eine private Vervielfältigung tatsächlich wert ist. Bei einer derartigen Beurteilung sah *Müller* den EuGH nicht durch das gebunden, was er in der *Padawan*-Entscheidung geäußert habe.

Dr. Christof Krüger (Rechtsanwalt, Eching) kam ebenfalls auf die von *Müller* skizzierte Besonderheit zu sprechen, dass die EuGH-Entscheidung inhaltlich nur die Situation einer gewerblichen Abnahme betroffen habe. Er wies auf die Problematik der Trennung zwischen gewerblicher und privater Nutzung hin. Beispielshaft nannte *Krüger* hierfür die Situation, dass eine Person ein Auto zu 50% privat und zu 50% gewerblich nutzt und sich in diesem Auto eine Musik-CD im Rekorder befindet. Nach Ansicht *Krügers* sei im Rahmen der deutschen pauschalen Vergütungssysteme eine Trennung zwischen gewerblicher und privater Nutzung praktisch nicht durchführbar.

Prof. Dr. Ferdinand Melichar (Rechtsanwalt, München) betonte den Unterschied zwischen dem Tatbestand „gerechter Ausgleich" und dem Tatbestand „angemessene Vergütung". In diesem Kontext erinnerte er an das *VEWA*-Verfahren[6], in dem der EuGH ganz konkret entschieden habe, dass eine Bibliothekstantieme, die nur einen Euro pro eingeschriebenem Bibliotheksmitglied und Jahr vorsieht, keine angemessene Vergütung im Sinne der Vermiet- und Verleihrichtlinie[7] darstelle. Er bezweifelte, dass der EuGH für den Tatbestand des gerechten Ausgleichs ebenso entschieden hätte.

Reinbothe unterstrich den von *Melichar* angesprochenen Unterschied zwischen dem gerechten Ausgleich und der angemessenen Vergütung, indem er den Begriff des gerechten Ausgleichs als eine Art „Sockelgerechtigkeit" charakterisierte. Aufgrund der Flexibilität, die der Begriff aufweise, könne diese „Sockelgerechtigkeit" auf unterschiedlichste Weise in den Mitgliedstaaten hergestellt werden. Anders sei dies bei der angemessenen Vergütung, da diese nicht eine derartige Flexibilität aufweise. Hier könne der Gesetzgeber festlegen, dass Pauschalbeiträge geleistet werden sollen, auch wenn es sich in vielen Fällen tatsächlich nicht um urheberrechtlich oder wirtschaftlich relevante Vorgänge handelt. Er sei davon überzeugt, dass sich diese Form der Pauschalberechnungen, die der deutsche Gesetzgeber mit seiner Privatkopievergütung vornehme, bewährt habe und hiergegen auch die Richtlinie nichts einzuwenden habe. Der gerechte

---

[6] EuGH v. 30.6.2011 – Rs. C-271/10 *VEWA*, (noch nicht in Slg.), GRUR 2011, 913.
[7] Richtlinie 2006/115/EG des Europäischen Parlaments und des Rates vom 12.12.2006 zum Vermietrecht und Verleihrecht sowie zu bestimmten dem Urheberrecht verwandten Schutzrechten im Bereich des geistigen Eigentums, ABl. 2006 L 376/28.

Ausgleich stelle im Vergleich zur angemessenen Vergütung ein „Weniger" dar und sei als eine Mindestharmonisierung auf EU-Ebene angelegt. Auch wenn die angemessene Vergütung folglich ein „Mehr" bedeute, könne man der Richtlinie jedoch nicht entnehmen, dass das Schutzniveau auf jenen Sockel abgesenkt werden müsse.

Dr. Gernot Schulze (Rechtsanwalt, München) brachte vor, dass es Vervielfältigungshandlungen gebe, bei denen umstritten sei, ob sie privilegiert werden können oder nicht. Manche würden hier den Standpunkt vertreten, dass diese Urheberrechtsverletzungen darstellten, die im Wege der Unterlassungsklage verfolgt werden müssten, andere wiederum seien der Auffassung, hier gebe es ein Marktversagen; ein Verfolgen der Urheberrechtsverletzung mit Unterlassungsklagen sei weder kontrollierbar noch aussichtsreich. Er fragte, ob der nationale Gesetzgeber diesbezüglich entscheiden könne, solche Handlungen auch unter das Privileg fallen zu lassen, mit der Konsequenz hierfür auch eine angemessene Vergütung vorzusehen.

Reinbothe berichtete, dass in den Verhandlungen über die Informationsgesellschaft-Richtlinie vor allem seitens der Briten bemängelt worden sei, dass Privatkopievergütungen Rechtsverstöße sanktionierten, nur etwa weil Urheberrechtsverletzungen nicht durchsetzbar seien. In den Beratungen sei gefordert worden, dass die Urheberrechtsverletzungen verboten bleiben müssten und nicht etwa durch die Privatkopievergütung der Mantel des Schweigens darüber gedeckt werden könne. Dem sei wiederum entgegnet worden, dass der gerechte Ausgleich nur für bestimmte Ausnahmetatbestände gedacht sei. Er könne zwar auch für andere Ausnahmetatbestände vorgesehen werden, aber eben immer nur für „*Ausnahme*"tatbestände. Als Ausgleich für Urheberrechtsverletzungen fungiere er hingegen nicht. Speziell für Urheberrechtsverletzungen sei in Art. 8 der Informationsgesellschaft-Richtlinie der Unterlassungsanspruch vorgesehen worden.

Schulze griff erneut den Aspekt des Schadens beim gerechten Ausgleich auf und fragte, ob dies denn überhaupt so problematisch sei. Er verwies vergleichend auf die Durchsetzungsrichtlinie[8], in welcher auch vom Schaden die Rede sei. In Deutschland hätten sich zur Berechnung des Schadensersatzes drei Berechnungsarten entwickelt, unter anderem auch die Schadensberechnung nach Lizenzanalogie. Über diese Konzeption müsse sich doch eigentlich das gleiche ergeben wie bei der Festsetzung der angemessenen Vergütung, so dass die übliche Lizensierung in jedem Fall gesichert wäre.

Zu *Schulzes* Vergleich mit der Durchsetzungsrichtlinie entgegnete *Reinbothe*, dass diese Richtlinie zwar auch vom Schaden rede, aber vielmehr vom Schadensersatz als Rechtsfolge. Bei der Informationsgesellschaft-Richtlinie hinge-

---

[8] Richtlinie 2004/48/EG des Europäischen Parlaments und des Rates vom 29. 4. 2004 zur Durchsetzung der Rechte des geistigen Eigentums, ABl. 2004 L 157/45.

gen solle bei der Festlegung des gerechten Ausgleichs der Schaden als Kriterium herangezogen werden. Seiner Meinung nach greife es zu kurz, wenn man hier den Schaden als einziges Kriterium gelten lassen würde.

In Anlehnung an *Schulzes* Wortmeldung knüpfte *Dr. Nikolaus Reber* (Rechtsanwalt, München) noch einmal an die drei Berechnungsmethoden eines Schadensersatzanspruchs im Urheberrecht an. Im Rahmen der dreifachen Schadensberechnung liege eine große Diskrepanz zwischen den Vorgaben der *Padawan*-Entscheidung und dem Prinzip der angemessenen Vergütung. Bei den Berechnungsmethoden sehe er gerade die Methode, welche auf den konkret eingetretenen Schaden beim Urheber schaut, auf große Probleme stoßen, während die Methode der Lizenzanalogie möglicherweise leicht zu handhaben sei. Bezüglich der Berechnungsmethode der Lizenzanalogie bemerkte er, dass die deutschen Gerichte lange Zeit bloß von der marktüblichen Lizenz gesprochen hätten. In den Entscheidungen der letzten drei bis vier Jahre werde jedoch vermehrt von der marktüblichen und angemessenen Lizenz gesprochen. Seinen Beobachtungen zufolge würden die Gerichte zunehmend ein Korrektiv einbauen, so dass es im Schadensersatz nicht mehr bloß auf die Marktüblichkeit ankomme, sondern auch die Redlichkeit der Lizenz an Bedeutung gewinne. Er nannte das Beispiel einer in einer spezifischen Branche üblichen aber geringen Pauschalvergütung. Bei einer solchen wäre es also im Schadensersatz möglich diese im Sinne der Redlichkeit, nach oben zu korrigieren. Durch eine solche Form der Schadensersatzberechnung würde sich der Abstand zwischen der angemessenen Vergütung und dem Schadenersatz verringern.

Reinbothe betonte abermals, dass Schadensberechnung und insbesondere Lizenzanalogie keine Themen seien in der Informationsgesellschaft-Richtlinie. Hier spiele der Schaden lediglich als ein etwaiges Kriterium im Rahmen der Festlegung des gerechten Ausgleichs eine Rolle. Nach Ansicht des EuGH solle dies offenbar sogar das einzige bedeutende Kriterium sein.[9] Natürlich sei es wichtig zu überlegen, ob dieses Kriterium, wenn es denn ein einziges sein soll, so schädlich ist. Vielleicht könnte man argumentieren, dass etwa bei Privatkopien eben immer ein potentieller Schaden entstehe, so dass sich der Streit erübrige. *Reinbothe* bezweifelt jedoch, dass es bei all den denkbaren urheberrechtsrelevanten Handlungen wie etwa der Reprografie oder der privaten Vervielfältigung zu einem etwaigen Schaden kommen könne. Insbesondere beim *time shifting* glaube er, dass hier kein potentieller Schaden für den Urheber entstehen könne. Trotzdem solle es dem Gesetzgeber überlassen bleiben, eine Art Schnitt zu machen und eine Pauschalvergütung zu verlangen, unabhängig davon, welche konkreten urheberrechtsrelevanten Handlungen der Nutzer im Einzelfall vornehme. Allerdings sei zu befürchten, dass eine am Kriterium des Schadens

---

[9] EuGH v. 21. 10. 2010 – Rs. C-467/08 *Padawan*, Slg. 2010, I-10055, GRUR Int. 2010, 1043, Ziff. 42, 50.

ausgerichtete Rechtsprechung des EuGH dazu führen könne, dass ein solches Vorgehen dem Gesetzgeber verwehrt würde.

Dr. Robert Staats (VG Wort, München) griff die von *Reinbothe* befürwortete Freiheit des Gesetzgebers bei der Erhebung von Privatkopievergütungen auf und stellte die Frage, ob der deutsche Gesetzgeber frei sei, eine Privatkopievergütung vorzusehen, auch wenn im Wege einer Lizensierung bereits eine Vergütung geflossen ist.

Reinbothe wies darauf hin, dass die Richtlinie in Begründungserwägung 35 Hinweise auf die Vermeidung der Doppelvergütung enthalte. Demnach solle, wenn schon tatsächlich eine Zahlung erfolgt ist, im Zweifel keine weitere Zahlung mehr durch die Pauschalvergütung fällig werden. Gerade das Thema der Doppelvergütung sei im Rahmen der Verhandlungen umstritten gewesen. Es sei eingewendet worden, dass nicht noch einmal auf denselben Vorgang eine Privatkopievergütung erhoben werden könne, wenn schon mit Hilfe technischer Maßnahmen eine Vergütung erhoben wurde. *Reinbothe* warf jedoch selbst die Frage auf, inwiefern die Mitgliedstaaten über das, was als Mindestanforderung in der Richtlinie gestellt wird, hinausgehen könnten. Er mutmaßte, dass es dem Gesetzgeber – innerhalb gewisser Grenzen – möglich sein müsse, noch mehr Fälle zu erfassen, welche in die Pauschalvergütung mit einfließen sollten. Die Grenze sei jedoch dann überschritten, wenn der Interessenausgleich verletzt ist. Demnach könne der Gesetzgeber beispielsweise nicht sagen, jeder solle Privatkopievergütungen bezahlen – egal, ob er private Vervielfältigung anfertige oder nicht – oder eine weitere Vergütung verlangen, unabhängig davon, ob schon eine Vergütung geflossen ist. Auch wenn sich in den Artikeln der Richtlinie hierzu keine Aussage finde, stelle zumindest Begründungserwägung 31 klar, dass stets ein Interessenausgleich zwischen Rechtsinhabern und Nutzern und auch innerhalb der Rechtsinhaberschaft gewahrt werden müsse.

Krüger kam zum Abschluss der Diskussion noch einmal auf die Vereinbarkeit der *Padawan*-Entscheidung des EuGH mit dem nationalen Vergütungssystem zu sprechen. Er fragte, ob die Entscheidung des EuGH nicht nur die Gesetze betreffe, die wie Spanien den Begriff „gerechter Ausgleich" verwenden, während sie auf nationale Gesetze, die den Begriff „angemessene Vergütung" kodifiziert haben, nicht anwendbar sei.

Reinbothe bestätigte *Krüger* dahingehend, dass der EuGH tatsächlich den speziellen Fall zu beurteilen hatte, in dem ein nationaler Gesetzgeber den Begriff der angemessenen Vergütung durch den des gerechten Ausgleichs ersetzt hatte. Die Interpretation des Begriffs „gerechter Ausgleich" hatte der EuGH zu leisten und nichts anderes. Abschließend hob er hervor, dass er in der Entscheidung nicht erkennen könne, dass der EuGH die Vergütungssysteme der angemessenen Vergütung abschaffen und eine Harmonisierung nach unten bewirken wollte.

Ansgar Ohly

§ 8 Die Angemessenheit von Vergütungen, Tarifen und Gesamtverträgen

I. Einführung

Die Frage: „Was ist Angemessenheit?" erinnert an die berühmte *Pilatus*-Frage: „Was ist Wahrheit?"[1] In einer Marktwirtschaft und in einem Zivilrecht, das die Privatautonomie als zentralen Grundsatz ansieht, scheint jeder Versuch, ein angemessenes Entgelt hoheitlich oder auch nur einseitig festzulegen, als zum Scheitern verurteilt. Beträgt der Schadensersatz, den ein Rechteinhaber von einem jugendlichen Teilnehmer eines illegalen *Filesharing*-Systems verlangen kann und der sich bei Berechnung nach der Lizenzanalogie an einer „angemessenen Lizenzgebühr" orientiert,[2] 15 Euro pro Titel, wie das LG Hamburg[3] annimmt, oder 200 Euro pro Titel, wie das OLG Köln[4] kürzlich entschieden hat? Auch wenn beide Gerichte ihre Berechnung auf nachvollziehbare Erwägungen stützen, erscheint letztlich jede Festlegung eines bestimmten, nicht ausgehandelten Betrags als mehr oder weniger willkürlich.

Auch wenn der Wissenschaftler versucht, den Begriff der Angemessenheit zu definieren oder zu konkretisieren, stößt er auf erhebliche Schwierigkeiten. Erstens entzieht sich der extrem unbestimmte Rechtsbegriff Definitionsversuchen, auch allgemeine Leitlinien bleiben blass. Zweitens entscheiden die Gerichte, die Parteien von Gesamtverträgen und die Verwertungsgesellschaften zwar regelmäßig darüber, was „angemessen" ist, doch diese Praxis ließe sich wohl nur durch umfangreiche Feldstudien ermitteln und systematisch erfassen: Auszuwerten wären die Praxis der Verwertungsgesellschaften und der Schiedsstelle sowie die Rechtsprechung der Instanzgerichte. Ein Beitrag zu einem Tagungsband vermag diese Aufgabe nicht zu leisten.[5]

Dennoch soll im Folgenden versucht werden, der „Angemessenheit" für den Bereich der Vergütungen, Tarife und Gesamtverträge in fünf Schritten Kon-

---

[1] Johannes 18, 38.
[2] § 97 Abs. 2 S. 3 UrhG.
[3] LG Hamburg, MMR 2011, 53.
[4] OLG Köln, GRUR-Prax 2012, 238; der BGH hat allerdings mit Urteil v. 15. 11. 2012, Az. I ZR 74/12 – Morpheus die Klage inzwischen abgewiesen.
[5] Hier besteht, trotz verdienstvoller Untersuchungen wie derjenigen von *Strittmatter*, Tarife vor der urheberrechtlichen Schiedsstelle (1994), weiterer Forschungsbedarf.

turen zu verleihen. Ein Blick auf die benachbarten Rechte des geistigen Eigentums wird Anhaltspunkte für die Funktion des Begriffs geben (II). Nach einer Begriffsdefinition und drei Beispielen (III) wird es zunächst um die „angemessene Vergütung" (IV), anschließend um die Angemessenheit von Tarifen und Gesamtverträgen gehen (V). Im abschließenden Ausblick wird die Frage zu stellen sein, ob sich das gegenwärtige System zur Ausdehnung auf neue Gebiete eignet (VI).

II. Die Angemessenheit im Recht des geistigen Eigentums

1. Angemessenheit im Urheberrecht

Die „Angemessenheit" ist ein Zentralbegriff des Urheberrechts. Es schützt gem. § 11 UrhG den Urheber nicht nur in seinen geistigen und persönlichen Beziehungen zum Werk und in der Nutzung des Werkes, sondern dient zugleich der Sicherung einer angemessenen Vergütung für die Nutzung des Werkes.

Dieser Grundsatz ist verfassungs- und unionsrechtlich abgesichert. Bei allem Streit um die Berechtigung des Begriffs „geistiges Eigentum"[6] ist jedenfalls weitgehend unstrittig, dass das Urheberrecht in den Schutzbereich des Art. 14 GG fällt.[7] Auch wenn sich die Grenzen der gesetzgeberischen Befugnis zur Gestaltung von Inhalt und Schranken (Art. 14 Abs. 1 S. 2 GG) nicht einfach ziehen lassen, hat das BVerfG doch den Beteiligungsgrundsatz als von der Institutsgarantie des Art. 14 GG umfasst angesehen: Der Gesetzgeber ist gehalten, „eine der Natur und der sozialen Bedeutung des Rechts entsprechende Nutzung und angemessene Verwertung sicher[zu]stellen".[8] Auch die EU-Grundrechtecharta bestimmt: „Das geistige Eigentum ist geschützt" (Art. 17 Abs. 2 GRCh), auch wenn der EuGH bisher keine Gelegenheit hatte, diese Garantie zu konkretisieren. Zudem findet sich der Grundsatz der angemessenen Beteiligung in etwas anderer Formulierung im Sekundärrecht, genauer: in der Richtlinie über das

---

[6] Für die Verwendung dieses Begriffs als Rechtsbegriff des deutschen Zivilrechts *Ahrens/McGuire*, Modellgesetz für Geistiges Eigentum, Normtext und Begründung (2012), S. 22; *Götting*, Der Begriff des Geistigen Eigentums, GRUR 2006, 353 ff.; *Ohly*, Geistiges Eigentum?, JZ 2003, 545 ff.; vgl. auch den Titel des Werks von *Schack/Jotzo/Raue*, Das Geistige Eigentum in 50 Leitentscheidungen (2012); krit. hingegen *Rehbinder*, Urheberrecht (16. Aufl. 2010), Rn. 97; *Rigamonti*, Geistiges Eigentum als Begriff und Theorie des Urheberrechts (2001), S. 144 ff.

[7] BVerfGE 31, 229, 240 f.; BVerfG, GRUR 2012, 53, Rn. 84 – Le-Corbusier-Möbel; *Fechner*, Geistiges Eigentum und Verfassung (1999), S. 192 ff.; *Grzeszick*, Geistiges Eigentum und Wettbewerb aus verfassungsrechtlicher Perspektive, in: Lange/Klippel/Ohly (Hrsg.), Geistiges Eigentum und Wettbewerb (2009), S. 3, 6 f.; krit. jedoch *Rigamonti* (Fn. 6), S. 108 ff., 116; *Dahm*, Der Schutz des Urhebers durch die Kunstfreiheit (2012), S. 78 ff., 89 ff.

[8] BVerfGE 31, 229, 239 ff.; BVerfG, GRUR 2012, 53, Rn. 84 – Le-Corbusier-Möbel.

Urheberrecht in der Informationsgesellschaft.[9] Sieht der nationale Gesetzgeber Schranken zugunsten von analogen Vervielfältigungen oder Privatkopien vor, so muss der Rechtsinhaber einen „gerechten Ausgleich" erhalten.[10]

Im deutschen Urheberrecht findet der Angemessenheitsgrundsatz verschiedene Ausprägungen. Erstens räumen zahlreiche Schrankenregelungen dem Nutzer eine gesetzliche Lizenz ein, verpflichten ihn aber im Gegenzug zur Zahlung einer angemessenen Vergütung.[11] Dasselbe gilt für Vergütungsansprüche, die nicht Teil von Schrankenregelungen sind,[12] sofern die Vergütungshöhe nicht, wie im Fall des Folgerechts, schon im Gesetz beziffert wird (§ 26 Abs. 2 S. 1 UrhG). Zweitens stellen Zwangslizenzbestimmungen im Urheberrecht zwar die Ausnahme dar; sofern sie aber existieren,[13] muss der Urheber die Benutzung zu „angemessenen Bedingungen" gestatten, zu denen auch eine angemessene Vergütung gehört. Drittens spielt der Grundsatz der Angemessenheit bei der Wahrnehmung von Urheberrechten und verwandten Schutzrechten eine zentrale Rolle. Die Verwertungsgesellschaften müssen die zu ihrem Tätigkeitsbereich gehörenden Rechte zu angemessenen Bedingungen wahrnehmen (§ 6 UrhWG)[14] und zu angemessenen Bedingungen Nutzungsrechte einräumen und Gesamtverträge abschließen (§§ 11, 12 UrhWG). Viertens wurden in der heftig umstrittenen Reform des Urhebervertragsrechts von 2002[15] Ansprüche der Urheber auf angemessene Vergütung und angemessene weitere Beteiligung eingeführt (§§ 32, 32a UrhG). Schließlich orientiert sich, fünftens, der Schadensersatz im Fall einer Rechtsverletzung bei Berechnung nach der Lizenzanalogie an dem Betrag, den der Verletzer als angemessene Vergütung hätte entrichten müssen (§ 97 Abs. 2 S. 3 UrhG).

2. Angemessenheit im Patent- und Markenrecht

Weniger ausgeprägt, aber durchaus vorhanden ist der Angemessenheitsgrundsatz in den benachbarten immaterialgüterrechtlichen Rechtsgebieten.

---

[9] Richtlinie 2001/29/EG des Europäischen Parlaments und des Rates vom 22. 5. 2001 zur Harmonisierung bestimmter Aspekte des Urheberrechts und der verwandten Schutzrechte in der Informationsgesellschaft, ABl. 2001 L 167/10 (Informationsgesellschaftrichtlinie, InfoRL).

[10] BE 35; Art. 5 Abs. 2 der InfoRL.

[11] §§ 45a Abs. 2; 46 Abs. 4; 47 Abs. 2 S. 2; 49 Abs. 1 S. 2; 52 Abs. 1 S. 2; 52a Abs. 4; 52b S. 3; 53a Abs. 2 und § 53 i. V. m. 54 UrhG.

[12] §§ 20b Abs. 2; 27 Abs. 1, 2 UrhG.

[13] §§ 5 Abs. 3 S. 2; 42a UrhG.

[14] Hierzu im Einzelnen *Riesenhuber*, Die Auslegung und Kontrolle des Wahrnehmungsvertrags (2004), S. 64 ff.

[15] Zur Genese der Reform Schricker-Loewenheim – *Schricker/Loewenheim*, Urheberrecht (4. Aufl. 2010), Vor § 28 UrhG Rn. 6 ff.

Das Patentrecht kennt zwar keine gesetzlichen Lizenzen und keine Verwertungsgesellschaften, doch für Zwangslizenzen (§ 24 PatG) und die Schadensberechnung im Wege der Lizenzanalogie gilt das oben Ausgeführte. Sogar zu § 32 UrhG besteht eine Parallele: Nimmt der Arbeitnehmer eine Erfindung eines bei ihm angestellten Erfinders in Anspruch, so hat der Erfinder Anspruch auf eine angemessene Vergütung (§ 9 Abs. 1 ArbnErfG), für deren Bemessung das Bundesministerium für Arbeit Richtlinien erlassen hat (§ 11 ArbnErfG). Den Grundsatz der angemessenen Beteiligung des Erfinders sieht das BVerfG in Analogie zum Urheberrecht als von Art. 14 Abs. 1 GG garantiert an.[16]

Am schwächsten ausgeprägt ist der Grundsatz der angemessenen Beteiligung im Markenrecht. Wer eine Marke „erfindet", erbringt oft keine schöpferische Leistung.[17] Zweck des Markenrechts ist nicht der Schutz des „Markenurhebers", sondern die Garantie von Markttransparenz und die Sicherung des vom Markeninhaber aufgebauten Goodwill.[18] Dementsprechend sieht das BVerfG zwar Kennzeichenrechte als vom Schutzbereich des Art. 14 GG umfasst an,[19] geht aber nicht von einem Beteiligungsgrundsatz aus. Da im Markenrecht zudem Zwangslizenzen völkerrechtlich ausgeschlossen sind (Art. 21 TRIPs) kommt es nur für die Schadensberechnung im Wege der Lizenzanalogie auf die angemessene Vergütung an (§ 14 Abs. 6 S. 3 MarkenG).

3. Folgerungen für die Funktion des Angemessenheitsgrundsatzes

Diese querschnittartige Analyse des Immaterialgüterrechts lässt zwei Schlussfolgerungen zu, mit denen sich die Funktion des Angemessenheitsgrundsatzes näher bestimmen lässt.

Erstens kann die „angemessene Vergütung" ein Substitut, eine Art „zweitbesten Ersatz" für den Marktpreis darstellen, der sich bei freier Aushandlung der Lizenzgebühr ergibt. In diesem Fall muss der problematische und unbestimmte Begriff der „Angemessenheit" herangezogen werden, weil ein Marktpreis nicht

---

[16] BVerfG, NJW 1998, 3704, 3705; dazu *Timmann*, Das Patentrecht im Lichte von Art. 14 GG (2008), S. 34 f., 154 ff.

[17] Deutlich GA *Dutheillet de Lamothe*, Schlussanträge v. 21. 1. 1971 – Rs. C-40/70 *Sirena v Eda*, Slg. 1971, 69, 88:
   „Rein menschlich gesehen, schuldet sicherlich die Allgemeinheit dem ‚Erfinder' des Wortzeichens Prep Good Morning (eine Rasiercrememarke) zumindest nicht den gleichen Dank, zu dem die Menschheit dem Erfinder des Penicillins verpflichtet ist".

[18] Vgl. *Landes/Posner*, The Economic Structure of Intellectual Property Law (2003), S. 166 ff.; *Economides*, The Economics of Trademarks, TMR 78 (1988) 523; *Lehmann/Schönfeld*, Die neue europäische und deutsche Marke: Positive Handlungsrechte im Dienste der Informationsökonomie, GRUR 1994, 481, 488 f.; *Ohly*, Blaue Kürbiskerne aus der Steiermark – Die Interessenabwägung beim Schutz bekannter Marken gegen die unlautere Ausnutzung von Ruf oder Unterscheidungskraft, in: Festschrift für Griss (2011), S. 521, 525 f.

[19] BVerfGE 51, 193, 216 ff.; BVerfG, GRUR 2005, 261 – ad-acta.de.

zustande gekommen ist oder nicht zustande kommen kann. Das ist überall im geistigen Eigentum der Fall, wenn es zu einer Rechtsverletzung gekommen ist. Allerdings zeigt sich, dass im Urheberrecht erheblich häufiger die Notwendigkeit besteht, einen Marktpreis zu „simulieren". Gesetzliche Lizenzen und die Wahrnehmung von Rechten durch Verwertungsgesellschaften reagieren darauf, dass es im Urheberrecht zu Massennutzungen kommt, die der Rechtsinhaber selbst nicht kontrollieren kann. Gäbe es keine gesetzlichen Lizenzen und keine Verwertungsgesellschaften, so käme es wegen prohibitiv hoher Informations-, Koordinations- und Verwaltungskosten zu einer erheblichen Unternutzung von Werken, also zu einem partiellen Marktversagen.[20] Dieses Problem besteht im Patent- und Markenrecht allenfalls am Rande, weil die Nutzung einer Erfindung oder einer Marke Teil eines größeren Geschäftsplans ist, vor dessen Realisierung Lizenzverhandlungen in der Regel möglich und angemessen sind.[21]

Zweitens kann der Angemessenheitsgrundsatz aber auch dazu dienen, den Schöpfer eines Immaterialguts zu schützen und gegenüber dem Ergebnis reiner Marktprozesse zu begünstigen. Das ist Zweck der §§ 32, 32a UrhG ebenso wie der arbeitnehmererfinderrechtlichen Vergütungsvorschriften. Anders als in der ersten Fallgruppe ist das „Marktversagen" hier nicht das Ergebnis einer rein ökonomischen Analyse, sondern einer Verteilungsentscheidung. Dementsprechend umstritten sind die genannten Regelungen denn auch. Zahlreiche ausländische Rechtsordnungen sehen weder einen Anspruch des Urhebers auf angemessene Vergütung noch eine Vergütung des Arbeitnehmererfinders vor. Die Korrektur des Marktpreises zugunsten des Schöpfers beruht also nicht in erster Linie auf einem ökonomischen Effizienzkalkül, sondern ist als staatlicher Eingriff Teil der sozialen Marktwirtschaft.

III. Vergütung, Tarif, Gesamtvertrag

1. Definitionen

Wie gesehen ist der Anspruch des Urhebers auf angemessene Vergütung ein urheberrechtlicher Grundsatz mit verschiedenen Ausprägungen. Da die unions-

---

[20] *Hansen/Schmidt-Bischoffshausen*, Ökonomische Funktionen von Verwertungsgesellschaften – Kollektive Wahrnehmung im Lichte von Transaktionskosten- und Informationsökonomik, GRUR Int. 2007, 461, 470 f.; *Besen/Kirby/Salop*, An Economic Analysis of Copyright Collectives, Virginia L. Rev. 78 (1992) 383.

[21] In der ökonomischen Literatur ist allerdings umstritten, ob das gegenwärtige System einen ausreichenden Anreiz zum Technologietransfer durch Lizenzerteilung bietet, vgl. einerseits *Menell/Scotchmer*, in: Polinsky/Shavell (Hrsg.), Handbook of Law and Economics, Vol. 2 (2007), S. 1471, 1500 ff.; andererseits *Bessen/Maskin*, Sequential Innovation, Patents and Imitation (2006), S. 3 ff., abrufbar unter http://www.sss.ias.edu/files/papers/econpaper25.pdf.

und verfassungsrechtlichen Grundlagen ebenso wie die Angemessenheit im Urhebervertragsrecht Gegenstände anderer Beiträge zu diesem Band sind, soll es hier nur um die angemessene Vergütung gehen, die der Nutzer aufgrund einer gesetzlichen Lizenz oder eines Vergütungsanspruchs schuldet. In diesem Sinn ergeben sich Vergütungsansprüche aus einem gesetzlichen Schuldverhältnis, das entsteht, wenn der Nutzer die gesetzlich umschriebene Handlung vornimmt.[22] Viele, aber nicht alle Vergütungsansprüche können nur durch eine Verwertungsgesellschaft geltend gemacht werden.

Tarife sind die „Preislisten" der Verwertungsgesellschaften.[23] Sie sind keine Normen, sondern stellen Vertragsangebote dar.[24] Die Verwertungsgesellschaften haben Tarifhoheit,[25] sind also zur Festsetzung von Tarifen berechtigt und verpflichtet (§ 13 Abs. 1 S. 1 UrhWG). Tarife können auf Gesamtverträgen beruhen (§ 13 Abs. 1 S. 2 UrhWG), müssen dies aber nicht. Auch wenn im Text des § 13 UrhWG selbst der Angemessenheitsgrundsatz nicht erwähnt wird, müssen Tarife angemessen sein, weil die Verwertungsgesellschaften Nutzungsrechte „zu angemessenen Bedingungen" einräumen müssen (§ 11 Abs. 1 UrhWG). § 13 Abs. 3 UrhWG konkretisiert die Angemessenheit mit allgemeinen Grundsätzen. Über die Höhe der Vergütung für Geräte- und Speichermedien sollen vor Aufstellung der Tarife Verhandlungen stattfinden (§ 13a Abs. 1 UrhWG). Die Verwertungsgesellschaften unterliegen der Aufsicht des Deutschen Patent- und Markenamts (§ 19 UrhWG). Tarife sind durch die Schiedsstelle und gegebenenfalls gerichtlich überprüfbar (§§ 14, 16 UrhWG).

Gesamtverträge sind Rahmenverträge zwischen Verwertungsgesellschaften und Nutzervereinigungen.[26] Sie regeln die Bedingungen für individuelle Nutzerverträge; insbesondere bestimmen sie Anteilssätze oder Pauschalsummen, auf deren Grundlage die Vergütung berechnet wird. Die einzelnen Nutzer werden noch nicht durch den Gesamtvertrag, sondern erst durch den auf dessen Grundlage abgeschlossenen individuellen Nutzervertrag gebunden. Verwertungsgesellschaften sind zum Abschluss von Gesamtverträgen mit Nutzervereinigungen verpflichtet, sofern diese hinreichend qualifiziert sind, insbesondere eine hinreichende Mitgliederzahl aufweisen (§ 12 UrhWG).[27]

---

[22] Schricker/Loewenheim-*Melichar* (Fn. 15), Vor §§ 44a UrhG ff. Rn. 23; Dreier/Schulze-*Dreier*, Urheberrechtsgesetz (3. Aufl. 2008), Vor §§ 44a UrhG ff. Rn. 16; *Schack*, Urheber- und Urhebervertragsrecht (5. Aufl. 2010), Rn. 1357.

[23] *Reinbothe*, Schlichtung im Urheberrecht (1978), S. 30.

[24] Schricker/Loewenheim-*Melichar* (Fn. 15), § 13 UrhWG Rn. 2.

[25] *Riesenhuber/v. Vogel*, in: Kreile/Becker/Riesenhuber (Hrsg.), Recht und Praxis der GEMA, Kap. 14 Rn. 109; *Strittmatter* (Fn. 5), S. 32 ff.

[26] *Melichar*, in: Loewenheim (Hrsg.), Handbuch des Urheberrechts (2. Aufl. 2010), § 48 Rn. 37; *Reinbothe* (Fn. 23), S. 23 f., 32; *Riesenhuber/v. Vogel* (Fn. 25), Kap. 14 Rn. 60; *Schack* (Fn. 22), Rn. 1359.

[27] Näher hierzu unten, V 2.

2. Beispiele

Auch wenn sich gezeigt hat, dass die Entscheidung über angemessene Vergütungen oder Bedingungen zum Alltag der Verwertungsgesellschaften, der Schiedsstelle und der Gerichte gehört, bleibt der Begriff wegen seiner Unbestimmtheit problematisch. Das mögen drei Beispiele verdeutlichen.

Ein Beispiel für die Schwierigkeiten bei der Bestimmung angemessener Vergütungen bietet § 52a UrhG. Diese rechtspolitisch umstrittene und in gesetzgeberisch ungewöhnlicher Weise mit einem „Verfallsdatum"[28] versehene Schranke erlaubt es Bildungseinrichtungen, kleine Teile veröffentlichter Werke und Werke geringen Umfangs zu Zwecken von Forschung und Lehre abgegrenzten Personenkreisen zugänglich zu machen (§ 52a Abs. 1 UrhG). Es besteht eine Vergütungspflicht (§ 52a Abs. 4 UrhG). Für die Berechnung der geschuldeten angemessenen Vergütung bietet der Wortlaut der Norm keine Anhaltspunkte. Auch ein Blick in die Kommentarliteratur hilft nicht weiter: Die Kommentierungen verleihen dem Tatbestand Konturen, verweisen aber lediglich auf die Vergütungspflicht, ohne sie zu konkretisieren.[29] Dennoch liegen in der Praxis die Bemessungsmaßstäbe dann fest, wenn ein Gesamtvertrag abgeschlossen werden konnte. Ein solcher besteht in der Tat für den Schulbereich.[30] In diesem Vertrag werden die unbestimmten Begriffe „kleine Teile" und „Werke geringen Umfangs" konkretisiert und es wird eine Pauschalvergütung festgesetzt. Für die Hochschulen fehlt es hingegen bisher an einer vergleichbaren Vereinbarung zwischen den Ländern und der VG Wort. Vorläufige Orientierung bietet aber ein nicht rechtskräftiges Urteil des OLG München.[31] Die VG Wort hatte auf Festsetzung eines von ihr entworfenen Gesamtvertrags, hilfsweise auf Festsetzung eines Gesamtvertrags nach billigem Ermessen geklagt. Das OLG hält mit der Klägerin eine nutzungsbezogene Abrechnung für erforderlich und die öffentliche Zugänglichmachung nur dann im Sinne von § 52a UrhG für geboten, wenn die Werke oder Werkteile nicht von den Rechteinhabern zu angemessenen Bedingungen zur Verfügung gestellt werden, hält aber die von der Klägerin vorgeschlagenen Anteilssätze für zu hoch. Letzteres Ergebnis stützt der Senat nicht zuletzt auf einen Vergleich mit einem Gesamtvertrag, der zwischen den Ländern und anderen Verwertungsgesellschaften geschlossen wurde. Entscheidende Gesichtspunkte bei der Konkretisierung der „Angemessenheit" sind also nicht der Wortlaut der Norm oder allgemeine Entscheidungsgrundsätze, sondern Gesamtverträge, die direkt anwendbar sind oder zumindest als Vergleichsgrundlage dienen.

---

[28] § 137k UrhG.
[29] Vgl. Schricker/Loewenheim-*Loewenheim* (Fn. 15), § 52a UrhG Rn. 19; Dreier/Schulze-*Dreier* (Fn. 22), § 52a UrhG Rn. 18.
[30] Gesamtvertrag zur Vergütung von Ansprüchen nach § 52a UrhG vom 14. 7. 2010.
[31] OLG München, ZUM-RD 2011, 603.

Als Testfall für die Frage nach der Angemessenheit von Tarifen möge das hypothetische Konzertprojekt eines Amateurorchesters für den Juli 2012 dienen, das im Herkulessaal der Münchener Residenz ein Filmmusik-Konzert mit mehr als drei noch geschützten Werken aufführen möchte. Die GEMA berechnet die Vergütung auf der Grundlage des Vergütungssatzes E für Konzerte der ernsten Musik. Parameter sind dabei das Fassungsvermögen des Veranstaltungsraums und die Höhe der Eintrittsgelder. Werden weniger als drei geschützte Werke gespielt, so reduziert sich der Betrag. Der Herkulessaal hat 1.270 Sitzplätze. Bei Kartenpreisen von 20 € und 10 € mit Ermäßigung ergibt sich eine Vergütung in Höhe von 1.588,80 €. Bei ausverkauftem Haus kann das Orchester mit Einnahmen von 20.000 € rechnen, so dass die Vergütung knapp 8% der Einnahmen betragen würde. Der Gewinn des Orchesters liegt jedoch wegen der Saalmiete und wegen Kosten für das Notenmaterial und Aushilfen deutlich niedriger, praktisch gilt es für das Orchester, Verluste zu vermeiden. Außerdem konkurriert das Orchester im Hochsommer mit den Münchener Biergärten und kann möglicherweise nicht alle Karten verkaufen. Die Frage, ob dieser Tarif angemessen ist, lässt sich schwer beantworten, aber jedenfalls dann leichter bejahen, wenn häufig angewandten Tarifen eine indizielle Wirkung für die Angemessenheit zugemessen wird.[32]

Betrachtet man schließlich Gesamtverträge, so mag der zwischen den Ländern und mehreren Verwertungsgesellschaften abgeschlossene Gesamtvertrag zur Vergütung von Ansprüchen aus § 52a UrhG für den Schulbereich als Beispiel dienen. In § 4 des Vertrags wird eine Pauschalvergütung von € 1.760.000,– für die Zeit vom 1. August 2009 bis 31. Juli 2013 vereinbart. Die Angemessenheit dieses Betrags lässt sich objektiv kaum beurteilen. Allenfalls können ähnliche Verträge als Vergleichsgrundlage dienen. Hier wird eine objektiv bestimmte Angemessenheit durch ein Verhandlungsergebnis ersetzt.

IV. Die „angemessene Vergütung"

1. Die Konkretisierung von Generalklauseln und unbestimmten Rechtsbegriffen

Die Unbestimmtheit des Begriffs der „Angemessenheit" ist kein spezifisch urheberrechtliches Problem, sondern verweist auf die allgemeine Frage, wie Generalklauseln und unbestimmte Rechtsbegriffe zu konkretisieren sind. Es gibt hierzu eine umfangreiche Literatur, deren Darstellung den Rahmen dieses Beitrags sprengen würde.[33] Hilfreich für die folgenden Überlegungen ist es aber,

---

[32] Näher hierzu unten, V 1.
[33] Vgl. nur *Auer*, Materialisierung, Flexbilisierung, Richterfreiheit (2005); *Röthel*, Nor-

zwischen der institutionellen, der normativen und der methodologischen Dimension des Problems zu unterscheiden.[34]

Der institutionelle Aspekt betrifft die Frage, *durch wen* Generalklauseln konkretisiert werden. Erstens leistet der Gesetzgeber oft selbst einen Beitrag, sei es, indem er allgemeine Abwägungskriterien aufstellt, sei es, indem er Normen mittlerer Abstraktionshöhe schafft. So werden im Urheberrecht der Werkbegriff (§ 2 Abs. 2 UrhG), die Verwertungsrechte (§ 15 UrhG) und das Zitatrecht (§ 51 UrhG) durch Beispielskataloge konkretisiert. Besonders deutlich wird diese gesetzgeberische Methode im Lauterkeitsrecht, wo der Generalklausel des § 3 UWG für den Bereich des Verbraucherschutzes allgemeine, auf der Richtlinie über unlautere Geschäftspraktiken[35] beruhende Leitlinien beigegeben werden (§ 3 Abs. 2 UWG) und wo Spezialnormen (§§ 5–6 UWG) und der Beispielskatalog des § 4 UWG der Generalklausel Konturen verleihen.[36] Zweitens muss bei der Konkretisierung von Generalklauseln und unbestimmten Rechtsbegriffen durch Gerichte und außergerichtliche Spruchkörper wie der Schiedsstelle zwischen der Anwendung im Einzelfall und der Herausbildung fallübergreifender Normen und Grundsätze unterschieden werden. Das Richterrecht leistet einen erheblichen Beitrag zur Konkretisierung,[37] unabhängig davon, ob man es im deutschen Recht für eine Rechtsquelle hält oder ob man lediglich die ausgelegte Norm als die Rechtsquelle ansieht.[38] Damit eng zusammen hängt, drittens, die Anwendung von Generalklauseln durch zuständige Stellen wie Verwaltungsbehörden oder, im Bereich des Urheberrechts, durch Verwertungsgesellschaften. Viertens ist denkbar, dass sich Verbände, die die Interessen der Beteiligten vertreten, auf bestimmte Maßstäbe einigen. Paradebeispiel ist das Arbeitsrecht, doch auch das Urheberrecht sieht in §§ 36 UrhG, 12 UrhWG solche kollektiven Vereinbarungen vor.

Damit ist allerdings noch nichts darüber ausgesagt, *aus welchen Quellen* die zusätzlichen Wertungen stammen, mit denen der unbestimmte Gesetzestext konkretisiert wird. Erstens sind Generalklauseln und unbestimmte Rechtsbegriffe Einfallstore für die Wertungen der Grundrechte.[39] Sie liefern Abwägungskriterien, die allerdings noch sehr allgemein bleiben. Auch die Wertungen

---

menkonkretisierung im Privatrecht (2004); *Kamanabrou*, Die Interpretation zivilrechtlicher Generalklauseln, AcP 202 (2002), 662 ff.; *Ohly*, Richterrecht und Generalklausel im Recht des unlauteren Wettbewerbs (1997); *ders.*, Generalklausel und Richterrecht, AcP 201 (2001), 1 ff.

[34] Vgl. auch die Dreiteilung bei *Auer* (Fn. 33), S. 144 ff.

[35] Richtlinie 2005/29/EG des Europäischen Parlaments und des Rates über unlautere Geschäftspraktiken vom 11. 5. 2005, ABl. 2005 L 149/22.

[36] Hierzu im Einzelnen *Schünemann*, Generalklausel und Regelbeispiele, JZ 2005, 271 ff.

[37] Vgl. *Ohly* (Fn. 33), S. 253 ff.; *ders.*, AcP 201 (2001) 1, 19 ff.; *Kamanabrou*, AcP 202 (2002), 662, 672 ff.

[38] Vgl. den Überblick über den Meinungsstand bei *Auer* (Fn. 33), S. 91 ff.; *Röthel* (Fn. 33), S. 92 ff.; *Ohly*, AcP 201 (2001), 1, 20 ff.

[39] BVerfGE 7, 198, 205 ff. – Lüth.

des einfachen Rechts, insbesondere des konkreten Rechtsgebiets, bieten Leitlinien. Auf einer anderen Ebene liegt die Rezeption außerrechtlicher Konventionen und Standards,[40] auf die einige Generalklauseln ausdrücklich verweisen. So erheben Art. 5 Abs. 2 der Richtlinie über unlautere Geschäftspraktiken und entsprechend § 3 Abs. 2 UWG die Standards der fachlichen Sorgfalt zum Kriterium für die Unlauterkeit. Gerade bei der Bestimmung der angemessenen Vergütung liegt es zunächst nahe, auf Branchenübungen zurückzugreifen. Ihre Rezeption erfordert aber stets eine zusätzliche rechtliche Wertung,[41] die darüber entscheidet, ob es sich bei der betreffenden Praxis um eine Sitte oder eine Unsitte handelt.

Die methodologische Frage lautet schließlich, *wie* die zuständigen Institutionen bei der Konkretisierung von Generalklauseln vorgehen. Sofern, erstens, der Gesetzgeber oder die Rechtsprechung abstrakte Leitlinien vorgeben, so beeinflussen diese die Abwägung, ohne sie inhaltlich im Detail vorzugeben. Zweitens führt der Weg von der Generalklausel zur Entscheidung des Einzelfalls oft über Normen mittlerer Abstraktionshöhe, unter die entweder bereits subsumiert werden kann oder die jedenfalls den Abwägungsspielraum erheblich einengen. Wie gesehen gibt gelegentlich der Gesetzgeber derartige Normen vor.[42] Oft ergeben sie sich aber auch aus Richterrecht, in dem typischerweise Einzelfälle so zu Fallgruppen zusammengefasst werden, dass die *rationes decidendi* der Einzelentscheidungen zu einer Fallgruppennorm verallgemeinert werden.[43] Auch die Rezeption außerrechtlicher Standards gehört hierher. Drittens ist eine typische Methode des Richterrechts der Fallvergleich. Der zu entscheidende Fall wird mit bereits entschiedenen Fällen verglichen. Eine Analyse der Unterschiede (*distinguishing*) und Gemeinsamkeiten entscheidet darüber, ob die im früheren Fall getroffene Wertung auf den nunmehr zu entscheidenden Fall übertragbar ist.[44] Geht es schließlich, viertens, darum, aufgrund einer Generalklausel Beträge oder Anteilsfaktoren zu berechnen, so kann eine Bezifferung den Spielraum der unbestimmten Norm verengen. Sie kann vom Gesetzgeber vorgenommen werden, aber auch dadurch entstehen, dass Gerichte mit „gegriffenen Größen" arbeiten.[45]

---

[40] Vgl. *Teubner*, Standards und Direktiven in Generalklauseln (1971), S. 23 ff., 68 ff.; *Auer* (Fn. 33), S. 146 ff.; *Ohly* (Fn. 33), S. 213 ff. Näher zum gerade für die Angemessenheit zentralen Aspekt der Rezeption externer Quantifizierungen *Röthel* (Fn. 33), S. 250 ff.

[41] *Schricker*, Zum Begriff der angemessenen Vergütung im Urheberrecht – 10 % vom Umsatz als Maßstab?, GRUR 2002, 737, 738.

[42] S. oben, Text zu Fn. 36.

[43] Vgl. *Ohly* (Fn. 33), S. 300 ff.; *ders.*, AcP 201 (2001), 1, 46.

[44] Vgl. *Ohly* (Fn. 33), S. 108 ff., 286 ff.; *ders.*, AcP 201 (2001), 1, 43 ff.

[45] Vgl. *Larenz/Canaris*, Methodenlehre der Rechtswissenschaft (3. Aufl. 1995), S. 261; *Röthel* (Fn. 33), S. 240 ff.

2. Die Entscheidung über die „Angemessenheit"

Die Entscheidung darüber, welche Vergütung angemessen ist, treffen unterschiedliche Institutionen, die sich wiederum unterschiedlicher Methoden bedienen. Es ergibt sich eine Matrix, die das folgende Schaubild illustriert.

	Bezifferung	Grundsätze	Fallvergleich
Gesetzgeber	§ 26, § 54d a.F., RL für die Vergütung von ArbnErf	BE 35 Infosoc RL, §§ 54a UrhG, 13 Abs. 3 UrhWG	
Gerichte/ Spruchkörper	10% als Faustregel?	Abstrakte Grundsätze / Grundsätze mittlerer Abstraktionshöhe	Orientierung an vergleichbaren Tarifen / Gesamtverträgen
Verwertungs-gesellschaften	Tarife		
Vereinbarung (*private ordering*)	Pauschalen oder Anteilssätze in Gesamtverträgen	Berechnungs-modalitäten	

a) Bezifferung

Bisweilen beziffert der Gesetzgeber die Vergütung durch genaue Regelung von Beträgen oder Anteilsfaktoren. Ein Beispiel bietet § 26 Abs. 1 UrhG: Der Anspruch des Folgerechtsberechtigten geht nicht auf eine „angemessene Vergütung", sondern auf einen genauen Betrag, den die EU-Folgerechtsrichtlinie,[46] gestaffelt nach dem Verkaufspreis des Kunstwerks, vorsieht. Auch die Höhe der Geräte- und Datenträgerabgabe als Vergütung für erlaubte Privatkopien war bis 2008 in § 54d a.F. UrhG betragsmäßig festgelegt. Eine fast schon an die Relativitätstheorie erinnernde Berechnungsformel geben die Richtlinien für die Vergütung von Arbeitnehmererfindungen vor: $V = E \times A$, wobei V für Vergütung, E für den Erfindungswert und A für einen nach genauen Regeln zu ermittelnden Anteilsfaktor steht. Sowohl die genannten Normen als auch der Vergleich zum Patentrecht zeigen deutlich die Vor- und Nachteile dieser Methode. Einerseits schafft sie ein Höchstmaß an Rechtssicherheit, andererseits ist sie unflexibel. So wurden die Vergütungssätze des § 54d a.F. UrhG vielfach dafür kritisiert, dass sie der allgemeinen Preisentwicklung nicht angepasst wurden und daher im Laufe der Zeit im Verhältnis zu Marktpreisen immer mehr an Wert verloren.[47] Auch das Arbeitnehmererfinderrecht wird verbreitet wegen seiner

---

[46] Art. 4 Abs. 1 der Richtlinie 2001/84/EG des Europäischen Parlaments und des Rates vom 27.9.2001 über das Folgerecht des Urhebers des Originals eines Kunstwerks, ABl. 2001 L 272, 32.

[47] *Schack* (Fn. 22), Rn. 490.

Inflexibilität kritisiert und stand aus diesem Grund bereits kurz vor einer Reform, in der die genaue Berechnung der Vergütung durch gestaffelte Pauschalbeträge ersetzt werden sollte.[48]

Eine andere Form der Bezifferung stellt die „10%-Regel" dar, die ursprünglich aus dem Verlagsrecht stammt, aber offenbar auch in der Praxis verbreitet als Daumenregel herangezogen wird.[49] Nach dieser Regel entspricht die angemessene Vergütung des Urhebers 10% der Bruttoeinnahmen des Verwerters. Allerdings wird dieser Ansatz mit guten Gründen als zu holzschnittartig kritisiert.[50] Sie scheitert schon dann, wenn der Verwerter, wie etwa im oben als Beispiel angeführten Fall des § 52a UrhG, keinen Umsatz macht. Aber auch im Übrigen wird sie der Vielfalt möglicher Verwertungsformen nicht gerecht. Jedenfalls für unkörperliche Verwertungsformen taugt die 10%-Grenze nicht einmal als Daumenregel.

Die praktisch wichtigste Form der Bezifferung ist der Tarif. Er legt praktisch fest, welche Vergütung Verwerter für die geplanten Nutzungsformen zu entrichten haben. Die Angemessenheit wird dadurch allerdings noch nicht zwangsläufig indiziert. Auf diesen Aspekt wird zurückzukommen sein.

b) Grundsätze

In einigen Fällen gibt das Gesetz abstrakte Kriterien zur Bestimmung der Vergütung vor. Die Richtlinie über das Urheberrecht in der Informationsgesellschaft erlaubt einige Schrankenregelungen nur dann, wenn sie für den Rechtsinhaber einen „gerechten Ausgleich" vorsehen. Nach Begründungserwägung 35 der Richtlinie kann der Schaden, den der Rechtsinhaber durch die Nutzung erleidet, ein brauchbares Kriterium darstellen. Allerdings sind alle Umstände des Einzelfalls, etwa bereits anderweitig erfolgte Zahlungen und der Einsatz technischer Schutzmaßnahmen, zu berücksichtigen. § 13 Abs. 3 UrhWG enthält Grundsätze für die Aufstellung von Tarifen: Sie sollen sich an den geldwerten Vorteilen orientieren, die durch die Verwertung erzielt werden, auch wenn andere Berechnungsgrundlagen nicht ausgeschlossen werden. Auch soll der Tarif angemessene Rücksicht auf den Anteil der Werknutzung am Gesamtumfang des Verwertungsvorgangs nehmen und religiöse, kulturelle und soziale Belange berücksichtigen.

Auch aus der Rechtsprechung ergeben sich Grundsätze unterschiedlicher Abstraktionshöhe. Denkbar abstrakt sind Grundsätze wie derjenige, dass alle Umstände abzuwägen[51] und Leistung und Gegenleistung in ein ausgewogenes

---

[48] Dazu im Einzelnen *Körting*, Das Arbeitnehmererfindungsrecht und die innerbetriebliche Innovationsförderung (2006), S. 358 ff., 362 ff.

[49] Schricker/Loewenheim-*Reinbothe* (Fn. 15), § 13 UrhWG Rn. 7.

[50] *Schricker*, GRUR 2002, 737, 739 ff.; *Strittmatter* (Fn. 5), S. 148 f.

[51] *Reinbothe* (Fn. 23), S. 45.

Verhältnis zu bringen sind.[52] Derzeit noch ähnlich abstrakt wie der Richtlinientext sind auch die Vorgaben, die der EuGH in seiner Rechtsprechung zur Frage des „gerechten Ausgleichs", insbesondere im *Padawan*-Urteil,[53] aufgestellt hat. Nach Auffassung des Gerichtshofs handelt es sich um einen autonomen Begriff des Unionsrechts. Ausgangspunkt ist der Schaden, der dem Urheber durch die Nutzungshandlung entsteht. Angesichts der Schwierigkeiten, diesen Schaden im Einzelfall zu ermitteln, können die Mitgliedstaaten für Privatkopien auch eine Pauschalvergütung, etwa eine Geräte- und Datenträgerabgabe, vorsehen. Dabei muss aber zwischen der privaten und der gewerblichen Nutzung dieser Geräte unterschieden werden. Der Spielraum, den dieses Urteil dem nationalen Gesetzgeber, den Gerichten und den Verwertungsgesellschaften lässt, ist denkbar weit. Auch wenn § 54a UrhG den Schaden des Urhebers nicht als Kriterium nennt, eignen sich die dort genannten Faktoren doch als Grundlage einer fiktiven Schadensberechnung.[54] Im Rahmen einer Verhandlungslösung, wie sie § 13a UrhWG vorsieht, kann darauf vertraut werden, dass die Parteien den Kriterien des EuGH hinreichend zur Geltung verhelfen. Immerhin sind die Verwertungsgesellschaften gehalten, bei ihren Tarifen so weit wie möglich zwischen der privaten und der gewerblichen Nutzung der betreffenden Geräte und Medien zu differenzieren.

Aus der Rechtsprechung der nationalen Gerichte lassen sich auch konkretere Vorgaben, also Grundsätze mittlerer Abstraktionshöhe, herleiten. Beispielsweise klärt der BGH in seinem Urteil *Das Boot* nicht nur, dass sich die angemessene Vergütung nicht am Gewinn, sondern am Bruttoerlös zu orientieren hat,[55] sondern stellt auch Grundsätze zur Berechnung der angemessenen Vergütung gem. § 32a UrhG für den Fall auf, dass die Verwertung teils vor, teils nach Inkrafttreten dieser Vorschrift erfolgt ist. Nach dem oben bereits erwähnten Urteil des OLG München hat die Vergütung unter § 52a UrhG nutzungsbezogen und nicht pauschal zu erfolgen.[56] Das Urteil ist noch nicht rechtskräftig. Sollte der BGH dieses Ergebnis aber bestätigen, so wäre damit eine weitere Leitlinie gewonnen, die konkreter als die allgemeinen Grundsätze des § 13 Abs. 3 UrhWG ist.

Schließlich können auch Gesamtverträge Vereinbarungen über Berechnungsmodalitäten enthalten.

---

[52] Schricker/Loewenheim-*Reinbothe* (Fn. 15), § 11 UrhWG Rn. 5, § 12 UrhWG Rn. 9.

[53] EuGH v. 21. 10. 2010 – Rs. C-467/08 *Padawan*, GRUR 2011, 50.

[54] *Jani/Ebbinghaus*, „Gerechter" Ausgleich für Privatkopien: Tarif-Festsetzung nach dem „Padawan"-Urteil des EuGH, GRUR-Prax 2011, 71.

[55] BGH, GRUR 2012, 496, Rn. 33; ebenso für § 13 Abs. 3 UrhWG Schiedsstelle, ZUM 1987, 183, 185; Schricker/Loewenheim-*Reinbothe* (Fn. 15), § 13 UrhWG Rn. 7; *Melichar* (Fn. 26), § 48 Rn. 29; *Schack* (Fn. 22), Rn. 1360; a. A. für § 32a UrhG Schricker/Loewenheim-*Schricker/Haedicke* (Fn. 15), § 32a UrhG Rn. 23.

[56] OLG München, ZUM-RD 2011, 603, 613.

c) *Fallvergleich*

Einen wichtigen Anhaltspunkt für die Berechnung der angemessenen Vergütung stellen vergleichbare Fälle dar. Das gilt vor allem, wenn für die betreffende
Nutzung kein Gesamtvertrag und kein Tarif besteht. In diesem Fall ist die He-
ranziehung von Tarifen, die der betreffenden Nutzung möglichst nahe kommen, ein Gebot, das aus dem Gleichbehandlungsgrundsatz folgt.[57]

Aus den zahlreichen Beispielen für diese Vorgehensweise seien drei Urteile
herausgegriffen. Im Fall *Tarifüberprüfung II*[58] stritten die GEMA und der Verwerter über den Tarif für die Musikwiedergabe in einer sogenannten „Peep-
Show", wobei das Urteil detailliert beschreibt, worum es sich bei Darbietungen
dieser Art handelt. Ein unmittelbar anwendbarer Tarif bestand nicht. Während
die GEMA den Tarif anwandte, der für Aufführungen mit Musik wie Va-
rietéveranstaltungen und „Bunte Abende" gilt, hielt die Verwerterin Tarife für
angemessen, bei denen die Musik nur zur Berieselung im Hintergrund dient,
etwa in Restaurants oder gar bei Schießbuden oder Geisterbahnen. Der BGH
gab der GEMA mit der Begründung recht, die Musik sei integraler Bestandteil
der Darbietung. In den am selben Tag ergangenen Urteilen *Bochumer Weih-
nachtsmarkt* und *Barmen Live*[59] ging es um Musikaufführungen bei Märkten
und Festen unter freiem Himmel, für die kein einschlägiger Tarif bestand. Die
Schiedsstelle orientierte sich an Musikdarbietungen in geschlossenen Räumen,
bei denen die Gesamtfläche des Raums als Kriterium herangezogen wird. Dagegen wandten sich die Verwerter mit dem Argument, die Musik werde nur jeweils vor den Bühnen wahrgenommen. Jedenfalls müssten die Gebäudeflächen
und die öffentlichen Verkehrsflächen herausgerechnet werden. Der BGH bestätigt die Entscheidung der Schiedsstelle und nimmt in diesem Zusammenhang
an, dass ein überzeugend begründeter Vorschlag der Schiedsstelle eine gewisse
Vermutung der Angemessenheit für sich hat. Ob dieses Urteil die Interessen des
Verwerters hinreichend berücksichtigt und die Besonderheiten von Freiluftver-
anstaltungen in ausreichendem Maße würdigt, erscheint zwar zweifelhaft. Jedenfalls zeigt es aber die typische Methodik des Fallvergleichs, die Ähnlichkeit
mit einem Analogieschluss bei der Anwendung von Gesetzen hat: Besteht im
Tarifsystem eine Lücke, so kann ein von Sach- und Interessenlage vergleichbarer Tarif herangezogen werden.

Ähnlich wie beim Analogieschluss ist aber eine Wertung entscheidend, die
die Methode aus sich heraus nicht vorgeben kann: Entscheidende Frage ist, ob

---

[57] BGH, GRUR 1974, 35, 37f. – Musikautomat; BGH, GRUR 2004, 669, 671 – Musikmehr-
kanaldienst; BGH v. 27. 11. 2011 – I ZR 125/10, Rn. 28 (nicht veröffentlicht) – Barmen Live;
Melichar (Fn. 26), § 48 Rn. 13; *Reinbothe* (Fn. 23), S. 46; *Riesenhuber/v. Vogel* (Fn. 25), Kap. 14
Rn. 49; krit. aber *Strittmatter* (Fn. 5). S. 107.

[58] BGH, GRUR 1983, 565 – Tarifüberprüfung II.

[59] BGH, GRUR 2012, 711 – Barmen Live; BGH GRUR 2012, 715 – Bochumer Weih-
nachtsmarkt, dazu krit. *Schaub* GRUR-Prax 2012 , 342.

der Tarif wirklich zur bisher nicht geregelten Sachlage passt. Auch wenn der Fallvergleich eine wesentliche Hilfe bei der Konkretisierung des Angemessenheitsbegriffs darstellt, darf er nicht dazu verleiten, die neu zu beurteilende Situation und den bestehenden Tarif vorschnell für vergleichbar zu erklären.

V. Die Angemessenheit bei Tarifen und Gesamtverträgen

1. Tarife

Die Verwertungsgesellschaften verfügen über Tarifhoheit, haben also die Möglichkeit, Tarife einseitig aufzustellen.[60] Auch wenn die Verwertungsgesellschaften über beträchtliche Erfahrung mit dem Aufstellen von Tarifen verfügen, sind sie doch Partei, denn sie nehmen die Rechte der Urheber und sonstigen Berechtigten wahr. Daher kann es keine allgemeine Vermutung dahingehend geben, dass Tarife angemessen sind.[61] Beruht allerdings ein Tarif auf einem Gesamtvertrag, so kann eine solche Vermutungswirkung eher angenommen werden, denn der Tarif ist nicht einseitig zustande gekommen, sondern stellt ein Verhandlungsergebnis dar. Auch wenn ein Tarif sich in der Praxis bewährt hat, weil auf seiner Grundlage zahlreiche Nutzungsvereinbarungen abgeschlossen wurden, spricht das für die Angemessenheit.[62] In diesem Fall ist die Vermutung allerdings weniger stark, denn es mag sich auch schlicht um eine praktisch sehr verbreitete Nutzung handeln, bei der den Nutzern keine Wahl bleibt, als den Tarif zu akzeptieren. Besteht kein passender Tarif, so orientieren sich Verwertungsgesellschaften, die Schiedsstelle und die Gerichte, wie gesehen, an vergleichbaren Tarifen.[63]

Tarife unterliegen in zweifacher Hinsicht der Überprüfung. Erstens stehen Verwertungsgesellschaften unter der Aufsicht des Deutschen Patent- und Markenamts, das zwar die Tarife nicht zu genehmigen braucht,[64] aber in eine Angemessenheitskontrolle eintreten kann.[65] Zweitens trägt das Recht dem Umstand Rechnung, dass sich Nutzer in einer Zwangslage befinden: Auch wenn sie mit dem Tarif nicht einverstanden sind, können sie die Vergütung nicht einfach ver-

---

[60] S. oben, Text zu Fn. 25.
[61] Schricker/Loewenheim-*Reinbothe* (Fn. 15), § 11 UrhWG Rn. 6 m.w.N.; a. A. *Melichar* (Fn. 26), § 48 Rn. 28; wohl auch *Schack* (Fn. 22), Rn. 1361. In der Praxis wird oft dann unausgesprochen von einer solchen Vermutung ausgegangen, wenn Tarife auf vergleichbare Fälle angewandt werden. So erörtert der BGH beispielsweise in BGH, GRUR 1983, 565, 567 – Tarifüberprüfung II ausführlich die Vergleichbarkeit der Tarife, prüft aber nicht deren Angemessenheit für die im Tarif unmittelbar geregelten Fälle.
[62] Insoweit zutreffend *Melichar* (Fn. 26), § 48 Rn. 28.
[63] S. oben, IV 2 c.
[64] § 20 S. 2 Nr. 2 UrhWG statuiert lediglich eine Unterrichtungspflicht.
[65] *Melichar* (Fn. 26), § 48 Rn. 27; *Riesenhuber/v. Vogel* (Fn. 25), Kap. 14 Rn. 53 ff.

weigern, weil ansonsten die Nutzung rechtswidrig wäre. Hat der Nutzer eine vorbehaltlose Vereinbarung mit der Verwertungsgesellschaft getroffen und sich damit auf den Tarif eingelassen, so entfällt zwar die Möglichkeit einer unabhängigen Überprüfung. Der Nutzer kann aber die Differenz zwischen der Vergütung, die er akzeptiert, und der geforderten Vergütung unter Vorbehalt zahlen oder hinterlegen (§ 11 Abs. 2 UrhWG)[66] und die Schiedsstelle anrufen (§ 14 UrhWG). Kommt es nicht zu einer Einigung, so können die Parteien das Gericht anrufen: Die Verwertungsgesellschaft kann auf Zahlung der Vergütung, der Nutzer auf Rückzahlung oder Freigabe des strittigen Betrags klagen.

2. *Gesamtverträge*

Beim Abschluss von Gesamtverträgen tritt die Privatautonomie an die Stelle einer objektiven Richtigkeitskontrolle. So lässt sich objektiv nicht sagen, ob die für schulische Nutzungen im Rahmen des § 52a UrhG zwischen den Verwertungsgesellschaften und den Ländern vereinbarten Pauschalbeträge angemessen sind oder nicht. Aber der bloße Umstand, dass es sich um ein Verhandlungsergebnis handelt, spricht für die Angemessenheit: „Die Vertragspartner wissen am besten, was ihnen frommt."[67] Diese Vermutung ist umso stärker, je breiter die relevanten Nutzer durch die betreffende Vereinigung repräsentiert werden und je stärker der Vertrag praktisch durch den Abschluss individueller Nutzervereinbarungen bestätigt wird.

Kommt ein Gesamtvertrag nicht zustande, so kann die Nutzervereinigung bis zur Grenze der Unzumutbarkeit (§ 12 a. E. UrhWG) die Verwertungsgesellschaft auf Abschluss in Anspruch nehmen. Nutzervereinigungen unterliegen keinem vergleichbaren Kontrahierungszwang, sie können von der Verwertungsgesellschaft lediglich auf die Modifikation bestehender Gesamtverträge in Anspruch genommen werden. Insofern besteht eine Parallele zu § 11 UrhWG, der ebenfalls den Verwertungsgesellschaften einen Kontrahierungszwang auferlegt, ohne dass diese umgekehrt Nutzer zum Abschluss eines Nutzungsvertrags zwingen könnten.[68] Man mag diese Ungleichbehandlung als „Waffenun-

---

[66] Näher hierzu *Melichar* (Fn. 26), § 48 Rn. 16 f.

[67] *Melichar* (Fn. 26), § 48 Rn. 28, dort allerdings bezogen auf die Vermutung der Angemessenheit häufig angewandter Tarife.

[68] So hat beispielsweise die GEMA keine Handhabe, die Betreiber von Online-Musikplattformen insgesamt oder Youtube speziell zum Abschluss einer Nutzungsvereinbarung zu zwingen, sondern ist darauf beschränkt, die von ihr wahrgenommenen Urheberrechte im Verletzungsstreit durchzusetzen. Insofern bleibt die Berufung beider Parteien gegen das Urteil des LG Hamburg zur Täter- und Störerhaftung von Youtube, GRUR-Prax 2012, 217, mit Spannung zu erwarten.

gleichheit" kritisieren, sie ist aber wegen der Monopolstellung der Verwertungsgesellschaften gerechtfertigt.[69]

Auch bei Streitigkeiten um Gesamtverträge ist die Schiedsstelle anzurufen, deren Einigungsvorschlag den Inhalt des Gesamtvertag enthält (§ 14c Abs. 1 UrhWG). Kommt eine Einigung nicht zustande, so entscheidet das OLG: Es setzt den Inhalt des Vertrags nach billigem Ermessen fest (§ 16 Abs. 4 S. 3 UrhWG). Praktisch wird sich das Gericht, ähnlich wie oben für Tarife dargestellt, an ähnlichen Vereinbarungen, insbesondere früheren Verträgen zwischen den Parteien,[70] orientieren. So stellt das OLG München in seinem oben angesprochenen Urteil zum Gesamtvertrag zwischen der VG Wort und den Ländern zur öffentlichen Wiedergabe von Werken an Hochschulen zum Zweck von Forschung und Lehre (§ 52a UrhG) entscheidend auf einen Gesamtvertrag ab, den die Länder für die gleiche Art der Nutzung bereits mit anderen Verwertungsgesellschaften geschlossen haben.[71]

VI. Bewertung und Ausblick

Der Blick auf die praktische Handhabung des Angemessenheitsgrundsatzes hat gezeigt, dass die Frage „Was ist angemessen?" vielfach doch leichter zu beantworten ist als die von *Pilatus* gestellte Frage nach universeller Wahrheit. Üblicherweise wird die angemessene Vergütung im Rahmen von gesetzlichen Lizenzen und Vergütungsansprüchen durch Tarife festgelegt, die ihrerseits vielfach auf Gesamtverträgen beruhen. Die Differenz zwischen dem höchst unbestimmten Rechtsbegriff und einem konkret bezifferten Vergütungsanspruch wird so überwunden. Der Nutzer weiß aufgrund der Tarife, welche Vergütung er zu entrichten hat, und für die Tarife streitet jedenfalls dann eine gewisse Vermutung der Angemessenheit, wenn sie auf einem Gesamtvertrag beruhen. Schwierigkeiten bestehen immer dann, wenn die Kette aus Vergütung, Tarif und Gesamtvertrag durchbrochen ist. Erstens bestehen nicht immer Tarife. Auch die zahlreichen Tarife der Verwertungsgesellschaften decken nicht alle Nutzungsarten ab. Außerdem gibt es Vergütungsansprüche, die nicht von Verwertungsgesellschaften wahrgenommen werden müssen. In diesen Fällen besteht eine größere Unsicherheit; wichtigster Anhaltspunkt sind hier vergleichbare Tarife. Zweitens beruhen nicht alle Tarife auf Gesamtverträgen. In diesen Fällen werden die Tarife einseitig aufgestellt, und es spricht nicht ohne

---

[69] Schricker/Loewenheim-*Reinbothe* (Fn. 15), § 12 UrhWG Rn. 2 m. w. N. zum Meinungsstand; krit. gegenüber dem Monopolargument aber Dreier/Schulze-*Schulze* (Fn. 22), § 12 UrhWG Rn. 2; einschränkend auch *Strittmatter* (Fn. 5), S. 41 (reine Zweckmäßigkeitserwägung).
[70] Krit. aber *Reinbothe* (Fn. 23), S. 44.
[71] OLG München, ZUM-RD 2011, 603, 615.

Weiteres eine Vermutung der Angemessenheit für sie. Auch hier hilft in erster Linie die Orientierung an vergleichbaren Vereinbarungen.

Sicherlich sind Vorschriften, die eine angemessene Vergütung anordnen, nur die zweitbeste Lösung. Wie oben gesehen, kann sie aber unvermeidlich sein, wenn entweder Lizenzverhandlungen an unverhältnismäßigen Transaktionskosten oder einer Informationsasymmetrie scheitern oder wenn der Marktpreis zugunsten des Urhebers korrigiert werden soll. Das ist bei den bestehenden Regelungen weitgehend der Fall.

Zum Abschluss soll aber die Frage aufgeworfen werden, ob auch in weiteren Bereichen Vergütungsansprüche vorgesehen werden sollten. Rechtspolitisch wird derzeit in zwei Bereichen über Vergütungsmodelle nachgedacht: über ein Vergütungsmodell für verwaiste Werke und über eine „Kulturflatrate". Beide Probleme sind so facettenreich und rechtspolitisch umstritten, dass sie hier nicht erschöpfend analysiert werden können. Es kann daher nur darum gehen, ob es in Anbetracht der bisherigen Überlegungen überhaupt möglich wäre, in beiden Bereichen die „angemessene Vergütung" zu ermitteln.

Verwaiste Werke sind Werke, deren Urheber unbekannt oder nicht auffindbar ist oder bei denen der Rechtsnachfolger des Urhebers nicht ermittelt werden kann.[72] Nach gegenwärtigem Urheberrecht können diese Werke jenseits der allgemeinen Schranken nicht genutzt werden, obwohl bestimmte Nutzungen durchaus im Interesse des Urhebers liegen mögen.[73] Gerade große Digitalisierungsprojekte stoßen so an rechtliche Grenzen. Die EU-Richtlinie über die Nutzung verwaister Werke ist soeben in Kraft getreten,[74] auch in Deutschland gab es zuvor bereits verschiedene Gesetzesinitiativen.[75] Ein Vorschlag, der soweit ersichtlich in der deutschen Diskussion die breiteste Zustimmung findet, beruht auf einem Verwertungsgesellschaftsmodell.[76] Die Verwertungsgesellschaften nehmen auch die Rechte an verwaisten Werken wahr und stellen den Nutzer von etwaigen späteren Ansprüchen des Urhebers frei. Wenn sich der Urheber doch noch meldet, hat er Anspruch auf eine angemessene Vergütung

---

[72] Ähnlich die Definition in Art. 2 Abs. 1 der Richtlinie 2012/28/EU v. 25. 10. 2012 über bestimmte zulässige Formen der Nutzung verwaister Werke, ABl. 2012 L 299/5.

[73] Vgl. zur Nutzung verwaister Werke *de lege lata* und *de lege ferenda de la Durantaye*, Ein Heim für Waisenkinder – Die Regelungsvorschläge zu verwaisten Werken in Deutschland und der EU aus rechtsvergleichender Sicht, ZUM 2011, 777; *Peifer*, Vergriffene und verwaiste Werke: Gesetzliche Lösung in Sicht?, GRUR-Prax 2011, 1; *Spindler/Heckmann*, Retrodigitalisierung verwaister Printpublikationen – Die Nutzungsmöglichkeiten von „orphan works" de lege lata und ferenda, GRUR Int. 2008, 271.

[74] S. oben, Fn. 72, vgl. dazu die Stellungnahmen der GRUR, GRUR 2011, 896, und des Max-Planck-Instituts, GRUR Int. 2011, 818.

[75] Überblick über die Gesetzesvorschläge und eine Expertenanhörung vom 19. 9. 2011 auf der Website des Deutschen Bundestages, http://www.bundestag.de/dokumente/textarchiv/2011/35201331_kw38_pa_recht/index.html.

[76] So der mit verschiedenen Organisationen und Verbänden abgestimmte Gesetzentwurf der SPD-Fraktion, BT-Drs. 17/3991.

und kann der Nutzung für die Zukunft widersprechen. Die Angemessenheit bereitet hier keine besonderen Probleme, denn es gibt keinen Grund, für die Nutzung verwaister Werke andere Tarife zugrunde zu legen als für die Nutzung von Werken, deren Urheber bekannt ist. Die Vorteile des Verwerters, auf die § 13a Abs. 3 UrhWG abstellt, sind die gleichen. Unabhängig von den Argumenten, die ansonsten für und gegen eine Lösung sprechen, die den Verwertungsgesellschaften eine zentrale Rolle zuweist, würde jedenfalls die Einführung eines neuen Anspruchs auf angemessene Vergütung keine zusätzlichen Schwierigkeiten bereiten.

Anders ist es bei der Kulturflatrate, also einer Pauschale, die auf den Internet-Zugang erhoben würde und die im Gegenzug private Werknutzungen im Internet erlauben würde.[77] Angesichts der vielfältigen Nutzungsmöglichkeiten von Internet-Anschlüssen lassen sich hier die Vorteile der Nutzer kaum allgemein und zuverlässig ermitteln. Auch der Schaden des Urhebers, auf den nach der *Padawan*-Rechtsprechung des EuGH abzustellen wäre, kann stark variieren. Nach den Vorgaben des EuGH müsste jedenfalls zwischen privat und geschäftlich genutzten Internet-Anschlüssen differenziert werden und zudem berücksichtigt werden, dass zahlreiche Nutzer das Internet nur als Kommunikations- und Informationsmedium, nicht jedoch zum Angebot und Konsum von Musik und Filmen nutzen. Auch die Verteilung der Erträge auf die Urheber und sonstigen Rechtsinhaber wäre kaum zuverlässig möglich, ganz abgesehen davon, dass die Vergütung deutlich hinter den Marktpreisen zurückbliebe. Unabhängig von anderen Einwänden gegen eine Kulturflatrate, etwa völker- und europarechtlichen Bedenken, erscheint auch zweifelhaft, ob sich eine angemessene Vergütung hier zumindest mit einem Mindestmaß an Sicherheit feststellen ließe.

---

[77] Vgl. zur Diskussion um eine „Kulturflatrate" *Flechsig*, Aus der Zukunft an die Gegenwart – Zu den Erfordernissen einer angemessenen Vergütung im Internet: Kulturflatrate, in: Festschrift für Loewenheim (2009), S. 97 ff.; *Haedicke*, Patente und Piraten (2011), 7. Kapitel; *Peukert*, A Bipolar Copyright System for the Digital Network Environment, 28 (2005) Hastings Comm.&Ent.L.J. 1 ff.; *Roßnagel u. a.*, Die Zulässigkeit einer Kulturflatrate nach nationalem und europäischem Recht, abrufbar unter http://medienpolitik.eu/cms/media/pdf/278059.kurzgutachten_zur_kulturflatrate.pdf.

Sandra Rösler

Die Angemessenheit von Vergütungen, Tarifen und Gesamtverträgen

Diskussionsbericht zu § 8

Dr. Stefan Müller (Rechtsanwalt, München) griff als Diskussionsleiter eingangs die besondere Rolle der gesamtvertraglichen Vereinbarungen in der Systematik des Urheberrechts auf. *Müller* stimmte *Ohly* in dem Punkt zu, dass der seitens der Verwertungsgesellschaft einseitig aufgestellte Tarif noch keine Richtigkeitsgewähr biete.[1] Eine Richtigkeitsgewähr ergebe sich jedoch, wenn auf schon getroffene Vereinbarungen zurückgegriffen werden könne. Das UrhWG sei stark darauf ausgerichtet, dass zwischen den Verwertungsgesellschaften und den Nutzerverbänden Gesamtverträge geschlossen würden. Gleichzeitig sei dieses System jedoch einseitig ausgestaltet, indem nur eine der beiden Seiten – nämlich der Nutzerverband – die Möglichkeit habe, den Abschluss eines Gesamtvertrags zu erzwingen. *Müller* mutmaßte, dass wettbewerbsrechtliche Gründe Motiv dieser Regelung gewesen sein könnten. Das Monopolunternehmen sollte sich dem Vertragsschluss nicht entziehen können. *Müller* gab zu bedenken, ob bei der Ausrichtung des Gesetzes auf den Abschluss von Gesamtverträgen eine Verfahrensausgestaltung angemessen sein kann, bei der es der Verwertungsgesellschaft nicht möglich ist, einen Gesamtvertrag zu erzwingen. In der Praxis komme es nämlich häufig dazu, dass sich die Verbände dem Wunsch der Verwertungsgesellschaft, einen Gesamtvertrag zu schließen, entziehen würden. Auch wenn die Verwertungsgesellschaft bei der Schiedsstelle einen Antrag auf Durchführung eines Gesamtvertragsverfahrens stellt, könne der in Anspruch genommene Verband dies ablehnen. Für *Müller* stelle diese Situation einen Fehler im System dar.

Ohly pflichtete *Müller* darin bei, dass der einseitige Kontrahierungszwang der Verwertungsgesellschaften auf kartellrechtlichen Erwägungen beruhe. Es bestehe nun einmal ein Unterschied zwischen der Verwertungsgesellschaft als Monopolist und den Nutzerverbänden. Einen Kontrahierungszwang der Nutzerverbände könne er sich rechtsdogmatisch nur schwer vorstellen. *Ohly* bejahte die Frage nach der Angemessenheit dieses Systems. Durch den einseitigen

---

[1] *Ohly*, in diesem Band, § 8 V. 1., V. 2., VI.

Kontrahierungszwang würde eine Waffengleichheit hergestellt, um die stärkere Position der Verwertungsgesellschaft zu relativieren. Für die Verbände gelte hingegen der Grundsatz der Privatautonomie richtigerweise uneingeschränkt.

Dr. Christof Krüger (Rechtsanwalt, Eching) bezog sich auf das Verhältnis von Umsatz und Gewinn im Rahmen eines Verfahrens zum Abschluss eines Gesamtvertrags. *Krüger* stimmte *Ohly* in dem Punkt zu, dass der Urheber nicht darunter leiden solle, wenn der Unternehmer schlecht wirtschafte. Folglich tendiere die Rechtsprechung bei der Beurteilung der angemessenen Vergütung dazu, sich am Umsatz des Unternehmers zu orientieren.[2] *Krüger* verwies jedoch vergleichend auf das Verfahren zur Vereinbarung von Patentlizenzen. Hierbei bestimme der Umsatz den Anteilsfaktor, dennoch spiele auch die Gewinnsituation in den einzelnen Märkten eine maßgebende Rolle. So könne es dazu kommen, dass je nach Gewinnsituation die Patentlizenzen variierten. *Krüger* fragte demnach, ob im Verfahren der Vereinbarung der urheberrechtlich angemessenen Vergütung der Umsatz der einzig entscheidende Faktor sei oder nicht auch die Gewinnsituation in die Beurteilung mit einfließen müsse.

Ohly betonte, dass man differenzieren müsse zwischen der rein mathematischen Berechnungsgrundlage und der Höhe des Anteilsfaktors. Bei der rein mathematischen Berechnungsgrundlage müsse zwingend der Umsatz zugrunde gelegt werden, alles andere würde der Manipulation Tür und Tor öffnen. Bei der Höhe des Anteilsfaktors hingegen sei der Gewinn immer auch ein Kriterium, das eine erhebliche Rolle spiele. *Ohly* nannte das Beispiel der Lesemappe. Die Nachfrage hiernach sei drastisch zurückgegangen, so dass der Markt allmählich zusammenbreche. Mithin müsse an dieser Stelle zu berücksichtigen sein, dass auf dem Markt nicht mehr so viele Gewinne erzielt werden könnten wie zuvor. *Ohly* resümierte, dass sämtliche Umstände des Einzelfalls zu berücksichtigen seien.

Prof. Dr. Ferdinand Melichar (Rechtsanwalt, München) berichtete aus seinen Erfahrungen von Verhandlungen der angemessenen Vergütung mit der öffentlichen Hand als Gegenpartei. Hierbei habe er schon des Öfteren dem Einwand gegenüber gestanden, dass der Etat erschöpft sei. Die Gegenpartei schlussfolgere daraus, dass das, was der Etat noch hergebe, auch „angemessen" sein müsse. Nach Überzeugung *Melichars* stelle dieser Einwand im Rahmen des zivilrechtlichen Anspruchs aus § 52a UrhG kein Argument dar.

Ohly konnte in diesem Punkt nicht mit *Melichar* übereinstimmen. Im Rahmen von § 52 a UrhG kollidierten zwei extreme Positionen. Auf der einen Seite stünden die Länder, die einwenden, sie hätten kein Geld und auf der anderen Seite stünden die Verlage, die teilweise den Blick für das richtige Maß verloren zu haben schienen. Mithin unterstrich *Ohly*, dass es im Rahmen von Vereinba-

---

[2] Vgl. *Ohly*, in diesem Band, § 8 IV. 2. b).

rungen wichtig sei, die Realitäten und insofern auch die wirtschaftliche Situation der Marktgegenseite im Auge zu behalten.

In diesem Zusammenhang merkte *Müller* an, dass im Gesetz bereits das Problem der begrenzten Leistungsfähigkeit der Gegenpartei bei der Vergütung für die private Vervielfältigung Niederschlag gefunden habe. Einerseits statuiere § 54 UrhG den Anspruch der Rechteinhaber auf angemessene Vergütung, andererseits nenne § 54a Abs. 4 UrhG als Obergrenze des Anspruchs, dass nur der dem Zahlungspflichtigen zumutbare Betrag verlangt werden könne. Dies stelle einen Widerspruch dar. *Müller* verwies zu diesem Problemkreis auf die *Stichting de Thuiskopie*-Entscheidung[3] des EuGH. Der EuGH habe, ohne dass er in diesem Fall § 54a UrhG oder eine dieser Norm vergleichbare Regelung zu beurteilen gehabt hätte, zum Ausdruck gebracht, dass es auf derartige wirtschaftliche Interessen des Zahlungspflichtigen bei der Bemessung der Vergütung nicht ankomme.

Prof. Dr. Jürgen Becker (Rechtsanwalt, München) bezog sich ebenfalls darauf, dass gemäß § 54a Abs. 4 UrhG der Vergütungspflichtige nicht übermäßig belastet werden dürfe. Aus der *Padawan*-Entscheidung des EuGH[4] ginge nun erst kürzlich hervor, dass der Vergütungspflichtige letztlich nicht der Gerätehersteller sei, sondern dass der private Nutzer, dem die Anlagen, Geräte und Medien zur digitalen Vervielfältigung zur Verfügung gestellt werden, tatsächlich als der „indirekte Schuldner" des gerechten Ausgleichs angesehen werden müsse. Mithin müsste man dann eigentlich fragen, was diesem zuzumuten ist. § 54a Abs. 4 UrhG sei demnach falsch formuliert. Außerdem erwähnte *Becker*, dass es im Rahmen des § 54 UrhG keine gesetzlichen Leitlinien zur Festsetzung der angemessenen Vergütung gebe. *Becker* fragte, woran sich ein Richter orientieren solle, wenn er die angemessene Vergütung für die private Vervielfältigung in einem Rechtsstreit festlegen muss.

Als Ausgangspunkt für beide Fragen äußerte *Ohly*, dass es bei der Festsetzung der angemessenen Vergütung darum gehen müsse, einen Marktpreis zu simulieren. Die angemessene Vergütung bezeichnete er als „Krücke" dafür, dass eine Individualvereinbarung nicht zustande gekommen sei. Bei der Simulation des Marktpreises müsse man versuchen, eine Annäherung der Interessen beider Seiten zu erreichen. Auf der einen Seiten müsse Berücksichtigung finden, zu welchem Preis der Anbietende bereit ist, seine Leistung zu erbringen, und auf der anderen Seite müsse beachtet werden, unter welchen Umständen der Abnehmer bereit ist, sie abzunehmen. Ob dies in den §§ 54, 54a UrhG zufriedenstellend gelungen ist, sei eine sehr schwierige Frage. Hierbei handele es sich wohl um eine Annäherung, die auf Lobbying beruhe. Vielleicht müsste man

---

[3] EuGH v. 16. 6. 2012 – Rs. C-462/09 *Stichting de Thuiskopie*, (noch nicht in Slg.), ZUM 2011, 643.
[4] EuGH v. 21. 10. 2010 – Rs. C-467/08 *Padawan*, Slg. 2010, I-10055, GRUR Int. 2010, S. 1043.

diese Normen anders formulieren. Außerdem antwortete *Ohly*, dass es wohl einer ökonomischen Analyse bedürfte, um dem Richter bei der Festsetzung der angemessenen Vergütung und Simulation des Marktpreises eine Orientierung zu bieten. Hier bestehe erheblicher weiterer Forschungsbedarf.

Jörg-Eckhard Dördelmann (Deutsches Patent und Markenamt, München) legte darauf Wert, eine begriffliche Klarstellung zu machen. Im Kontext der privaten Vervielfältigung habe man es eigentlich nicht mit den Abnehmern zu tun, sondern mit den Zahlungsverpflichteten – den Geräteherstellern.

Ohly pflichtete dem selbstverständlich bei und kennzeichnete dieses Dreiecksverhältnis als besondere Komplikation im Rahmen der angemessenen Vergütung für die Privatkopie. Die Geräteabgabe stelle letztlich eine zweifache „Krücke" dar. Bei sonstigen Vergütungsansprüchen – wie etwa im Rahmen des § 52a UrhG – habe man es bei der Vereinbarung der angemessenen Vergütung mit den unmittelbaren Nutzern zu tun. Im Rahmen des § 54a UrhG verhandele die Verwertungsgesellschaft nicht mit denjenigen, die letztlich den Wert aus dem Werk des Urhebers ziehen. Die direkte Inanspruchnahme der Gerätehersteller stelle einen weiteren Ball beim Jonglieren dar, der das Spiel leider nicht leichter mache. Aus diesem Grund seien andere Staaten der Ansicht, das System der Geräteabgabe funktioniere nicht, weil zu viele Unbekannte im Spiel seien. Der deutsche Gesetzgeber habe sich für dieses System in dem Bewusstsein entschieden, dass man hier grobe Maßstäbe setzen müsse.

Dr. Gernot Schulze (Rechtsanwalt, München) bemerkte, dass das Bundesverfassungsgericht erst noch in früherer Zeit entschieden habe, dass die Gerätehersteller für den Vergütungsanspruch des Urhebers in die Pflicht genommen werden könnten.[5] Weiter gab er zu bedenken, dass sich die Technik schnell fortentwickle und dass die neuen Geschäftsmodelle auch sehr darauf ausgerichtet seien, den Nutzern neue Möglichkeiten zu schaffen, – erlaubt oder unerlaubt – private Vervielfältigung zu betreiben. Angesichts dieser Tatsache fragte *Schulze*, ob man die Gerätehersteller nicht noch viel mehr in die Pflicht nehmen müsse.

Nach Ansicht *Ohlys* lässt sich auf diese Frage keine pauschale Antwort finden. Es gehe letztlich um das sehr weite Feld der Störerhaftung, der Beteiligung und der Zugangsermöglichung. Die Geräte- und Datenträgerhersteller ermöglichten natürlich Urheberrechtsverletzungen aber auch zahlreiche andere Tätigkeiten, die das Feld des Urheberrechts gar nicht tangieren. Es sei ein generelles Problem der Geräte- und Datenträgerabgabe, dass diese auf dem technologischen Modell des Fotokopierers und des Kassettenrekorders beruhten. Angesichts der rapiden technischen Entwicklungen stelle sich nun aber immer die Frage, wo eigentlich bei den verschiedenartigen Geräten und Datenträgern vernünftige Anknüpfungsmöglichkeiten bestünden, Pauschalen festzusetzen. Hierbei sei vor allem in den Blick zu nehmen, wie sich die durch das Gerät oder

---

[5] BVerfG, NJW 2011, 288.

den Datenträger ermöglichten urheberrechtsrelevanten Nutzungen zu den sonstigen durch das Gerät eröffneten Nutzungen verhalten.

Krüger merkte zum Abschluss der Diskussion an, dass eine Deckelung mit einer fünfprozentigen – oder sogar auch zehnprozentigen – Geräteabgabe innerstaatlich eigentlich kein Problem sei. Hierdurch sei die Geräteindustrie gleichmäßig belastet und der Kaufpreis würde sich dementsprechend einheitlich erhöhen, so dass eine Wettbewerbsverzerrung nicht zu befürchten wäre. Das Problem stelle jedoch der Bezug zum Ausland dar. Solange man nicht einheitliche Regelungen in ganz Europa habe, erfolge durch Konkurrenzprodukte im Ausland eine Wettbewerbsverzerrung.

Während *Ohly* dem prinzipiell beipflichtete, wendete *Müller* ein, dass die Bedeutung des Bezugs der Produkte zum Ausland weit überschätzt werde.

Karl Riesenhuber

§ 9 Grundlagen der „angemessenen Vergütung" i. S. v. §§ 54 f. UrhG *

Die Grundlagen der „angemessenen Vergütung" gem. §§ 54 f. UrhG sind nach wie vor umstritten. Die ersten Entscheidungen des Europäischen Gerichtshofs zu den zugrundeliegenden Vorschriften der Informationsgesellschaft-Richtlinie haben neue Fragen aufgeworfen. Ein Einigungsvorschlag der Schiedsstelle nach dem Urheberrechtswahrnehmungsgesetz beim Deutschen Patent- und Markenamt macht die praktische Bedeutung der Grundlagen für die Auslegung der Vorschriften deutlich.

I. Grundrechtliche Vorgaben

Die sog. „Privatkopie-Schranke" des § 53 UrhG greift in das Vervielfältigungsrecht als Verwertungsrecht des Urhebers ein. Durch den Vergütungsanspruch gem. §§ 54 f. UrhG wird der Eingriff in vermögensrechtlicher Hinsicht abgemildert. Für die Ausgestaltung des Urheberrechts ergeben sich im deutschen Recht vor allem aus Art. 14 GG Vorgaben.[1] Die vermögenswerten Befugnisse des Urhebers an seinem Werk sind nach ständiger Rechtsprechung des BVerfG als Eigentum i. S. v. Art. 14 GG grundrechtlich geschützt.[2] Das Urheberrecht bedarf indes, so wie auch das Sacheigentum, der Ausgestaltung durch die Rechtsordnung. Dafür macht die Eigentumsgarantie nur rahmenhafte Vorgaben. Der Gesetzgeber muss dabei dem Urheber nicht „jede nur denkbare Verwertungsmöglichkeit" garantieren. Er ist „von Verfassungs wegen nur gehalten, eine angemessene Verwertung sicherzustellen".[3] Bei der Bestimmung der angemessenen Verwertung kommt ihm ein weiter Gestaltungsspielraum zu.[4] Wo Einschränkungen der Verwertungsrechte – vor allem aus Gründen des Allgemeinwohls – vorgesehen sind, ist allerdings regelmäßig ein vermögensmäßiger

---

* Der Beitrag ist im Anschluss an die Tagung auf eine Anfrage aus der Praxis entstanden.

[1] Eingehend *Wolff*, in diesem Band, § 4.

[2] BVerfGE 81, 12, 17 f. – Vermietungsvorbehalt; BVerfGE 79, 1, 7 – Bemessung der Vergütungssätze; BVerfGE 31, 255 – Bibliotheksgroschen.

[3] BVerfGE 81, 12, 17 f. – Vermietungsvorbehalt; BVerfGE 79, 1, 7 – Bemessung der Vergütungssätze.

[4] BVerfGE 79, 1, 7 – Bemessung der Vergütungssätze.

Ausgleich erforderlich. Ein Ausschluss des Vergütungsanspruchs wäre nur aus Gründen eines „gesteigerten öffentlichen Interesses" verfassungsrechtlich zulässig.[5]

Insgesamt ergibt sich aus den grundrechtlichen Gewährleistungen nur ein weiter Rahmen für die gesetzgeberische Ausgestaltung des Urheberrechts. Entsprechendes dürfte für die Eigentumsgarantie des Art. 17 EU-Grundrechtscharta (GRCh) gelten, die in Absatz 2 speziell für das geistige Eigentum eine allgemeine Schutzgewährleistung enthält.[6]

II. Vorgaben der Informationsgesellschaft-Richtlinie

Von den grundrechtlichen Vorgaben unterscheiden sich jene der Richtlinie über das Urheberrecht in der Informationsgesellschaft (Informationsgesellschaft-Richtlinie, InfoRL)[7] kategorial. Geben die Grundrechte, insbesondere die Eigentumsgarantie, einen *Rahmen* für die gesetzgeberische und damit rechtspolitische Gestaltung des Urheberrechts, so ist die Informationsgesellschaft-Richtlinie bereits Teil der *Ausfüllung* dieses Gestaltungsspielraums. Allerdings erfolgt auch diese Ausgestaltung, dem Richtliniencharakter (Art. 288 Abs. 3 AEUV) entsprechend, nur rahmenhaft (dazu noch unten, 4.b)).

1. *Die Richtlinienvorgaben für Privatkopie und „gerechten Ausgleich"*

Die Informationsgesellschaft-Richtlinie ist heute Grundlage für die (vereinfacht ausgedrückt) „Privatkopievergütung" der §§ 54 f. UrhG. Sie bindet die Mitgliedstaaten, für die Urheber, die ausübenden Künstler, die Tonträgerhersteller, die Filmhersteller und die Sendeunternehmen im Hinblick auf die jeweiligen Schutzgegenstände das ausschließliche Recht vorzusehen, die unmittelbare oder mittelbare, vorübergehende oder dauerhafte Vervielfältigung auf jede Art und Weise und in jeder Form ganz oder teilweise zu erlauben oder zu verbieten, Art. 2 InfoRL. Von diesem Recht können sie nur in bestimmten Fällen Ausnahmen vorsehen. Einer dieser Fälle betrifft „Vervielfältigungen auf belie-

---

[5] BVerfGE 31, 229, 242 – Kirchen-, Schul- und Unterrichtsgebrauch; s. aber BVerfGE 31, 270, 272 f. – Schulfunksendungen.

[6] S. allgemein Calliess/Ruffert-*Calliess*, EUV/AEUV (4. Aufl. 2011), Art. 17 GRCh Rn. 1 ff., 5 (zum Schutz des geistigen Eigentums), 32 ff. (zur eingeschränkten Kontrolle im Rahmen der Verhältnismäßigkeit); Streinz-*Streinz*, EUV/AEUV (2. Aufl. 2012), Art. 17 GRCh Rn. 24 ff.

[7] Richtlinie 2001/29/EG des Europäischen Parlaments und des Rates vom 22. 5. 2001 zur Harmonisierung bestimmter Aspekte des Urheberrechts und der verwandten Schutzrechte in der Informationsgesellschaft, ABl. 2001 L 167/10.

bigen Trägern durch eine natürliche Person zum privaten Gebrauch und weder für direkte noch indirekte kommerzielle Zwecke unter der Bedingung, dass die Rechtsinhaber einen gerechten Ausgleich erhalten", Art. 5 Abs. 2 lit. b) InfoRL („Privatkopieausnahme")[8].[9]

2. Padawan und Stichting de Thuiskopie

Der Gerichtshof hat den „gerechten Ausgleich" als einen unionsautonomen Begriff verstanden.[10] Er sei dahin auszulegen, dass die zwischen den Beteiligten, den Rechteinhabern und den durch die Privatkopieausnahme begünstigten Nutzern herzustellende „Ausgewogenheit" „zwingend auf der Grundlage des Schadens zu berechnen" sei, der den Urhebern geschützter Werke durch die Einführung der Privatkopieausnahme entsteht.[11] Schuldner des gerechten Ausgleichs müssten primär die begünstigten Nutzer als „Verursacher des Schadens" sein.[12] Das nationale Recht könne den Ausgleich aber auch dadurch herstellen, dass es eine „Abgabe für Privatkopien" einführt, die nicht von den begünstigten Privatpersonen erhoben wird, sondern von denjenigen, die über Anlagen, Geräte und Medien zur Vervielfältigung verfügen und sie zu diesem Zweck Privatpersonen rechtlich oder tatsächlich zur Verfügung stellen oder diesen die Dienstleistung einer Vervielfältigung erbringen.[13] Der gebotene Ausgleich von Interessen der Rechteinhaber und der begünstigten Nutzer werde in einem solchen System mittelbar dadurch hergestellt, dass die durch die „Abgabe" belasteten Unternehmen diese Kosten einpreisen und dadurch an die Nutzer weiterreichen.[14]

---

[8] In ähnlicher Weise sind die optionalen Schranken nach Art. 5 Abs. 2 lit. a) und e) InfoRL unter die Bedingung eines gerechten Ausgleichs gestellt.

[9] Eingehend zum „Gerechten Ausgleich im Europäischen Urheberrecht", insbesondere zur Entstehungsgeschichte der InfoRL, *Reinbothe*, in diesem Band, § 7.

[10] EuGH v. 21. 10. 2010 – Rs. C-467/08 *Padawan*, Slg. 2010, I-10055 Rn. 29 ff. Allgemein dazu *Riesenhuber*, Die Auslegung, in: ders. (Hrsg.), Europäische Methodenlehre (2. Aufl. 2010), § 11 Rn. 4 ff.

[11] EuGH v. 21. 10. 2010 – Rs. C-467/08 *Padawan*, Slg. 2010, I-10055 Rn. 39 ff.; EuGH v. 16. 6. 2011 – Rs. C-462/09 *Stichting de Thuiskopie*, (noch nicht in Slg.) Rn. 24.

[12] EuGH v. 21. 10. 2010 – Rs. C-467/08 *Padawan*, Slg. 2010, I-10055 Rn. 43 ff.; EuGH v. 16. 6. 2011 – Rs. C-462/09 *Stichting de Thuiskopie*, (noch nicht in Slg.) Rn. 26.

[13] EuGH v. 21. 10. 2010 – Rs. C-467/08 *Padawan*, Slg. 2010, I-10055 Rn. 46 ff.; EuGH v. 16. 6. 2011 – Rs. C-462/09 *Stichting de Thuiskopie*, (noch nicht in Slg.) Rn. 27 f.

[14] EuGH v. 21. 10. 2010 – Rs. C-467/08 *Padawan*, Slg. 2010, I-10055 Rn. 48 f.; EuGH v. 16. 6. 2011 – Rs. C-462/09 *Stichting de Thuiskopie*, (noch nicht in Slg.) Rn. 28.

3. Die individual- und schadensrechtliche Konzeption

Dass der Gerichtshof in *Padawan* für die Berechnung des gerechten Ausgleichs maßgeblich auf den „Schaden" abgestellt hat, der dem Rechteinhaber entstanden ist, hat für Unsicherheit gesorgt, dies umso mehr, als der Gerichtshof diese Maßgabe sogar als „zwingend" bezeichnet hat.

a) Das Vervielfältigungsrecht als Individualrecht

Wenn der Gerichtshof auf den Gedanken eines Schadensausgleichs abstellt, dürfte dem ein individualrechtlicher Ansatz der von der Richtlinie statuierten Verwertungsrechte zugrunde liegen. In der Tat hebt der Gerichtshof hervor, dass die Richtlinie primär Rechte der Urheber und Leistungsschutzberechtigten begründet und nur ausnahmsweise und unter Bedingungen (!) Einschränkungen dieser Rechte zulässt. Die Privatkopie ist m.a.W. nach der Konzeption der Richtlinie keine dem Vervielfältigungsrecht immanente Grenze, sondern ein Eingriff in das grundsätzlich gegebene Vervielfältigungsrecht. Vom Blickwinkel des EU-Sekundärrechts ist dieser Grundsatz auch dann zu beachten, wenn das mitgliedstaatliche Recht von der Ausnahmeoption für Privatkopien Gebrauch macht. Auch die Privatkopie ist, wie der Gerichtshof sagt, eine Vervielfältigung „*ohne Genehmigung*" des Urhebers.[15] So gesehen ist in der Tat eine rechtsgeschäftliche Konzeption des gerechten Ausgleichs als (vertraglicher oder vertragsähnlicher) *Vergütungs*anspruch nicht schlüssig durchführbar. Die Privatkopie ist danach eine Verletzung des absoluten Vervielfältigungsrechts des Urhebers, der Befugnis, die Vervielfältigung „auf jede Art und Weise und in jeder Form ganz oder teilweise zu erlauben oder zu verbieten". An der Erlaubnis des Rechteinhabers fehlt es gerade.

b) Schadensersatz als voller Ausgleich

Was die Konzeption des gerechten Ausgleichs unter Berücksichtigung des Schadens bedeutet, kann man mit Blick auf die Rechtsprechung des Gerichtshofs zum Schadensersatz in anderen Bereichen konkretisieren. Insbesondere im Hinblick auf die arbeitsrechtlichen Diskriminierungsverbote hat der Gerichtshof erörtert, was unter Schadensersatz zu verstehen ist.[16] Schadensersatz als Sanktion darf danach nicht „auf eine rein symbolische Entschädigung" beschränkt werden, sondern muss „jedenfalls in einem angemessenen Verhältnis

---

[15] EuGH v. 21. 10. 2010 – Rs. C-467/08 *Padawan*, Slg. 2010, I-10055 Rn. 40; EuGH v. 16. 6. 2011 – Rs. C-462/09 *Stichting de Thuiskopie*, (noch nicht in Slg.) Rn. 24.
[16] S. dazu näher *Riesenhuber*, Europäisches Arbeitsrecht (2009), § 8 Rn. 53 ff.

zum erlittenen Schaden stehen".[17] Die „tatsächlich entstandenen Schäden [sind] gemäß den anwendbaren staatlichen Regeln in vollem Umfang auszugleichen".[18]

c) Berechnung des Schadensersatzes

Speziell für den Bereich des geistigen Eigentums lässt sich die Schadensberechnung auf der Grundlage der Rechtsdurchsetzungsrichtlinie (RDRL)[19] näher konkretisieren. Nach deren Art. 13 kann der Schadensersatz entweder konkret bestimmt werden, nämlich als konkrete Vermögenseinbuße des Rechteinhabers, oder als zu Unrecht erzielter Gewinn des Schädigers; oder er wird abstrakt bestimmt, wobei die angemessene Lizenzvergütung den Mindestschaden darstellt.

d) Die Interessen des Rechteinhabers bei der Privatkopieausnahme

Durch die „Privatkopieausnahme" wird zuerst das Dispositionsinteresse des Rechteinhabers verletzt, selbst zu entscheiden, ob er die Vervielfältigung erlaubt oder verbietet: seine Vertragsfreiheit i. S. d. Abschlussfreiheit, einen Vertrag zu schließen oder davon abzusehen („die Vervielfältigung zu erlauben oder zu verbieten"), und i. S. d. Inhaltsfreiheit, den Inhalt der gestatteten Vervielfältigung zu bestimmen und die Gegenleistung auszuhandeln. Damit verbunden ist zweitens eine Verletzung seiner Vermögensinteressen, für die Einräumung des Nutzungsrechts eine angemessene Gegenleistung zu erhalten.

e) Konkreter Ausgleich und Umlagefinanzierung

Es sind diese Eingriffe, die daher auch durch den Schadensersatz auszugleichen sind. Dabei ist, wie der Gerichtshof sagt, dieser Ersatz im Grundsatz auch als ein konkreter Ausgleich zwischen Rechteinhaber und Nutzer konzipiert: Grundsätzlich ist „die Person, die ohne vorherige Genehmigung des Rechtsinhabers eine ... Vervielfältigung eines geschützten Werks für ihren privaten Gebrauch vornimmt" als „Verursacher des Schadens des ausschließlichen Inhabers des Vervielfältigungsrechts" „verpflichtet, den an diese Vervielfältigung anknüpfenden Schaden wiedergutzumachen".[20] Das schließt es indes auch von Europarechts wegen nicht aus, die Finanzierung des gerechten Ausgleichs nach mitgliedstaatlichem Recht vermittelt über den als Störer mitverantwortlichen Gerätehersteller oder Importeur in einem kollektiven System durchzuführen: „Unter Berücksichtigung der praktischen Schwierigkeiten, die privaten Nutzer

---

[17] EuGH v. 10. 4. 1984 – Rs. 79/83 *Harz*, Slg. 1984, 1922 Rn. 23 f.
[18] EuGH v. 2. 8. 1993 – Rs. C-271/91 *Marshall*, Slg. 1993, I-4400 Rn. 26.
[19] Richtlinie 2004/48/EG des Europäischen Parlaments und des Rates v. 29. 4. 2004 zur Durchsetzung der Rechte des geistigen Eigentums, ABl. 2004 L 157/45.
[20] EuGH v. 21. 10. 2010 – Rs. C-467/08 *Padawan*, Slg. 2010, I-10055 Rn. 45.

zu identifizieren und sie zu verpflichten, den Rechtsinhabern den ihnen zuge-
fügten Nachteil zu vergüten, sowie des Umstands, dass sich dieser Nachteil, der
sich aus jeder privaten Nutzung ergeben kann, einzeln betrachtet möglicherweise als geringfügig erweist" können die Mitgliedstaaten anstelle des individu-
ell-konkreten Ersatzes „zur Finanzierung des gerechten Ausgleichs eine, Abgabe für Privatkopien'" einführen.[21] Mit der „Abgabe" (*redevance, levy*) ist demnach keine öffentlich-rechtliche Geldleistung bezeichnet, die der Bürger
aufgrund von Rechtsvorschriften an den Staat abzuführen hat.[22] Vielmehr
spricht der Gerichtshof damit nur die *indirekte Finanzierung* an, man könnte
daher auch von „Umlage" sprechen. Die indirekte Finanzierung ändert nichts an
der individual-schadensrechtlichen Grundkonzeption des gerechten Ausgleichs.

Allerdings ergibt sich aus der Zulässigkeit einer Umlagefinanzierung, dass
die Grundkonzeption des gerechten Ausgleichs als Schaden durchaus eine pau-
schalierte Betrachtung zulässt und regelmäßig auch erforderlich macht. Eine
Schadensberechnung, die am individuellen Nachteil des Rechteinhabers (konkreter Schaden) oder am individuellen Vorteil des von der Ausnahme begünstigten Nutzers (Abschöpfung des konkreten Gewinns) anknüpft, scheidet aus
diesen Gründen aus. Möglich und geboten ist aber, den Vermögensschaden des
Rechteinhabers am Maßstab der entgangenen Lizenzvergütung zu messen.
Auch hier kommt eine individualisierte Berechnung nicht in Betracht. An ihre
Stelle muss die von den individuellen Interessen und Vorteilen abstrahierende
Berechnung als marktmäßige Lizenzgebühr treten. Der zu ersetzende Schaden
kann demnach, wie Art. 13 lit. b) RDRL sagt, „als Pauschalbetrag [festgesetzt
werden], und zwar auf der Grundlage von Faktoren wie mindestens dem Betrag
der Vergütung oder Gebühr, die der Verletzer hätte entrichten müssen, wenn er
die Erlaubnis zur Nutzung des betreffenden Rechts des geistigen Eigentums
eingeholt hätte".

4. Folgerungen

a) Schadensersatz und Vergütung

Nach dieser Analyse erweisen sich die Konzeptionen des gerechten Ausgleichs
als Vergütung oder Schadensersatz nicht als unvereinbare Gegensätze. Der
Grund für die schadensrechtliche Konzeption des Gerichtshofs liegt auf der
Ebene des Tatbestands: Es geht um einen Ausgleich für eine Verletzung des
Vervielfältigungsrechts. Da die nach Art. 2 InfoRL erforderliche Erlaubnis des

---

[21] EuGH v. 21.10.2010 – Rs. C-467/08 *Padawan*, Slg. 2010, I-10055 Rn. 46.
[22] Zum Begriff der „Abgabe" im deutschen Recht etwa *Kloepfer*, Verfassungsrecht I –
Grundlagen, Staatsorganisationsrecht, Bezüge zum Völker- und Europarecht (2011), § 26
Rn. 12 f.

Rechteinhabers fehlt, handelt es sich um einen Eingriff und stellt der gerechte Ausgleich daher folgerichtig einen Schadensersatz dar.

Da indes die Privatkopieausnahme in die Dispositions- und Vermögensinteressen des Rechteinhabers eingreift, die dieser vertraglich verwirklichen würde, liegt der aus dem Eingriff resultierende Nachteil gerade darin, dass dem Rechteinhaber eine Vergütung entgeht. Kommt bei einer Finanzierung des Ausgleichs über eine „Abgabe für Privatkopien" eine individuelle Berechnung als konkreter Schaden des Rechteinhabers oder konkreter Vermögensvorteil des Nutzers nicht in Betracht, ist der Schaden als marktmäßige Lizenzvergütung zu berechnen.[23]

b) Richtliniengebote und nationale Dogmatik

Die Richtlinie ist für jeden Mitgliedstaat, an den sie gerichtet ist, hinsichtlich des zu erreichenden Ziels (des „Ergebnisses"; *résultat, result*) verbindlich, überlässt jedoch den innerstaatlichen Stellen die Wahl der Form und der Mittel, Art. 288 Abs. 3 AEUV.[24] Sind die Richtlinienvorgaben in diesem Sinne *ergebnisbezogen*, so machen sie für die dogmatische Ausgestaltung des nationalen Rechts nur höchst ausnahmsweise Vorgaben. Mit Rücksicht auf die „Relativität dogmatischer Kategorien"[25] liegt darin geradezu der Kern der Umsetzungsfreiheit der Mitgliedstaaten.

Für die Umsetzung des „gerechten Ausgleichs" in nationales Recht bedeutet dies: Auch wenn der Gerichtshof seine Auslegung des Begriffs über die Konzeption als „Schaden" begründet hat, ist doch nur das Ergebnis „unterm Strich" Vorgabe für die Mitgliedstaaten, nicht aber der Begründungsweg. Unabhängig von der Konstruktion im nationalen Recht muss der gerechte Ausgleich im nationalen Recht so ausgestaltet sein, dass die Einbußen der Rechteinhaber vollständig ausgeglichen werden.

III. Die Konzeption
der „angemessenen Vergütung" in §§ 54 f. UrhG

1. Hintergründe

Die deliktsrechtliche Konzeption des EuGH ist dem deutschen Recht keineswegs fremd. Sie findet eine gewisse Entsprechung in der Rechtsprechung des

---

[23] S. a. *Ackermann*, in diesem Band, § 2 II. 4.

[24] Speziell zu den Richtlinienvorgaben im Hinblick auf den „gerechten Ausgleich" auch *Reinbothe*, in diesem Band, § 7.

[25] *Canaris*, Schutzgesetze – Verkehrspflichten – Schutzpflichten, in: Festschrift für Larenz (1983), S. 27, 86.

BGH aus der Zeit vor 1965. Der Bundesgerichtshof sah die Vervielfältigung von Musikwerken auf Magnettonträger als nicht von der Ausnahme des § 15 Abs. 2 LUG[26] über die Vervielfältigung für den privaten Gebrauch gedeckt an.[27] Dafür benötigten die Nutzer also nach wie vor die Einwilligung der Urheber. Diese Privatkopie ohne Einwilligung des Rechteinhabers war m.a.W. rechtswidrig und begründete einen deliktischen Schadensersatzanspruch. Schwierigkeiten bereitete indes die Durchsetzung des Vervielfältigungsrechts. Zwar begründete der BGH auf der Grundlage von § 1004 BGB eine Verpflichtung der Hersteller, einen sog. „GEMA-Hinweis" in ihrer Werbung anzubringen. Nicht begründen ließ sich indes ein Anspruch auf Übermittlung von Namen und Anschrift der Käufer von Tonbandgeräten. Der Bundesgerichtshof wies aber zugleich einen alternativen Weg, das Vervielfältigungsrecht durchzusetzen: Aus der Störer- oder Gehilfenhaftung der Hersteller nach §§ 1004, 823, 830 BGB könnten diese selbst auf Schadensersatz in Anspruch genommen werden. „Eine solche Ver- lagerung des Anspruchs auf Zahlung einer angemessenen Vergütung von dem privaten Vervielfältiger auf den Hersteller der die Vervielfältigung ermögli- chenden Erzeugnisse" stehe sogar im Einklang mit dem Urheberrechtssystem. Es sei zu erwarten, dass der Hersteller als gewerbliche Verwerter die entstehen- de Belastung „im Rahmen der Preisgestaltung auf den privaten ‚Endverbrau- cher' abwälzt".[28]

Damit war nicht nur die grundsätzliche Verantwortlichkeit der Hersteller be- gründet und eine Rechtsdurchsetzungsmöglichkeit *de lege lata* aufgezeigt, son- dern zugleich der Weg für den Gesetzgeber gewiesen, ein entsprechendes Um- lagesystem einzuführen.[29] Zugleich wird hier die Sonderstellung der Privatko- pieschranke deutlich. Während andere Schranken primär im Interesse der Allgemeinheit aufgestellt sind, handelt es sich hier um eine „Schranke im Urhe- berinteresse".[30] Es geht dabei weniger darum, dem Schrankenbegünstigten ei- nen „Zugang" zu ermöglichen. Im Vordergrund steht, dass ein Verbot, wie die Erfahrung vor 1965 gezeigt hat, nicht durchgesetzt werden kann. Schranke und Vergütungsanspruch machen aus der Not eine Tugend: „Was wir schützen kön- nen, das schützen wir. Wo wir nicht schützen können, da kassieren wir."[31]

---

[26] „Eine Vervielfältigung zum persönlichen Gebrauch ist zulässig, wenn sie nicht den Zweck hat, aus dem Werke eine Einnahme zu erzielen."

[27] BGH, GRUR 1955, 492 – Grundig-Reporter.

[28] BGHZ 42, 118, 126 – Personalausweise.

[29] Schriftlicher Bericht des Rechtsausschusses (12. Ausschuss) über den von der Bundesre- gierung eingebrachten Entwurf eines Gesetzes über Urheberrecht und verwandte Schutz- rechte (Urheberrechtsgesetz) – Drucksachen IV/270 und IV/3401 – Bericht des Abgeordneten *Reischl*, Anlage zu BT-Drs. IV/3401, S. 8 f.

[30] Dazu auch *Riesenhuber*, Technische Schutzmaßnahmen und „Zugangsrechte", in: Leib- le/Ohly/Zech (Hrsg.), Wissen – Märkte – Geistiges Eigentum (2010), S. 167 ff.

[31] *Hucko*, Privatkopie auf Biegen und Brechen? – Gedanken zum Urheberrecht, zum Ver- braucherschutz und zur Informationsfreiheit, in: Festschrift für Nordemann (2004), S. 321, 323.

2. Vergütung und Abgabe

Wie im europäischen Recht ist auch im deutschen immer wieder von der „Abgabe" für Privatkopien die Rede.[32] Versteht man Abgaben in einem juristisch-technischen Sinne als öffentlich-rechtliche Geldleistungen, die der Bürger aufgrund von Rechtsvorschriften an den Staat abzuführen hat,[33] so passt die Bezeichnung auch hier nicht. So wie auch in der Verwendung durch den EuGH mag damit aber – in einem untechnischen Sinn – nur auf die Umlagefinanzierung hingewiesen sein.

§ 53 UrhG enthält verschiedene Tatbestände gesetzlicher Lizenzen,[34] nämlich für Vervielfältigungen

– zum privaten Gebrauch (Abs. 1);
– zum sonstigen eigenen Gebrauch (Abs. 2); sowie
– zum Unterrichts- und Prüfungsgebrauch (Abs. 3).

Nach § 54 Abs. 1 UrhG hat der Urheber Anspruch auf Zahlung einer Vergütung gegen den Hersteller von Geräten und von Speichermedien. Die Person des Berechtigten der gesetzlichen Lizenz nach § 53 UrhG und des Vergütungsschuldners nach §§ 54, 54b UrhG fallen damit zwar auseinander. Die Inanspruchnahme des Herstellers ist jedoch sachlich gerechtfertigt, weil ihm die Verletzung als Störer ebenfalls zuzurechnen ist: Auch der Gerätehersteller leistet einen vorwerfbaren Verursachungsbeitrag zur „privaten Vervielfältigung".[35] Seine Inanspruchnahme beruht im Übrigen auf den bereits oben (III. 1.) angesprochenen Praktikabilitätsgründen: Der Hersteller ist deshalb Vergütungsschuldner, weil sich die Inanspruchnahme der „gesetzlichen Lizenznehmer" (also der Endnutzer) als undurchführbar erwiesen hat. Dabei besteht die Erwartung, dass die Vergütungsschuldner die von ihnen an die Rechteinhaber geleistete Vergütung jedenfalls im Grundsatz auf die Lizenzberechtigten (Endnutzer) abwälzen werden.[36]

---

[32] S. z. B. BVerfGE 31, 255, 266 f.; BVerfGE 79, 1, 7; Schiedsstelle nach dem UrhWG, Az. Sch-Urh 37/08 *et passim*.

[33] S. o., Fn. 22.

[34] Schricker/Loewenheim-*Loewenheim*, Urheberrecht (4. Aufl. 2010), § 54 UrhG Rn. 1.

[35] Schriftlicher Bericht des Rechtsausschusses (12. Ausschuss) über den von der Bundesregierung eingebrachten Entwurf eines Gesetzes über Urheberrecht und verwandte Schutzrechte (Urheberrechtsgesetz) – Drucksachen IV/270 und IV/3401 – Bericht des Abgeordneten *Reischl*, Anlage zu BT-Drs. IV/3401, S. 8 f.; unter Bezug auf BGHZ 42, 118, 126 – Personalausweise.

[36] S. schon Schriftlicher Bericht des Rechtsausschusses (12. Ausschuss) über den von der Bundesregierung eingebrachten Entwurf eines Gesetzes über Urheberrecht und verwandte Schutzrechte (Urheberrechtsgesetz) – Drucksachen IV/270 und IV/3401 – Bericht des Abgeordneten *Reischl*, Anlage zu BT-Drs. IV/3401, S. 8 f.; in Übernahme der Erwägungen von BGHZ 42, 118, 126 – Personalausweise.

Als *Modell* liegt §§ 53 ff. UrhG demnach ein dreiseitiges Schuldverhältnis[37] zugrunde. Die nach §§ 54 f. UrhG geschuldete Vergütung ist das Entgelt für die gesetzliche Lizenz. Die Beitreibung „über Eck", vermittelt über den Hersteller oder Einführer, ändert daran nichts. *Rechtstechnisch* handelt es sich bei dem Vergütungsanspruch allerdings um ein einseitig verpflichtendes gesetzliches Schuldverhältnis.[38] Da das Vervielfältigungsrecht schon durch die gesetzliche Lizenz eingeschränkt ist, bedarf es keines Anspruchs der Begünstigten (Endnutzer) gegen den Urheber. Und der „Innenausgleich" zwischen Vergütungsschuldner und Begünstigten ist diesen überlassen, freilich in der Erwartung, dass der Hersteller oder Einführer die ihm durch die Vergütung entstehenden Kosten über den Kaufpreis auf die (potentiell) Begünstigten abwälzen wird. Diese *Erwartung* liegt dem Vergütungsanspruch indes nur zugrunde und ist keineswegs *Tatbestandsmerkmal*.[39] Sollte eine Umlage der Vergütung auf die Nutzer nicht möglich sein, so änderte dies an dem Vergütungsanspruch nichts. Lediglich dann, wenn diese Erwartung sich im Ganzen als fehlsam erwiese, könnte dies Anlass für den Gesetzgeber sein, das Modell *de lege ferenda* insgesamt zu überprüfen.

3. Individualrechtliche Ausgestaltung, kollektive Geltendmachung, Pauschalierungen: „der Urheber hat Anspruch"

§ 54 UrhG begründet zunächst einen individualrechtlichen Anspruch des Urhebers. In unverkennbarer Parallele zum Urhebervertragsrecht formuliert der Gesetzgeber: „der Urheber des Werkes (hat) … Anspruch auf Zahlung einer angemessenen Vergütung".

Allerdings ist der Anspruch durch die Verwertungsgesellschaftpflicht gem. § 54h Abs. 1 UrhG kollektiv gebunden. Dem Grundgedanken nach handelt es sich um die kollektive Geltendmachung von individualrechtlichen Ansprüchen durch die Verwertungsgesellschaft.

Der im Ausgangspunkt individualrechtlich konzipierte Anspruch erfährt jedoch im Hinblick auf mittelbare Geltendmachung und die Zurechnung zum Vergütungsschuldner Pauschalierungen. Da der Urheber den Einzelnachweis nicht führen kann, dass und in welchem Umfang sein Werk vervielfältigt wurde, reicht für die Anspruchsbegründung aus, dass *nach Art des Werkes zu er-*

---

[37] Das steht nicht im Widerspruch zu der nachfolgenden Bezeichnung *des Vergütungsanspruchs* als einseitig verpflichtendes gesetzliches Schuldverhältnis; hier ist das Schuldverhältnis i.w.S. gemeint, dort das Schuldverhältnis i.e.S. von „Anspruch" oder „Forderung".

[38] *Hohagen*, Überlegungen zur Rechtsnatur der Kopierfreiheit, in: Festschrift für Schricker (2005), S. 353, 360 (mit dem Hinweis, Schlussfolgerungen ließen sich daraus nicht ableiten).

[39] Vgl. auch BGH, ZUM 2012, 567 Rn. 54 – PC als Bild- und Tonaufzeichnungsgerät.

warten ist, dass es nach § 53 Abs. 1 bis 3 UrhG vervielfältigt wird. An dieser Stelle geht es um das Außenverhältnis der Urheber gegenüber den Nutzern und Vergütungsschuldnern. Daher ist eine weitgehende Pauschalierung sachgerecht und sinnvoll. „Art eines Werkes" wird daher zu Recht i. S. d. Werkarten von § 2 Abs. 1 UrhG verstanden.[40] Es ist Sache des Innenverhältnisses der (in Verwertungsgesellschaften zusammengeschlossenen) Urheber untereinander (und geht die Nutzer nichts an), für eine treffende Verteilung der Einnahmen mit Rücksicht auf Gewicht und Bedeutung des einzelnen Werks zu sorgen (§§ 54h Abs. 2 UrhG, 7 UrhWG).

Vergütungsschuldner sind nur Hersteller von Geräten und Speichermedien, „deren Typ ... zur Vornahme solcher Vervielfältigungen [sc. i. S. v. § 53 Abs. 1 bis 3 UrhG] benutzt wird". Auch hier ist ein Einzelnachweis nicht möglich, umgekehrt aber eine Zurechnung geboten. Die Zurechnung ist in ausreichendem Maße gegeben, wenn die Geräte oder Speichermedien dem Typ nach zur Vornahme von Vervielfältigungen genutzt werden.[41] Von dieser nach dem *Typ* der Geräte und Speichermedien begründeten Zurechnung sieht § 54 Abs. 2 UrhG eine Ausnahme für den Fall vor, dass *den Umständen nach* erwartet werden kann, dass sie im Geltungsbereich des Gesetzes nicht zur Vervielfältigung benutzt werden. Diese Exportklausel soll dem Territorialitätsgrundsatz Rechnung tragen.[42]

4. Vergütung und Schaden

Die Konzeption des Ausgleichs nach §§ 54 f. UrhG als Anspruch auf eine *Vergütung*, mithin auf eine vertragliche Gegenleistung, steht mit Richtlinienvorgaben nicht in Widerspruch.[43] Der „Schaden" oder „Nachteil", den der Urheber durch die Zwangslizenz erleidet, liegt darin, dass er Nutzungsinteressenten nicht ausschließen und über sein Recht nicht rechtsgeschäftlich verfügen und sich so eine angemessene Vergütung sichern kann. Verletzt sind sein Dispositions- und sein Vermögensinteresse, ggf. auch ein persönlichkeitsrechtliches Interesse (s. a. oben, II.3.d)). Damit erweist sich die (im vertraglichen Leistungsaustausch) „angemessene Vergütung" aber als Mindestschaden (s. a. oben, II.3.e)).

---

[40] Dreier/Schulze-*Dreier*, Urheberrechtsgesetz (3. Aufl. 2008), § 54 UrhG Rn. 4.

[41] Vgl. wiederum BGHZ 42, 118, 126 – Personalausweise.

[42] Dazu nur m. w. N. Dreier/Schulze-*Dreier* (Fn. 40), § 54 UrhG Rn. 21 ff. Zu europarechtlichen Grenzen, die sich durch die „Ergebnispflicht" der Mitgliedstaaten (*effet utile*) ergeben, vgl. EuGH v. 16. 6. 2011 – Rs. C-462/09 *Stichting de Thusikopie*, (noch nicht in Slg.).

[43] S. wiederum *Ackermann*, in diesem Band, § 2 II. 4.: Angemessenheit des Ausgleichs nach dem Modell von § 906 Abs. 2 S. 2 BGB als „Rekonstruktion eines hypothetischen Ausgleichs unter Marktbedingungen".

Dieser Zusammenhang von Schaden und angemessener Vergütung ist auch im deutschen Recht keineswegs überraschend. Wie wir gesehen haben, hatte der Bundesgerichtshof in der Geltendmachung von Deliktsansprüchen gegen den Hersteller schon vor 1965 eine „Verlagerung des Anspruchs auf Zahlung einer angemessenen Vergütung" gesehen (oben, 1.). Der Zusammenhang zwischen Schaden und angemessener Vergütung ist aber im Urheberdeliktsrecht allgemein anerkannt. Schon vor der Umsetzung der Rechtsdurchsetzungsrichtlinie im Jahr 2008[44] waren die „drei Berechnungsmethoden" des Schadensersatzes gewohnheitsrechtlich begründet: als konkreten Schaden, als angemessene Lizenzgebühr und als Verletzergewinn.[45] Seither sagt § 97 Abs. 2 S. 2 UrhG ausdrücklich: „Der Schadensersatzanspruch kann auch auf der Grundlage des Betrages berechnet werden, den der Verletzer als angemessene Vergütung hätte entrichten müssen, wenn er die Erlaubnis zur Nutzung des verletzten Rechts eingeholt hätte." Die Regelung geht zurück auf Art. 13 Abs. 1 UAbs. 2 lit. b) RDRL. Mit dem Richtliniengeber (s. o. II.3.e)) hat auch der deutsche Gesetzgeber die angemessene Lizenzgebühr als Mindestschaden verstanden.[46]

Die dogmatische Konstruktion der §§ 54 f. UrhG als Vergütungs-, nicht als Schadensersatzanspruch, hat ungeachtet dieser Verträglichkeit mit den Richtlinienvorgaben im deutschen Recht ihre eigene Begründung. Anders als im Europäischen Privatrecht liegt dem deutschen Deliktsrecht allgemein und auch dem Urheberdeliktsrecht das Verschuldensprinzip zugrunde, §§ 823 Abs. 1 BGB, 97 Abs. 2 S. 1 UrhG. Da indes der Nutzer schon aufgrund einer gesetzlichen Lizenz handelt, die das Vervielfältigungsrecht einschränkt, handelt er nicht objektiv pflichtwidrig und kann ihm daher auch keine subjektive Pflichtverletzung vorgeworfen werden. Da sich die Rechtsbeziehungen der Privatkopieausnahme auch mit einem Tatbestand der Gefährdungshaftung[47] nicht befriedigend konstruieren lassen, ist die Gestaltung als dreiseitiges gesetzliches Schuldverhältnis im deutschen Zivilrechtssystem folgerichtig. Im EU Privatrecht ist das anders. Wie wiederum das Beispiel des Antidiskriminierungsrechts zeigt, wird hier zuweilen ein verschuldensunabhängiger Schadensersatzanspruch verlangt.[48]

---

[44] Durch das Gesetz zur Verbesserung der Durchsetzung von Rechten des geistigen Eigentums v. 7. 7. 2008, BGBl. I 2008, 1191.

[45] Zum alten Recht nur Schricker-*Wild*, Urheberrecht (3. Aufl. 2006), § 97 UrhG Rn. 56 ff.

[46] Vgl. BT-Drs. 16/5048, S. 48.

[47] Zu den Grundlagen der Gefährdungshaftung im deutschen Zivilrecht nur *Larenz/Canaris*, Lehrbuch des Schuldrechts II/2 (13. Aufl. 1994), § 84.

[48] EuGH v. 8. 11. 1990 – Rs. C-177/88 *Dekker*, Slg. 1990, I-3979 Rn. 24; EuGH v. 22. 4. 1997 – Rs. C-180/95 *Draehmpaehl*, Slg. 1997, I-2195 Rn. 17–19.

IV. Vergütung – Berechnungselemente

Nach unseren Vorüberlegungen steht fest, dass der Urheber nach § 54 UrhG im Grundsatz Anspruch auf eine Lizenzvergütung hat. Der Anspruch auf angemessene Vergütung gem. §§ 54 f. UrhG entspricht damit konzeptionell dem urhebervertragsrechtlichen Anspruch auf angemessene Vergütung gem. § 32 UrhG. Für die nähere Bestimmung der Vergütungshöhe, die im Einzelnen auf der Grundlage empirischer Untersuchungen erfolgen soll (§ 14 Abs. 5a UrhWG) enthält § 54a UrhG einige Anhaltspunkte.

1. Maß der tatsächlichen Nutzung

„Mit Absatz 1 wird bewusst das wichtigste Kriterium zur Bemessung der Vergütungshöhe an erster Stelle genannt und damit in den Mittelpunkt gerückt: das Maß der tatsächlichen Nutzung der Geräte und Speichermedien für Vervielfältigungen nach § 53 Abs. 1 bis 3 des Urheberrechtsgesetzes."[49] Unklar ist allerdings, was mit dem „Maß" gemeint ist, das (absolute) „Ausmaß" der Nutzung für Vervielfältigungen gem. § 53 Abs. 1 bis 3 UrhG oder der (relative) „Anteil", zu dem das Gerät oder Speichermedium für diese Zwecke genutzt wird.

a) Ausmaß oder Anteil

Nach Wortlaut und Zweck muss das Ausmaß der Nutzung für vergütungspflichtige Vervielfältigungen berücksichtigt werden. Es geht daher darum, wie viele Musikstücke, Aufsätze usf. mit Hilfe der Geräte und Speichermedien vervielfältigt werden. So wie auch bei § 32 Abs. 2 S. 2 UrhG ist die Lizenzvergütung, um die es hier geht, angemessen, wenn sie dem entspricht, was „nach Art und Umfang der eingeräumten Nutzungsmöglichkeit, insbesondere nach Dauer und Zeitpunkt der Nutzung, unter Berücksichtigung aller Umstände üblicher- und redlicherweise zu leisten ist". Anders als dort kommt allerdings hier eine Berücksichtigung „aller Umstände" der Sache nach nicht in Betracht, sondern muss eine Pauschalierung erfolgen; das liegt auch in der Natur der empirischen Ermittlung, die der Gesetzgeber vorgesehen hat. Diese empirische Ermittlung muss aber auf das Ausmaß der vergütungspflichtigen Nutzung geschützter Werke gerichtet sein.

---

[49] BT-Drs. 16/1828, S. 29.

b) Nutzungsumfang oder Zeitanteil

Das Ausmaß der Nutzung kann man dabei nicht sinnvoll nach der Zeit bestimmen, die für die Durchführung von Kopiervorgängen benötigt wird.[50] Diese Dauer ist wesentlich von den technischen Gegebenheiten bestimmt und steht in keinem sachlichen Zusammenhang zu Art und Umfang der Nutzung. Auch hier ist zu berücksichtigen, was eine rechtsgeschäftliche Verwertung des Vervielfältigungsrechts bringen würde. Dass aber die Rechteinhaber sich auf ein Modell einließen, für einen Preis dürfe der Nutzer eine bestimmte Zeit lang kopieren, ist so unplausibel wie die Annahme, der Gemüsehändler würde den Preis nach Einkaufszeit bemessen. Für die Vergütung kann es keinen Unterschied machen, ob ein Musikstück oder ein Aufsatz schnell oder langsam kopiert wird. Entscheidend ist, was und wie viel vervielfältigt wird.

Vollends sachfremd wäre es, wenn man die Vergütung als Zeit*anteil* der Gerätenutzung bemessen wollte, nämlich als Anteil der zeitlichen Nutzung für den Kopiervorgang im Verhältnis zur Gesamtnutzung des Geräts.[51] Würde man so verfahren, so hinge die Urheberrechtsvergütung davon ab, in welchem Umfang das Gerät für andere Vorgänge genutzt werden kann und genutzt wird. Im Modell gedacht hieße das: ein Schriftsteller, der seinen Computer rund um die Uhr nutzt, zahlt für den Download von Musik, Texten oder Filmen weniger als ein Handwerker, der den Computer ausschließlich zum gelegentlichen Kopieren geschützter Werke nutzt. Noch weiter: die Verbraucher könnten die Preise durch multifunktionalen Einsatz der vergütungspflichtigen Geräte – und sei es nur im Standby für Internettelefonie – drücken.

c) Bezugsgröße „Preis"?

Ebenso ist der Preis von Geräten oder Speichermedien keine geeignete Bezugsgröße für die Bestimmung der dem Urheber geschuldeten Vergütung.[52] Der Inhalt kann wertvoller sein als das Behältnis; man bestimmt den Preis von Waren nicht in Abhängigkeit vom Preis der Einkaufstasche.

Anderes ergibt sich auch nicht aus § 54a Abs. 4 UrhG. Allerdings stellt diese Vorschrift auf das „Verhältnis zum Preisniveau des Geräts oder Speichermedi-

---

[50] Treffend BGH, ZUM 2012, 567 Rn. 50 – PC als Bild- und Tonaufzeichnungsgerät (noch zum alten Recht): „[Das OLG hat angenommen] [f]ür die Frage des Umfangs der urheberrechtsrelevanten Nutzung komme es ... nicht auf die Nutzungsdauer des Computers, sondern auf die absolute Zahl der angefertigten Kopien an. ... Diese Beurteilung lässt keinen Rechtsfehler erkennen." Anders aber Schiedsstelle nach dem UrhWG, Az. Sch-Urh 37/08, Umdruck S. 42 ff., 46 ff.

[51] So wiederum Schiedsstelle nach dem UrhWG, Az. Sch-Urh 37/08, Umdruck S. 42 ff., 46 ff.

[52] S. schon BT-Drs. 10/837, S. 10 f., 19; darauf Bezug nehmend *Becker/Müller*, Die Bestimmung der Höhe der angemessenen Vergütung für private Vervielfältigung, in: Festschrift für Pfennig (2012), S. 373, 378.

ums" ab. Unabhängig davon, wie diese Regelung für sich zu beurteilen ist (dazu unten, V.), handelt es sich nach der Systematik des Gesetzes um einen externen Maßstab, an dem die zunächst nach § 54a Abs. 1 bis 3 UrhG bestimmte Vergütung nachträglich zu messen ist.[53] Die Tatsache, dass in Absatz 4 eine solche nachträgliche Prüfung vorgesehen ist, bestätigt die teleologisch begründete Auslegung, dass die angemessene Vergütung nicht vom Preis der Geräte oder Speichermedien abgeleitet werden kann.

2. Berücksichtigung der rechtlichen Nutzungsmöglichkeit

Dass es im Grundsatz auf das Ausmaß der urheberrechtlich relevanten Nutzung ankommt, deutet auch § 54a Abs. 1 S. 2 UrhG an, wenn danach zu berücksichtigen ist, inwieweit technische Schutzmaßnahmen nach § 95a UrhG angewendet werden (Art. 5 Abs. 2 lit. b) Hs. 2 InfoRL mit Begründungserwägung 35 S. 5 InfoRL). Technische Schutzmaßnahmen sind *ex praemissione* „wirksam". Sie können daher die Vervielfältigung nach § 53 Abs. 1 bis 3 UrhG verhindern; dann ist auch keine Vergütung erforderlich. Oder sie ermöglichen die Rechtewahrnehmung im Einzelfall; dann kann auf diesem Weg auch die Vergütung vereinbart werden. Richtigerweise stellt das Gesetz darauf ab, dass wirksame Schutzmaßnahmen *angewendet*, also tatsächlich genutzt werden.[54]

3. Funktionelles Zusammenwirken – keine Doppelvergütung

§ 54a UrhG soll eine Mehrfachvergütung ausschließen (vgl. auch BE 35 S. 4 InfoRL).[55] Die Vergütung für Geräte ist so zu gestalten, dass sie auch mit Blick auf die Vergütungspflicht für in diesen Geräten enthaltene Speichermedien oder andere, mit diesen funktionell zusammenwirkende Geräte oder Speicher insgesamt angemessen ist. Im Regierungsentwurf wird darauf hingewiesen, die Regelung greife den Grundgedanken der Scanner-Entscheidung des BGH[56] auf. Dort ging es freilich um die Zuordnung des mit mehreren funktional zusammenwirkenden Geräten vorgenommenen Kopiervorgangs zu einem Gerät. Der Grundgedanke ist aber hier wie dort, dass die Vergütung für einen Kopiervorgang auch dann nicht mehr als 100% sein kann, wenn dafür mehrere Geräte zusammenwirken.

---

[53] So schon *Becker/Müller*, FS Pfennig (2012), S. 373, 382.

[54] Dreier/Schulze-*Dreier* (Fn. 40), § 54a UrhG Rn. 6.

[55] S. zuletzt BGH, ZUM 2012, 567 Rn. 30 f. – PC als Bild- und Tonaufzeichnungsgerät (mit dem treffenden Hinweis, dass die einzelnen Vervielfältigungsgeräte zu unterscheiden sind).

[56] BGH, GRUR 2002, 246 – Scanner.

4. Nutzungsrelevante Eigenschaften

Bei der Bestimmung der Vergütungshöhe sind gem. § 54a Abs. 3 UrhG die nut-
zungsrelevanten Eigenschaften der Geräte und Speichermedien zu berücksichtigen. Dazu gehören insbesondere die Leistungsfähigkeit von Geräten sowie die Speicherkapazität und die Mehrfachbeschreibbarkeit von Speichermedi-
en. Auch das steht im Einklang mit dem Grundmodell der Lizenzvergütung.
Wird die Lizenzvergütung umgelegt über die für die Nutzung verwendeten
Geräte und Speicher „erhoben", so ist es folgerichtig, deren Merkmale für die
Bestimmung des jeweiligen Anteils zu berücksichtigen, soweit sie einen Aufschluss über die Nutzungen geben. Die Leistungsfähigkeit von Geräten ist daher im Hinblick auf die Vervielfältigungsfunktion zu beziehen, etwa quantita-
tiv als Kopien pro Minute oder qualitativ im Hinblick auf die Kopierqualität
(analog/digital). Die Speicherkapazität und die Mehrfachbeschreibbarkeit stehen in direktem Bezug zur Anzahl möglicher Vervielfältigungsvorgänge,
gleichzeitig oder nacheinander.

Allerdings kann man durchaus die Frage stellen, ob diesen Kriterien von Absatz 3 eine eigenständige Bedeutung zukommt oder sie nicht nur Aspekte her-
vorheben, die schon nach Absatz 1 für die Bemessung der Vergütung ermittelt
wurden.

V. Systemfremde „Kappung"

1. Die Grenzen des § 54a Abs. 4 UrhG

a) Zweck der Regelung

Mit der Grenze des § 54a Abs. 4 UrhG soll „verhindert (werden), dass durch die
urheberrechtliche Vergütung, die in unseren Nachbarstaaten nicht oder nicht in
gleicher Höhe erhoben wird, der Inlandsabsatz der Geräte und Speichermedien
beeinträchtigt wird".[57] So wie der Europäische Gerichtshof später (s. o. II.3.e)),
ist allerdings schon der deutsche Gesetzgeber von 1965 davon ausgegangen, dass
die Hersteller ihre durch die Vergütung erhöhten Kosten einpreisen und an ihre
Abnehmer weitergeben werden (s. o. III.1.).

Soweit die Hersteller die durch die Vergütung pro Gerät entstehenden Kosten
daher vollständig an ihre Abnehmer weitergeben können, werden ihre Interessen nicht beeinträchtigt. Da alle Geräte und Speichermedien im Inland einer
Vergütungspflicht unterliegen, gibt es auch keine Wettbewerbsverzerrung. Für
die *Hersteller* ist aber auch ohne Belang, ob „vermehrte Einkäufe der Verbraucher im europäischen Ausland" stattfinden, da sie ihrerseits im Ausland keine

---

[57] BT-Drs. 16/1828, S. 30.

Urhebervergütung nach deutschem Recht verauslagen müssen und zu den dortigen Bedingungen auf gleichem Niveau mit anderen Anbietern konkurrieren. Kommt es zu Wanderbewegungen der Kunden, so wirkt sich auch das für die Hersteller im Ergebnis nicht aus. Anders wäre das nur dann, wenn ein Hersteller – in diesem Segment wohl höchst ungewöhnlich und nicht praktisch relevant – ausschließlich in Deutschland auf dem Markt wäre.

Die Interessen der Hersteller könnten daher erst dann beeinträchtigt werden, wenn ihre Geräte und Speichermedien wegen der deutschen „Privatkopievergütung" *insgesamt* in einem erheblichen Umfang weniger abgesetzt würden (im Inland wegen der Vergütung und im Ausland mangels Ausweichens deutscher Kunden auf ausländische Märkte) oder wenn sie die durch die Vergütung entstehenden Kosten nicht in einem wirtschaftlich vertretbaren Maße an ihre Kunden weiterreichen könnten. Dies dürften indes seltene Ausnahmefälle sein; – wohl auch nach der Einschätzung des Gesetzgebers, der § 54a Abs. 4 UrhG als Ausnahme formuliert hat. Erst dann würde sich die Frage stellen, ob diese Betroffenheit „unzumutbar" ist und könnte eine entsprechende Abwägung stattfinden.

Bei der Auslegung von § 54 Abs. 4 UrhG darf man die beschränkte Funktion der Vorschrift nicht aus den Augen verlieren: Es geht nur um ein Korrektiv. Da aber die angemessene Vergütung als Lizenzgebühr und damit als *marktmäßige* (!) Vergütung konzipiert ist, kommt eine Korrektur nur ausnahmsweise in Betracht. Die marktmäßige Vergütung ist der *Maßstab* der Angemessenheit[58] und kann daher kaum je den Vorwurf der Unzumutbarkeit begründen. Selbst der Umstand, dass ein vergütungspflichtiges Gerät, beispielsweise ein Speichermedium, in Deutschland bei Anwendung der angemessenen Vergütung nicht verkäuflich ist und daher vom Markt verschwinden würde, bedeutet nicht automatisch, dass eine unzumutbare Belastung vorläge. Die angemessene Vergütung ist auch nach § 54 UrhG der Grundsatz und Absatz 4 der Vorschrift ist kein Freibrief für Geschäftsmodelle, bei denen Urheberrechte genutzt aber nicht vergütet werden.

b) Eine oder zwei Grenzen?

§ 54a Abs. 4 UrhG sieht in zwei Halbsätzen vor, dass die Vergütung Hersteller nicht unzumutbar beeinträchtigen darf und dass sie in einem wirtschaftlich angemessenen Verhältnis zum Preisniveau des Geräts oder Speichermediums stehen muss. Es könnte sich dabei um zwei selbstständige Grenzen handeln oder um eine einzige, wobei der Aspekt des Verhältnisses von Vergütung und Preis des Geräts oder Speichermediums die Unzumutbarkeit konkretisieren würde. Das Verständnis wird dadurch erschwert, dass der Gesetzgeber das Kriterium der Zumutbarkeit negativ formuliert hat („darf nicht unzumutbar beeinträchti-

---

[58] Dazu grundlegend *Ackermann*, in diesem Band, § 2.

gen"), das der Angemessenheit positiv („muss in einem angemessenen Verhältnis stehen").

Blickt man auf den Zweck der Regelung (soeben, a)), so dürfte der Gesetzgeber die Zumutbarkeit als das allgemeine Kriterium angesehen haben, das unangemessene Verhältnis von Vergütung und Preisniveau als den wichtigsten Anwendungsfall der Unzumutbarkeit. Das hat auch Auswirkungen für die Auslegung des Angemessenheitsmaßstabs. „Unangemessen" i.S. v. § 54a Abs. 4 UrhG ist das Verhältnis von Urhebervergütung und Preisniveau nicht abstrakt, sondern nur mit Blick auf den Markt für die betroffenen Geräte oder Speichermedien: nämlich erst dann, wenn es zu einer Marktstörung führt, weil der Hersteller die Vergütung nicht auf seine Abnehmer umlegen kann oder es sonst zu ihn benachteiligenden Marktbewegungen kommt.

Darüber hinaus machen die Begründungserwägungen des deutschen Gesetzgebers deutlich, dass der Maßstab der Zumutbarkeit keineswegs allein mit Blick auf die Interessen des *Herstellers* auszufüllen ist, sondern auch mit Blick auf die Interessen der Rechteinhaber. In der Begründung des Regierungsentwurfs heißt es, mit dem Kriterium der Zumutbarkeit könne man z.B. dem Fall begegnen, dass der Hersteller Gewinne auf nicht-vergütungspflichtige Materialien verlagert.[59] Ein für den Hersteller auf den ersten Blick unzumutbares Verhältnis von Vergütung und Preisniveau kann sich daher mit Blick auf die Interessen der Rechteinhaber unter solchen Umständen als zumutbar erweisen.

c) Berechnungsgrundlage oder Kappungsgrenze?

Fehlende Unzumutbarkeit und Angemessenheit sind nach Systematik und Wortlaut der Regelung nachträgliche Kontrollen, die an die zunächst nach § 54a Abs. 1 bis 3 UrhG von den Beteiligten verhandelte Vergütungshöhe angelegt werden. Es handelt sich demnach um eine Art Inhaltskontrolle, allerdings mit der Besonderheit, dass sie zu einer geltungserhaltenden Reduktion führt (s. a. oben, IV.1.c)).[60]

2. Europarechtliche Würdigung

Nachdem der EuGH den „gerechten Ausgleich" schadensrechtlich konzipiert hat, ist zweifelhaft, ob damit eine Kappungsgrenze wie die des § 54a Abs. 4 UrhG vereinbar ist.[61] Wie wir gesehen haben, ist der Schadensersatz europarechtlich als ein voller Ausgleich des entstandenen Schadens konzipiert (II.3.e)).

---

[59] BT-Drs. 16/1828, S. 30.

[60] Ähnlich *Becker/Müller*, FS Pfennig (2012), S. 373, 382 („Korrektiv").

[61] S. schon *Dreier*, Padawan und die Folgen für die deutsche Kopiervergütung, ZUM 2011, 281, 286 f.

Erwägungen der Zumutbarkeit oder Angemessenheit für den „Schädiger" sind damit unvereinbar.

Tatsächlich hat der EuGH auch diese Fragen bereits in seiner diskriminierungsrechtlichen Rechtsprechung erörtert.[62] Hier stellte sich die Frage, ob der Schadensersatzanspruch wegen diskriminierender Entlassung durch Höchstgrenzen anfänglich beschränkt sein darf. Nach der Rechtsprechung des Gerichtshofs ist das mit dem Gebot einer angemessenen Wiedergutmachung und des vollen Ausgleichs unvereinbar.[63] Auch eine im deutschen Recht (früher) vorgesehene „kumulative Höchstgrenze" für den Fall, dass mehrere Bewerber eine Entschädigung verlangen, hat der Gerichtshof als mit den Richtlinienvorgaben unvereinbar angesehen, da hier nicht gewährleistet war, dass der den einzelnen Bewerbern entstehende Schaden tatsächlich voll ausgeglichen wird.[64]

Die beiden Fälle – rechtswidrige Diskriminierung einerseits und gerechter Ausgleich für ausnahmsweise erlaubte Vervielfältigung andererseits – weisen Unterschiede auf, so dass diese Rechtsprechung nicht unbesehen auf unsere Fragestellung übertragen werden kann. Europarechtlich ist indes entscheidend, dass es im einen wie im anderen Fall um den Ausgleich für einen Schaden geht. Als voller Ausgleich muss dieser den verletzten Interessen Rechnung tragen. Die Eigeninteressen der Hersteller sind insofern *sachfremde Erwägungen*, die eine Einschränkung des Ausgleichs nicht rechtfertigen können.

Europarechtlich ist auch für die Erwägung des deutschen Gesetzgebers kein Raum, der Hersteller von Geräten und Speichermedien werde „als ein Dritter durch die Vergütung belastet"[65]. Das gilt zunächst prinzipiell: denn die Mitgliedstaaten sind *dem Rechteinhaber* gegenüber verpflichtet, einen Ausgleich herzustellen. Diese Bindung können sie nicht dadurch relativieren, dass sie das Instrument einer Privatkopieabgabe – wie der EuGH sagt – *zur Finanzierung* des Ausgleichs wählen. Darüber hinaus geht aber der Gerichtshof bei dieser Gestaltung davon aus, dass „die Belastung durch die Abgabe letztlich vom privaten Nutzer getragen" wird (s.o. II.2. mit Fn. 13). Soweit das der Fall ist, ist eine Begrenzung des „vollen Ausgleichs" sachlich nicht gerechtfertigt.

Endlich ist diese Begründung des deutschen Gesetzgebers in sich nicht stimmig – und auch aus diesem Grund im Rahmen der Richtlinienumsetzung zu beanstanden.[66] Hintergrund für die Inanspruchnahme des Herstellers ist seine deliktsrechtliche Verantwortlichkeit, wie sie der Bundesgerichtshof schon vor 1965 begründet hatte (oben, III.1.). Er wird nicht „als Dritter", sondern als Mitverantwortlicher in Anspruch genommen. Sonst ist eine solche Begrenzung der Haftung des Gehilfen oder Störers im deutschen Zivilrecht nicht vorgesehen.

---

[62] Übersicht bei *Riesenhuber* (Fn. 16), § 8 Rn. 56 ff.
[63] EuGH v. 2.8.1993 – Rs. C-271/91 *Marshall II*, Slg. 1993, I-4367 Rn. 30.
[64] EuGH v. 22.4.1997 – Rs. C-180/94 *Draehmpaehl*, Slg 1997, I-2195 Rn. 40.
[65] BT-Drs. 16/1828, S. 30.
[66] S. nur Streinz-*Schroeder* (Fn. 6), Art. 288 AEUV Rn. 90 f.

Die Begrenzung des Vergütungsanspruchs unter diesem Gesichtspunkt verstößt daher (auch) gegen das Äquivalenzgebot, das die Mitgliedstaaten bindet, richtliniendeterminierte Rechte gleichwertig ebenso durchzusetzen wie entsprechende Rechte nationaler Provenienz.[67]

VI. Ergebnisse

1. Aus den grundrechtlichen Vorgaben der Eigentumsgarantie (Art. 14 GG, Art. 17 GRCh) ergibt sich ein weiter Rahmen für die gesetzgeberische Ausgestaltung des Urheberrechts. Der Gesetzgeber muss dem Urheber nicht jede denkbare Verwertungsmöglichkeit garantieren, ist aber gebunden, eine angemessene Verwertung und Vergütung sicherzustellen (s. o. I.).

2. Die Informationsgesellschaft-Richtlinie ist auf europäischer Ebene Teil dieser Ausgestaltung. Als Richtlinie macht sie freilich ebenfalls nur rahmenhafte Vorgaben. Der „gerechte Ausgleich", den die Informationsgesellschaft-Richtlinie vorschreibt, ist unionsautonom zu bestimmen. Der EuGH hat den Begriff in Anlehnung an eine Begründungserwägung und mit Rücksicht auf das in der Richtlinie vorgegebene Vervielfältigungsrecht als Verwertungsrecht des Urhebers schadensrechtlich konzipiert. Das gebietet grundsätzlich einen vollen Ausgleich der erlittenen Nachteile. Die schadensrechtliche Konzeption steht indes, wie schon die Rechtsdurchsetzungsrichtlinie zeigt, einem Verständnis des gerechten Ausgleichs als (vertragsähnliche) Vergütung nicht entgegen. Auch nach Ansicht des EuGH kann der „Schadensersatz" im Wege der Umlage über die Hersteller finanziert werden (s. o. II.).

3. Die schadensrechtliche Konzeption ist auch dem deutschen Recht der Privatkopievergütung nicht fremd. Ihr treffender Kern liegt auch heute noch darin, dass die innere Rechtfertigung für die Inanspruchnahme der Hersteller in deren Mitverantwortlichkeit für die Rechtsverletzung zu sehen ist. Diese Grundlage hatte zuerst die BGH-Rechtsprechung aufgezeigt. Darauf aufbauend hat der Gesetzgeber die Privatkopievergütung nach dem Modell eines dreiseitigen Schuldverhältnisses konzipiert, bei dem vermittelt über den Hersteller die Vergütung für die (gesetzliche) Lizenz eingenommen wird. Ungeachtet der kollektiven Wahrnehmung liegt der Vergütung der Grundgedanke einer angemessenen Lizenzvergütung zugrunde, wie sie in allgemeiner Form im Urhebervertragsrecht (§ 32 UrhG) geregelt ist (s. o. III.).

4. Für die Berechnung der Vergütung ist das „Maß der tatsächlichen Nutzung" entscheidend. Dieses bemisst sich im Grundsatz ebenso wie bei § 32

---

[67] S. z. B. EuGH v. 8. 9. 2011 – Rs. C-177/10 *Rosado Santana*, (noch nicht in Slg.) Rn. 89 ff.; EuGH v. 29. 10. 2009 – Rs. C-63/08 *Pontin*, Slg. 2009, I-10467 Rn. 43 ff.; EuGH v. 22. 4. 1997 – Rs. C-180/95 *Draehmpaehl* Slg. 1997, I-2195 Rn. 29–42.

UrhG. Entscheidend kommt es auf das (absolute) Ausmaß der Nutzung der Urheberrechte an, wobei indes aufgrund der kollektiven Wahrnehmung und der „Finanzierung" im Umlageweg Pauschalierungen unvermeidlich sind. Das Ausmaß der Nutzung kann dabei nicht nach der Dauer des Kopiervorgangs oder dem Anteil der Gerätenutzung für Kopiervorgänge bestimmt werden. Für die Berechnung der Vergütung ist der Preis des Geräts keine sinnvolle Größe. Es kommt auf die urheberrechtlichen Nutzungsmöglichkeiten an, wobei naturgemäß nur die von der gesetzlichen Lizenz erfassten Nutzungen berücksichtigt werden können und ein und derselbe Vorgang nicht doppelt vergütet werden kann (s. o. IV.).

5. Die in § 54a Abs. 4 UrhG vorgesehene Kappung ist in mehrfacher Hinsicht zweifelhaft. Schon nach nationalem deutschen Recht ist ihr Zweck unklar; das vom Gesetzgeber zugrunde gelegte Szenario, das einen Schutz der Hersteller erfordere, erscheint wirtschaftlich unrealistisch. Zudem ist es widersinnig, die marktmäßige Vergütung, um die es bei § 54a UrhG geht, als „unzumutbar" anzusehen. Die Kappung ist zudem aber europarechtlichen Zweifeln ausgesetzt. Sie ist mit dem „gerechten Ausgleich", verstanden als vollen Ausgleich des dem Urheber entstehenden Schadens, unverträglich. Außerdem ist die Berücksichtigung einer „Zumutbarkeit für den Schädiger" an dieser Stelle systemfremd (s. o. V.).

Sachregister

Geistiges Eigentum und Wettbewerbsrecht

Herausgegeben von

Peter Heermann, Diethelm Klippel, Ansgar Ohly und Olaf Sosnitza

Alphabetische Übersicht:

Kickler, Hilke: Die Geschichte des Schutzes geographischer Herkunftsangaben in Deutschland. 2012. *Band 66.*

Klein, Fabian: Schutzvoraussetzungen und Schutzumfang der Positionsmarke. 2012. *Band 69.*

Klippel, Diethelm: siehe *Lange, Knut Werner.*

–siehe *Bosch, Nikolaus.*

–siehe *Ohly, Ansgar.*

Krujatz, Sebastian: Open Access. 2012. *Band 71.*

Laier, Matthias: Die Berichterstattung über Sportereignisse. 2007. *Band 10.*

Lange, Knut Werner / Klippel, Diethelm / Ohly, Ansgar (Hg.): Geistiges Eigentum und Wettbewerb. 2009. *Band 26.*

Leible, Stefan (Hg.): Der Schutz des geistigen Eigentums im Internet. 2012. *Band 73.*

– / *Ohly, Ansgar* (Hg.): Intellectual Property and Private International Law. 2009. *Band 28.*

– / – / *Zech, Herbert* (Hg.): Wissen – Märkte – Geistiges Eigentum. 2010. *Band 38.*

Leistner, Matthias (Hg.): Europäische Perspektiven des Geistigen Eigentums. 2010. *Band 41.*

Lochmann, René: Die Einräumung von Fernsehübertragungsrechten an Sportveranstaltungen. 2005. *Band 2.*

Lutz, Alexander: Zugang zu wissenschaftlichen Informationen in der digitalen Welt. 2012. *Band 65.*

Lux, Jochen: Der Tatbestand der allgemeinen Marktbehinderung. 2006. *Band 6.*

Mächtel, Florian: Das Patentrecht im Krieg. 2009. *Band 25.*

Melwitz, Nikolaus: Der Schutz von Sportgroßveranstaltungen gegen Ambush Marketing. 2008. *Band 12.*

Micsunescu, Somi C.: Der Amtsermittlungsgrundsatz im Patentprozessrecht. 2010. *Band 45.*

Miosga, Julia: Die Ansprüche auf Rückruf und Entfernen im Recht des geistigen Eigentums. 2010. *Band 48.*

Neuberger, Julius: Der wettbewerbsrechtliche Gewinnabschöpfungsanspruch im europäischen Rechtsvergleich. 2006. *Band 7.*

Neuhaus, Stephan: Sekundäre Haftung im Lauterkeits- und Immaterialgüterrecht. 2011. *Band 50.*

Neurauter, Sebastian: Das Bauhaus und die Verwertungsrechte. 2013. *Band 74.*

Ohly Ansgar (Hg.): Common Principles of European Intellectual Property Law. 2012. *Band 62.*

– / *Klippel, Diethelm* (Hg.): Geistiges Eigentum und Gemeinfreiheit. 2007. *Band 11.*

–siehe *Lange, Knut Werner.*

–siehe *Leible, Stefan.*

Onken, Carola: Die Verwechslungsgefahr bei Namensmarken. 2011. *Band 52.*

Pahlow, Louis: Lizenz und Lizenzvertrag im Recht des Geistigen Eigentums. 2006. *Band 5.*

–siehe *Eisfeld, Jens.*

Peukert, Alexander: Die Gemeinfreiheit. 2012. *Band 63.*

Pfuhl, Fabian: Von erlaubter Verkaufsförderung und strafbarer Korruption. 2010. *Band 35.*

Einen Gesamtkatalog erhalten Sie gerne vom Verlag
Mohr Siebeck, Postfach 2040, D–72010 Tübingen.
Aktuelle Informationen im Internet unter www.mohr.de